UTB 2160

Eine Arbeitsgemeinschaft der Verlage

Beltz Verlag Weinheim · Basel
Böhlau Verlag Köln · Weimar · Wien
Wilhelm Fink Verlag München
A. Francke Verlag Tübingen und Basel
Haupt Verlag Bern · Stuttgart · Wien
Lucius & Lucius Verlagsgesellschaft Stuttgart
Mohr Siebeck Tübingen
C. F. Müller Verlag Heidelberg
Ernst Reinhardt Verlag München und Basel
Ferdinand Schöningh Verlag Paderborn · München · Wien · Zürich
Eugen Ulmer Verlag Stuttgart
UVK Verlagsgesellschaft Konstanz
Vandenhoeck & Ruprecht Göttingen
Verlag Recht und Wirtschaft Heidelberg
VS Verlag für Sozialwissenschaften Wiesbaden
WUV Facultas Wien

Barbara Fornefeld

Einführung in die Geistigbehindertenpädagogik

Mit 29 Abbildungen, 5 Tabellen und 59 Übungsaufgaben

3., aktualisierte Auflage

Ernst Reinhardt Verlag München Basel

Prof. Dr. **Barbara Fornefeld,** Lehrstuhl für Geistigbehindertenpädago-
gik/Schwerstbehindertenpädagogik an der Universität zu Köln

Bibliografische Information der Deutschen Bibliothek

Die Deutsche Bibliothek verzeichnet diese Publikation in der Deutschen
Nationalbibliografie; detaillierte bibliografische Daten sind im Internet
über <http://dnb.ddb.de> abrufbar.

UTB-ISBN 3-8252-2160-1
ISBN 3-497-01731-0

Einbandgestaltung: Atelier Reichert, Stuttgart
Satz: Rist Satz & Druck GmbH, Ilmmünster
Druck: Friedrich Pustet, Regensburg
Printed in Germany
ISBN 3-8252-2160-1 (UTB-Bestellnummer)

Ernst Reinhardt Verlag, Kemnatenstr. 46, D-80639 München
Net: www.reinhardt-verlag.de Mail: info@reinhardt-verlag.de

Inhalt

Vorwort

„Ich wünsche mir, dass wir behinderten Menschen nie mehr ausgelacht oder benachteiligt werden."

(Bobby Brederlow)

Für seine Hauptrolle im ARD-Vierteiler „Liebe und weitere Katastrophen" hat Bobby Brederlow 1999 den ersten Medienpreis der Bundesvereinigung für Menschen mit geistiger Behinderung e.V. erhalten. Sein Wunsch verdeutlicht eindrücklich das Spannungsfeld, in dem Menschen mit geistiger Behinderung in unserer Gesellschaft leben. Sie wollen so akzeptiert werden wie sie sind. Sie wollen als *normal* begriffen werden, weil sie trotz aller Aufklärung heute immer noch auf Ablehnung und Diskriminierung stoßen.

In seiner Schlichtheit weist das einführende Zitat damit auch auf ein zentrales Problem der Geistigbehindertenpädagogik. Menschen wie Herr Brederlow erscheinen auf den ersten Blick anders und doch sind sie wie die anderen, die Menschen ohne Behinderung, mit demselben Anspruch auf Achtung ihrer Menschenwürde und -rechte. Die Geistigbehindertenpädagogik wendet sich ihren individuellen Bedürfnissen zu, mit dem Ziel, ihnen durch angemessene Erziehung, Bildung und Betreuung gerecht zu werden.

Die organischen Schädigungen und deren Folgen prägen die individuelle Lebenssituation von Menschen mit geistiger Behinderung und verlangen nach einer adäquaten Lebensgestaltung und -begleitung. Zur Durchsetzung ihrer Bedürfnisse benötigen Menschen mit geistiger Behinderung meist lebenslang der Unterstützung, die in jeder Lebensphase spezifisch zu gestalten ist: In der frühen Kindheit sind andere Erziehungs- und Betreuungsmaßnahmen notwendig als im Jugend-, Erwachsenen- oder gar im Greisenalter. Wieder andere Maßnahmen sind in der Schule und im Bereich von Arbeit, Wohnen oder Freizeit erforderlich.

Vor dem Hintergrund des spezifischen Erziehungs- und Unterstützungsbedarfes hat sich die Geistigbehindertenpädagogik heute zu einem komplexen System pädagogischer, therapeutischer und rehabilitativer Maßnahmen entwickelt, die in unterschiedlichen Institutionen und von verschiedenen Fachkräften durchgeführt werden. Trotz Breite und Unterschieden in den Zugangsweisen verfolgen alle Institutionen und Professionen ein gemeinsames Ziel, nämlich

- die Verringerung von Beeinträchtigungen und Benachteiligungen,
- die größtmögliche Selbstbestimmung und
- die Integration von Menschen mit geistiger Behinderung in die Gesellschaft.

Unterstützt wird dieser Prozess von der wissenschaftlichen Geistigbehindertenpädagogik, die Erziehungstheorien und -methoden entwickelt und durch die Erforschung der Lebenssituation von Menschen mit geistiger Behinderung diese verbessernd zu beeinflussen versucht. Der Geistigbehindertenpädagogik geht es, in der Praxis wie in der Theorie, um die Verwirklichung der individuellen Erziehungs- und Lebensbedürfnisse von Menschen mit Behinderung in einem gesamtgesellschaftlichen Zusammenhang. Damit verfolgt sie immer auch einen ethischen und gesellschaftspolitischen Auftrag, wie beispielsweise die Durchsetzung und Realisation des Lebens- und Bildungsrechtes der ihr anvertrauten Menschen.

Charakteristikum der aktuellen Geistigbehindertenpädagogik ist ihr Denken und Handeln vom Menschen aus, von seinen spezifischen Bedürfnissen, individuellen Einschränkungen, aber auch von seinen Möglichkeiten aus. Darum sollen in diesem Buch die Menschen mit geistiger Behinderung – ihre Lebensräume, ihre Erziehungs- und Betreuungsbedürfnisse – im Mittelpunkt stehen. Von hier aus werden Ziele und Aufgaben der Geistigbehindertenpädagogik in verschiedenen Institutionen (z. B. Schule, Werkstatt oder Wohnheim) dargestellt. Hierbei sollen Charakteristika des geistigbehindertenpädagogischen Denkens deutlich werden; der Überblick wird aus einem pädagogischen Blickwinkel gegeben.

Den wissenschaftlichen Mitarbeiterinnen und Mitarbeitern des Seminars für Geistigbehindertenpädagogik in Köln, insbesondere Frau Ilm, Frau Foede und Frau Harwick, danke ich für ihre Unterstützung bei der Literaturrecherche, dem Ehepaar Ullmann und Herrn Gödecke für ihre Mitwirkung bei graphisch-technischen Fragen, Herrn Brederlow, Herrn T. und der Theatergruppe SinnFlut für ihre Zustimmung zum Druck ihrer Fotos. Besonders danken möchte ich Frau Wehler und Frau Landersdorfer vom Ernst Reinhardt Verlag für ihre wohlwollende Unterstützung und die Realisation dieses Buches.

Hinweise zur Benutzung dieses Lehrbuches

Das vorliegende Buch will Studienanfängern der Heil- und Sonderpädagogik sowie interessierten Studierenden verwandter Studienfächer (Pädagogik, Psychologie, Sozialpädagogik und Sozialarbeit) einen Einblick in die vielfältigen Aufgaben- und Handlungsfelder der Geistigbehindertenpädagogik geben. Nicht die vertiefte Auseinandersetzung mit dem Phänomen der geistigen Behinderung oder mit Einzelaspekten der Geistigbehindertenpädagogik sind intendiert, sondern die Vermittlung eines ersten Überblickes über ein Fach, das sich als ein komplexes Teilgebiet der Pädagogik versteht. Der beabsichtigte Überblickscharakter des Buches macht inhaltliche Verkürzungen unvermeidbar, will aber gerade hierdurch Studienanfänger zu weiterführender Auseinandersetzung mit Einzelfragen des Faches motivieren. Die formale Gestaltung des Buches soll das Selbststudium erleichtern. Die in den Randspalten gegebenen Hinweise und Piktogramme dienen der schnellen Orientierung und gezielte Fragen am Ende eines Kapitels der Reflexion des Gelesenen. Denkanstöße und spezifische Literaturhinweise sollen zur weiterführenden Vertiefung von Einzelaspekten anregen. Das Glossar am Ende des Buches klärt zentrale Fachbegriffe. Angaben zu weiteren Informationsquellen sind im Anhang aufgeführt.

 Definition

 Literaturempfehlung, weiterführende Literatur

 Beispiel

 Denkanstöße

 Übungsaufgaben am Ende der Kapitel

1 Geistigbehindertenpädagogik – Ein komplexes System von Hilfen und Maßnahmen

Der nachfolgende Überblick vermittelt einen ersten Eindruck von der Breite eines Faches, das sich als Praxis, Theorie und Forschung der Erziehung von Menschen mit geistiger Behinderung im schulischen wie außerschulischen Feld versteht. Die Übersicht will die spätere Einordnung der thematisierten Frage- und Aufgabenstellungen in das Gesamtsystem der Geistigbehindertenpädagogik erleichtern. Dazu sollen zunächst einige zentrale Begriffe geklärt werden.

1.1 Terminologische Klärung

Die Geistigbehindertenpädagogik ist ein Teilgebiet des größeren Systems der Heil- oder Sonderpädagogik, auch Behinderten-, Rehabilitations- oder Spezielle Pädagogik genannt. Obwohl sich alle Begriffe auf das Behindertenerziehungswesen beziehen und häufig synonym verwendet werden, meinen sie dennoch nicht dasselbe. Darum sollen sie hier kurz charakterisiert und von einander abgegrenzt werden.

Der Begriff der *Heilpädagogik* wurde im 19. Jahrhundert von den Pädagogen Georgens und Deinhardt eingeführt und bezog sich zunächst auf die Versorgung und Erziehung von Menschen mit geistiger Behinderung (Schwachsinnige). Die beiden Autoren verstanden die Heilpädagogik als Kritik an der bestehenden Pädagogik; einer Pädagogik, die Kinder und Jugendliche mit Behinderungen nicht berücksichtigte. Aufgrund der schlechten medizinischen Versorgung dieser Menschen und der unzureichenden Erziehung bestimmte die Heilpädagogik ihren Standpunkt in ihrer Anfangszeit zwischen Allgemeiner Pädagogik und Medizin.

Heilpädagogik

In der Folgezeit wurde die Heilpädagogik immer wieder neu interpretiert und definiert, was sie zu einem Sammelbegriff unterschiedlichster Bedeutungen machte. Diese begriffliche Uneindeutigkeit führte zu Kritik vor allem seitens anderer behindertenpädagogischer Arbeitsbereiche wie der Sinnesgeschädigten- oder Körperbehindertenpädagogik, die der Heilpädagogik unter anderem ihre starke medizinische Anbindung vorwarfen.

Die Heilpädagogik wäre nicht eindeutig pädagogisch bestimmt und würde aufgrund ihrer starken Orientierung an der Medizin zu einer Heilbehandlung krankhafter Zustände durch pädagogische Mittel.

Kritik fand auch eine andere, die theologische, Interpretation der Heilpädagogik, weil sie diese in den Augen der Kritiker zu einer Heils-Pädagogik machte; einer Pädagogik, deren Erziehungsziel das selbständige Erstreben des Heils im theologischen Sinne war. Trotz der Beanstandungen hat sich der Begriff der Heilpädagogik bis heute gehalten und dies vor allem in Österreich und der Schweiz. Wenn Speck von „System Heilpädagogik" (1998a) spricht, meint er damit das komplexe Zusammenwirken aller Institutionen und Maßnahmen zur Bildung, Erziehung, Förderung und Betreuung von Menschen mit Behinderung.

Sonderpädagogik

Die inhaltliche Ungenauigkeit des Begriffs der Heilpädagogik einerseits und der intensive Ausbau des Sonderschulwesens andererseits führten dazu, dass in den sechziger Jahren des 20. Jahrhunderts der Begriff der *Sonderpädagogik* favorisiert wurde. Er bezieht sich auf die Theorie, Forschung und Praxis der Erziehung von Menschen mit Behinderung. Die Ausweitung und Differenzierung des Sonderschulwesens in den alten Bundesländern verlangte entsprechende Sonder-Pädagogiken wie z.B. die Erziehungsschwierigen-, Sprachbehinderten-, Körperbehinderten- oder Geistigbehindertenpädagogik. Die „Besonderheit" oder „Andersartigkeit" behinderter Menschen trat stärker in den Vordergrund. Die Sonderpädagogik verstand sich als „Besonderung" der Allgemeinen Pädagogik. Was zur Folge hatte, dass sich das Gesamtgebiet der Sonderpädagogik auseinander entwickelte und zwar in neun verschiedene Sonderpädagogiken oder sonderpädagogische Fachrichtungen, wovon eine die Geistigbehindertenpädagogik ist. „Vor lauter ‚Besonderung' wurde das pädagogisch Verbindende immer weniger gesehen", kritisiert Speck (1998a, 55). Im Begriff der „Sonderpädagogik" wurde der Teilinhalt des Separierens dominant. Heute findet der Terminus der Sonderpädagogik vordringlich in Bezug auf das differenzierte Sonderschulwesen Anwendung.

Behinderte,
Behinderten-
pädagogik

Der Begriff der *Behindertenpädagogik* bzw. *Pädagogik der Behinderten* wurde in den 70er Jahren in den alten Bundesländern eingeführt. Die Bezeichnung ergibt sich zum einen aus dem Oberbegriff „Behinderung" für alle Schädigungen und Beeinträchtigungen und zum anderen als Ersatz für das missverständliche Wort „Heilpädagogik" und das formale und segregierende Wort „Sonderpädagogik". Der Behindertenpädagogik liegt ein pädagogisches Verständnis von Behinderung zugrunde. Als Behinderte im pädagogischen Sinne gelten für Bleidick „Kinder, Jugendliche und

Erwachsene, deren Lernen und soziale Eingliederung erschwert sind. Gegenstand der Behindertenpädagogik sind somit der besondere Bildungsvorgang und der besondere Erziehungsprozess angesichts der durch Behinderung beeinträchtigten Bildsamkeit und Erziehbarkeit" (1992 b, 69).

Aber auch dieser Begriff ist kritisch zu sehen, weil er die Gefahr der Verabsolutierung von Behinderung, der Zuschreibung des Behinderten-Status, enthält und damit zu Diskriminierung und Stigmatisierung von Menschen mit Behinderung führt. Heute versucht man stärker das Spezifische ihrer Erziehung im Allgemeinpädagogischen zu entdecken, um so der Besonderung von Menschen mit Behinderung zu begegnen und zur Integration zu gelangen.

Der Begriff der *Rehabilitationspädagogik* wurde in der ehemaligen DDR (Becker u. a. 1979) in Abhebung von der Heil- und Sonderpädagogik verwendet. Sie versteht sich als Zweig der pädagogischen Wissenschaft, der Theorie und Praxis der sozialistischen Erziehung physisch-psychisch geschädigter Kinder und Erwachsener unter dem Aspekt der Rehabilitation. Unter Rehabilitation verstand man in den sozialistischen Ländern „die zweckgerichtete Tätigkeit eines Kollektivs in medizinischer, pädagogischer, sozialer und ökonomischer Hinsicht zur Erhaltung, Wiederherstellung und Pflege der Fähigkeit geschädigter Menschen, aktiv am gesellschaftlichen Leben teilzunehmen" (Becker u. a. 1979, 159). Der Begriff der Rehabilitation findet in den alten Bundesländern seit den sechziger Jahren des letzten Jahrhunderts Anwendung, und zwar vor allem im medizinischen, berufsbildenden, sozialpädagogischen und sozialrechtlichen Bereich. Rehabilitation verbindet heute alle medizinischen, pädagogischen und sozialrechtlichen Maßnahmen, die die soziale Eingliederung oder Wiedereingliederung zum Ziel haben.

Rehabilitationspädagogik

Ihre erste gesetzliche Grundlegung erfuhr die Rehabilitation 1961 im *Bundessozialhilfegesetz* (BSHG) („Eingliederungshilfe für Behinderte"). Heute versteht man unter Rehabilitation „das System und die Gesamtheit der Maßnahmen, die Menschen mit Behinderungen angeboten werden können, um sie beruflich und sozial in die Gemeinschaft einzugliedern. Ziele sind dabei ein Höchstmaß an Lebenstüchtigkeit und Lebensqualität, Teilnahme am Berufs- und Arbeitsleben, Selbstbestimmung und Selbständigkeit im Leben, Wohnen und in der Freizeitgestaltung" (Stadler 1998, 22).

BSHG 1961

Unzureichend bleibt der Begriff der Rehabilitation im Kontext schulischer Erziehung, weil Förderung und Unterricht von Kindern und Jugendlichen eine erstmalige Befähigung, also „Habilitation" und nicht „Rehabilitation" ist.

Neben den zuvor genannten finden eine Reihe anderer Begriffe Anwendung. So spricht man beispielsweise in den osteuropäischen Ländern von *Spezialpädagogik, Sonderpsychopädagogik* oder *Defektologie,* in den anglo-amerikanischen Ländern von *Special Education* oder in den Benelux-Staaten von *Orthopädagogik;* Bezeichnungen, die zwar Ähnliches intendieren, die aber wegen der jeweilen Landesspezifika nicht als Synonyme zur deutschen Terminologie gelten. Die Begriffsvielfalt ist also groß und verlangt eine Eingrenzung. Obwohl jeder der hier genannten Bezeichnungen eine gewisse Unzulänglichkeit aufweist, werde ich, vor allem der besseren Lesbarkeit wegen, den Begriff der Heilpädagogik verwenden. In seiner heutigen Interpretation ist er pädagogisch bestimmt, ohne die notwendigen (sonder)schulischen und rehabilitativen Maßnahmen auszuschließen. Die aktuelle Heilpädagogik nimmt weiterhin die besonderen Erziehungsbedürfnisse und Belange von Menschen mit Behinderungen in den Blick. Sie thematisiert diese heute jedoch stärker im integrativen Kontext, wodurch es zu einer deutlichen Annäherung an die Allgemeine Pädagogik kommt und, wie später noch gezeigt wird, auch an andere Wissenschaftsbereiche. Ziel der Heilpädagogik ist es, den Menschen mit Behinderung in seiner Ganzheit zu erfassen, ihn in seinen individuellen Einschränkungen und Entfaltungsmöglichkeiten zu sehen, um ihm vor diesem Hintergrund zu größtmöglicher Selbstverwirklichung in der Gemeinschaft mit anderen zu verhelfen.

Aufgabe der Heilpädagogik

Die Heilpädagogik befasst sich in Praxis und Theorie mit Behinderungszuständen von Kindern, Jugendlichen und Erwachsenen sowie deren Auswirkungen auf die personale Entwicklung und das soziale Leben der Betroffenen und ihrer Familien. Sie nimmt also Behinderungen unterschiedlichster Genese in den Blick und subsumiert eine Fülle verschiedenartigster erzieherischer, unterrichtlicher, therapeutischer, sozialberatender wie rehabilitativer Maßnahmen.

Die Heilpädagogik gliedert sich in neun verschiedene Fachrichtungen, die sich ihrerseits auf spezifische Behinderungsformen beziehen:

- die geistige Behinderung,
- die Körperbehinderung,
- die Lernbehinderung,
- die Sprachbehinderung,
- die Hörschädigung (Schwerhörigkeit und Gehörlosigkeit),
- die Sehschädigung (Sehbehinderung und Blindheit) und
- die Erziehungsschwierigkeiten.

Außerdem gehört zur Heilpädagogik die *Krankenpädagogik*. Sie befasst sich mit Beeinträchtigungen von Kindern und Jugendlichen, die an chronischen oder langwierigen, aktivitätseinschränkenden und entwicklungshemmenden Krankheiten leiden und darum spezifische erzieherische Unterstützung benötigen.

Jüngstes Teilgebiet der Heilpädagogik ist die so genannte *Schwerstbehindertenpädagogik*. Sie widmet sich der Erziehung von Menschen, deren Leben durch eine schwere geistige und körperliche Behinderung sowie durch gravierende Wahrnehmungsbeeinträchtigungen geprägt ist. Aufgrund der Kumulation von Beeinträchtigungen muss die Schwerstbehindertenpädagogik verschiedene Behinderungsformen gleichzeitig in den Blick nehmen und bewegt sich darum zwischen verschiedenen heilpädagogischen Fachrichtungen. Abb. 1 rückt die Schwerstbehindertenpädagogik in das Zentrum der heilpädagogischen Fachrichtungen.

Zusammen machen sie die Heilpädagogik zu einem komplexen System von Maßnahmen.

Auf der wissenschaftlichen Ebene verbindet die so genannte *Allgemeine Heilpädagogik* die Fachrichtungen miteinander, indem sie fachrichtungsübergreifende ethische, erkenntnis- und wissenschaftstheoretische, historische, terminologische oder methodische Grundfragen stellt.

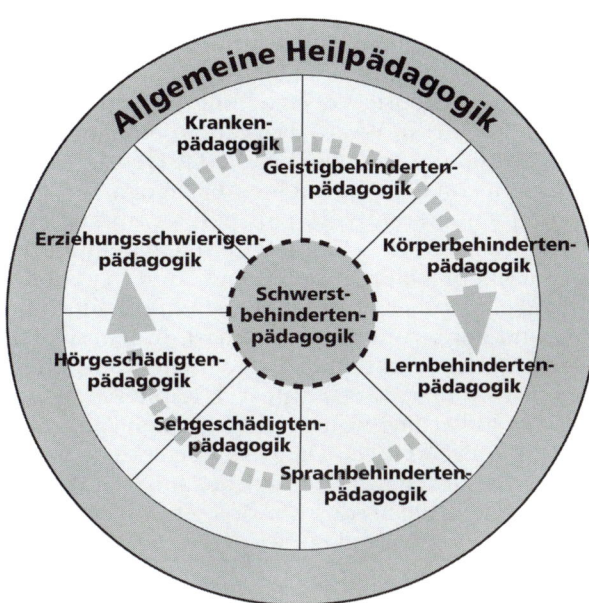

Abb. 1:
Die Heilpädagogik und ihre Fachrichtungen

Bleidick, U. (1992 a): Zur Theoriebildung der Behindertenpädagogik. In: ders:
Einführung in die Behindertenpädagogik I. 4. Aufl. Stuttgart. 64–75
– (1996): Pädagogik der Behinderten: Ein Ausblick. In: Opp, G., Peteran-
der, F. (Hrsg.): Focus Heilpädagogik – Projekt Zukunft. München/Basel. 28
–35
Gröschke, D. (1989): Heilpädagogik? – Heilpädagogik! Plädoyer für einen Be-
griff. In: ders: Praxiskonzepte der Heilpädagogik. München/Basel. 15–32
Haeberlin, U. (1996): Heilpädagogik als parteinehmende Pädagogik. In: ders:
Heilpädagogik als wertgeleitete Wissenschaft. Bern. 13–68
Kobi, E. E. (1993): Heilpädagogik – Wortbedeutung und -geschichte. In: ders:
Grundfragen der Heilpädagogik. 5. Aufl. Bern. 121–147
Lindmeier, Ch. (1997): Heilpädagogik als konstitutives Moment jeglicher Päda-
gogik. Pädagogische Rundschau. 51. Jg., 3, 289–306
Speck, O. (1998 a): Heilpädagogik – Wandel und Konstanz eines Begriffs. In:
ders.: System Heilpädagogik. Eine ökologisch reflexive Grundlegung. 4. Aufl.
München/Basel. 48–66

1.2 Geistigbehindertenpädagogik – eine Pädagogik mit vielfältigen Aufgaben

Als eine der heilpädagogischen Fachrichtungen versteht sich die Geistigbehindertenpädagogik vordringlich als Pädagogik.

Pädagogik

Pädagogik meint sowohl das konkrete Zusammensein professioneller Erzieher mit Kindern, Jugendlichen und Erwachsenen als auch das Nachdenken über dieses Zusammensein sowie über die notwendige inhaltliche und methodische Gestaltung eben dieses Zusammenseins. Das heißt, der Begriff der Pädagogik umschließt Praxis und Theorie von Erziehung, bezieht sich auf beides und betrachtet beides in Wechselwirkung zueinander. In diesem Grundverständnis unterscheidet sich die Geistigbehindertenpädagogik nicht von der Allgemeinen Pädagogik.

Geistig-
behinderten-
pädagogik

Der Geistigbehindertenpädagogik geht es zum einen um das konkrete Leben von Menschen mit geistiger Behinderung und um das Zusammenleben mit ihnen. Zum andern geht es ihr um das Nachdenken darüber, wie dieses Leben zu gestalten und durch Erziehung und Förderung zu entfalten ist. Indem sie das Leben dieser Menschen erforscht und pädagogische Konzepte entwirft, ist sie auch Erziehungswissenschaft (vgl. Kapitel 5).

Worin sie sich allerdings von der Allgemeinen Pädagogik unterscheidet, ist die Breite ihrer Themen- und Aufgabenstellungen sowie die Notwendigkeit, Erkenntnisse aus anderen Wissenschaftsbereichen, vor allem der Medizin, Soziologie und Psychologie stärker in ihr pädagogisches Denken zu integrieren. Die Geistigbehindertenpädagogik hinterfragt aktuelle pädagogische Konzepte und Methoden in Bezug auf ihre Relevanz für Menschen mit Behinderungen, zeigt Unzulänglichkeiten auf und entwickelt neue Zugänge, die die individuellen Beeinträchtigungen und Möglichkeiten stärker berücksichtigen. Darum kommen im Erziehungsalltag von Menschen mit geistiger Behinderung, stärker als in anderen pädagogischen Feldern, unterschiedlichste pädagogische, insbesondere therapeutische Konzepte und Methoden zum Tragen. Bei all diesen Entwürfen bildet immer *der Mensch mit seinen spezifischen Bedürfnissen* den Ausgangspunkt der Konzeptentwicklung.

Wie einleitend bereits erwähnt, zeichnet sich die Geistigbehindertenpädagogik dadurch aus, dass sie ihre Erziehungstheorien und -praktiken vom Menschen aus entwickelt, also eine „Wissenschaft vom Menschen aus" ist.

Pädagogik vom Menschen aus

Die Geistigbehindertenpädagogik vertritt eine Form von Bildung und Erziehung, die dem Lebensalter und den Fähigkeiten der zu Erziehenden angepasst ist und die darum in konzeptioneller wie didaktischer Hinsicht *subjektorientiert* ist. Zudem verbindet sie medizinische und psychotherapeutische sowie sozial-rehabilitative Erkenntnisse und Praktiken in ihren Konzeptentwicklungen miteinander. Sie schafft adäquate Lebens-, Erziehungs- und Arbeitsräume für Menschen mit geistiger Behinderung (z. B. Sonderschulen, Werkstätten für Behinderte, Wohnheime etc.) und bildet das darin tätige Fachpersonal aus. Bei der Bildung von Spezialeinrichtungen geht es ihr nicht um die Isolation von Menschen mit Behinderung, sondern um deren optimale Förderung mit dem Ziel der gesellschaftlichen Integration in möglichst alle Lebensbereiche. Dies ist aber je nach Schwere der Beeinträchtigungen und dem damit verbundenen hohen Unterstützungsbedarf nicht immer leicht.

Zu den weiteren Aufgaben des Faches gehört vor dem Hintergrund der Belange seiner Klientel das kritische Beobachten gesellschaftlicher Veränderungsprozesse und die Bewertung derselben. Heute betrachtet man mit gewisser Besorgnis die wirtschaftlichen Veränderungen mit ihren Auswirkungen für Menschen mit Behinderung, weil es extrem schwierig wird, für diese auf dem freien Arbeitsmarkt Arbeitsplätze zu finden. Des Weiteren hat sich die Geistigbehindertenpädagogik bei vielfältigen bildungs- und gesellschaftspolitischen Themen, wie z. B. in der Diskussion um die humangenetische Beratung im Kontext der Diagnose von Behinderung, zu Wort zu melden, um gesellschaftlichen Negativentwicklungen argumentativ entgegenzuwirken. Mit der aktuellen Zunahme der Altersproblematik in unserer Gesellschaft kommen auf die Geistigbehindertenpädagogik Fragen des Umgangs mit Altersdemenz als neues Aufgabengebiet hinzu; ein Aufgabengebiet, das in seiner Wirkung weit über den heilpädagogischen Bereich hinausreicht.

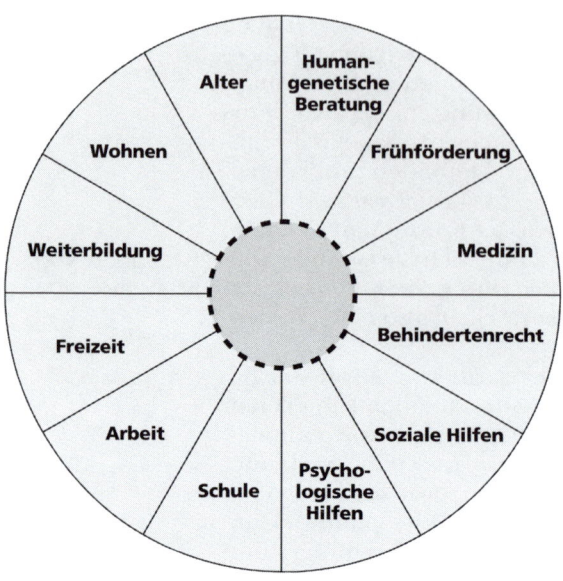

- Humangenetische Beratung/
  Pränatale Diagnostik
- Frühdiagnose und -therapie
- Medizinische Therapien und
  Versorgung
- Juristische Hilfen (Behindertenrecht)
- Soziale Hilfen/Hilfen zur
  Eingliederung
- Psychologische Hilfen
  (Krisenintervention und Therapien)
- Schulische Erziehung und Bildung
- Berufsvorbereitung und Arbeit
- Hilfen zur Freizeitgestaltung
- Weiterbildung/Erwachsenenbildung
- Wohnen in unterschiedlichen
  Institutionen
- Assistenz im Alter/Sterbebegleitung

Abb. 2:
Aufgaben der
Geistigbehinderten-
pädagogik

Geistigbehindert-
Sein als lebens-
langer Prozess

Abb. 2 macht deutlich, dass das Aufgabenspektrum der Geistigbehindertenpädagogik vielfältig ist und weit über das ausschließlich Pädagogische hinausgeht. Als heilpädagogische Fachrichtung
hat sie alle Problem- und Lebensbereiche von Menschen mit
geistiger Behinderung – von der Geburt bis zum Tode – zu berücksichtigen. Und dies geschieht, weil die geistige Behinderung
keine Krankheit ist, die irgendwann geheilt werden kann, sondern weil Geistigbehindert-Sein ein lebenslanger Prozess ist.

Die geistige Behinderung wird meist durch eine organische
Schädigung vor, während oder nach der Geburt verursacht und
führt in der Regel zu einer lebenslangen Beeinträchtigung. Bei
der geistigen Behinderung handelt es sich, wie später in Kapitel
3 noch genauer gezeigt wird, nicht um ein einheitliches Krank-
heitsbild. Die Schädigungen wie auch die sich hieraus ergeben-
den Beeinträchtigungen für das Leben des geschädigten Menschen sind vielfältig und bedürfen in jeder Lebensphase besonderer pädagogischer Zuwendung; diese ist im Säuglings- und
Kleinkindalter eine andere als im Schul- und Jugendlichenalter
und wiederum eine andere bei jüngeren Erwachsenen oder bei
alten Menschen. Die Geistigbehindertenpädagogik thematisiert
alle Lebensbereiche und hat damit in allen Lebensräumen von
Menschen mit Behinderung ihre spezifischen Aufgaben. Die Lebensräume reichen von der Familie über Kliniken, Frühförder-

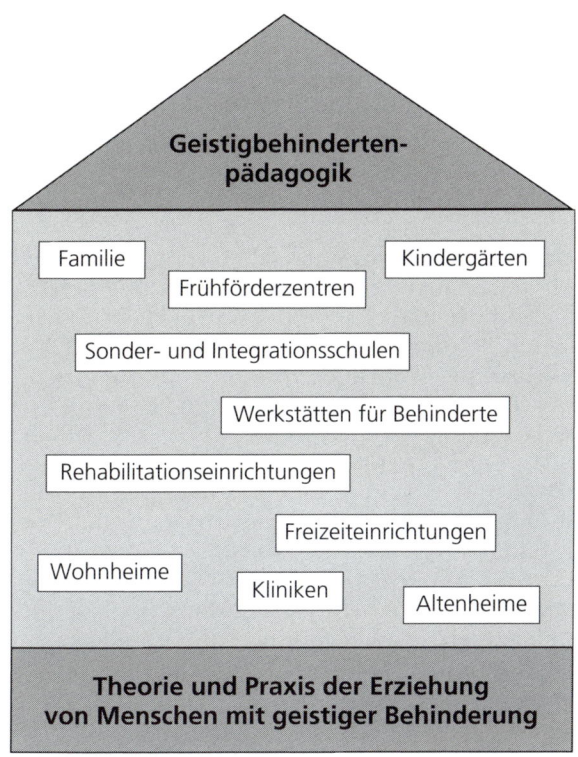

Abb. 3:
Institutionen der
Erziehung und
Betreuung von
Menschen mit
geistiger Behinderung

einrichtungen (Spezielle Frühförderzentren, Kinder- und Sonderkindergärten), Sonderschulen und integrative Schulen, Werkstätten für Behinderte, Freizeiteinrichtungen, Rehabilitationszentren, psychiatrische Institutionen bis zu Wohn- und Altenheimen.

Trotz ihrer zwangsläufig unterschiedlichen Zielsetzung dienen die Institutionen dazu, den Menschen mit geistiger Behinderung bei der Erfüllung ihrer Bedürfnisse nach Spielen, Lernen, Arbeiten, nach Freizeit, Ferien und Urlaub, nach Freunden, Liebe und Sexualität, nach Hilfe, Fürsorge und Schutz oder nach Angenommen- und Akzeptiert-Sein u. a. m. behilflich zu sein.

Geistigbehindertenpädagogik als „Pädagogik vom Menschen aus" heißt also Akzeptieren des Menschen mit Behinderung als Menschen, Erkennen seiner individuellen Einschränkungen und Möglichkeiten und größtmögliche Entfaltung seiner Fähigkeiten durch adäquate Bildung, Erziehung, Förderung und Therapie (vgl. Kapitel 3.5 und Kapitel 4). Eine zentrale Aufgabe der Geistigbehindertenpädagogik ist es demzufolge, die Wünsche und Bedürfnisse von Menschen mit geistiger Behinderung im Sinne der Assistenz in der Gesellschaft zu vertreten. Dies gestaltet sich aber immer noch schwierig, weil Schädigungen und Beeinträchtigungen den behinderten Menschen als „anders" erscheinen lassen und die Gesellschaft wiederum auf Anderssein, auf Abweichungen von der Norm mit Abwertung und Diskriminierung reagiert.

Grundgesetz   Und sie tut dies trotz des gesetzlich verankerten Benachteiligungsverbotes. In Artikel 3, Absatz 3 des Grundgesetzes der Bundesrepublik Deutschland heißt es ausdrücklich: „Niemand darf wegen seiner Behinderung benachteiligt werden." Ein Gleichheitsgebot bzw. die Wahrung der Menschenrechte wurde international bereits 1948 durch die Vereinten Nationen in der „Universal Declaration of Human Rights" festgelegt, die die Gleichheit aller Menschen (Artikel 1 und 2) und das Recht auf Bildung (Artikel 26/1 und 2) betont. „Seit den 50er Jahren haben sich in wirtschaftlich entwickelten Ländern, vorab auch denjenigen Europas, einige *Grundauffassungen und Konzepte* bezüglich Behinderung und Behindertenförderung entscheidend verändert. Dazu gehören das Recht behinderter Menschen auf Bildung und Chancengleichheit, das Verständnis von Behinderung, die Prinzipien der Kontinuität und der Flexibilität, der Normalisierung und der Integration" (Bürli 1997, 48).

WHO, UN   Es waren vor allem die Weltgesundheitsorganisation (World Health Organization, WHO) und die Organisation der Vereinten Nationen für Erziehung, Wissenschaft und Kultur (United Nations Educational, Scientific and Cultural Organization, UNESCO) die sich für die Belange behinderter Menschen eingesetzt haben. Auf ihren weltweiten Kongressen und Tagungen vertritt die Internationale Liga von Vereinigungen zugunsten geistig behinderter Menschen (International League of Societies for the Mentally Handicapped, ILSMH) deren Interesse und setzt sich für ihre Rechte ein. Die WHO hat 1980 auf die notwendige Differenzierung von Schädigung (impairment), Beeinträchtigung (disability) und Behinderung (handicap) aufmerksam gemacht, worauf ich in Kapitel 3.1 noch genauer eingehen werde. Zu den Aufgaben der UNESCO gehört neben der Durchsetzung der Menschenrechte auch die Förderung der internationalen Zusammenarbeit auf dem Gebiet der Erziehung, Wissenschaft und Information sowie die Erschließung von Bildung und Kultur für alle Menschen. Seit Mitte der 80er Jahre wendete sie sich behindertenpädagogischen Belangen zu. Sie hat Ende der 80er Jahre eine Erhebung zur weltweiten Situation der Sonderpädagogik und eine internationale Umfrage zur behindertenpädagogischen Gesetzgebung in Auftrag gegeben, die 1994 auf ihrem Weltkongress in Salamanca vorgestellt wurde. Wichtige Impulse, vor allem für die schulische Integration, gingen von diesem Kongress aus. Mit Bürli lassen sich die internationalen Entwicklungen der vergangenen 30 Jahre folgendermaßen zusammenfassen:

„In den 70er Jahren wurde das Behinderungskonzept durch die Umfelddimension erweitert. Durch die Forderung nach Einbezug der Umwelt wurde die Behindertenfrage zu einer politisch-gesellschaftlichen Aufgabe. Dies fand u. a. seinen Niederschlag im Jahr des Behinderten (1981) mit dem anschließenden weltweiten UN-Aktionsprogramm (1983), in der Dekade des Behinderten (1983–1992) und vor kurzem in der UN-Deklaration der Standardregeln über Chancengleichheit behinderter Personen (1993). Erstmals wurde Behindertenpolitik in drei Bereiche, nämlich Prävention, Rehabilitation und Chancengleichheit unterteilt und mit der Menschenrechtsfrage in Verbindung gebracht … Im Anschluss an die verschiedenen Deklarationen und Aktionen zugunsten behinderter Menschen haben zahlreiche Staaten Gesetze und Richtlinien erlassen" (1997, 48 f.).

1.3 Brückenfunktion der Geistigbehindertenpädagogik

Subjekt der Pädagogik ist der zu erziehende Mensch. Subjekt der Geistigbehindertenpädagogik ist der Mensch mit geistiger Behinderung. Seine Funktionsstörungen haben Auswirkungen auf seine Entwicklung, auf sein ganzes Leben. Der Schweregrad der Auswirkungen bzw. Beeinträchtigungen ist bei jedem Menschen anders. Zum einen gibt es unterschiedliche Formen von Funktionsstörungen, zum anderen reagieren der Mensch und sein Umfeld, z. B. seine Familie, individuell verschieden auf die Störungen. Das heißt, der Mensch mit geistiger Behinderung muss immer auch aus dem Kontext seiner sozialen Umgebung heraus betrachtet werden.

Gegenstand von Pädagogik ist also nicht nur der zu erziehende Mensch, sondern ebenso die Gesellschaft mit ihren Erwartungen an ihn. Die Gesellschaft legt Normen und Werte, z. B. Gesundheit, Produktivität, Leistungsfähigkeit, Interaktionsfähigkeit, Teilhabe und Mitgestaltung des kulturellen und gesellschaftlichen Lebens und vieles mehr fest. Dies sind Werte, die das familiäre wie das außerfamiliäre Zusammenleben in all seinen Bereichen prägen. Die Pädagogik ist mit ihren Erziehungszielen daran interessiert, dass diese Normen und Werte vermittelt werden.

Es ist unbestritten, dass die Gruppe der Menschen mit geistiger Behinderung eine gesellschaftliche Randgruppe ist. Zwischen Menschen mit geistiger Behinderung und nichtbehinderten Menschen besteht eine Kluft, die überwunden werden muss. Die

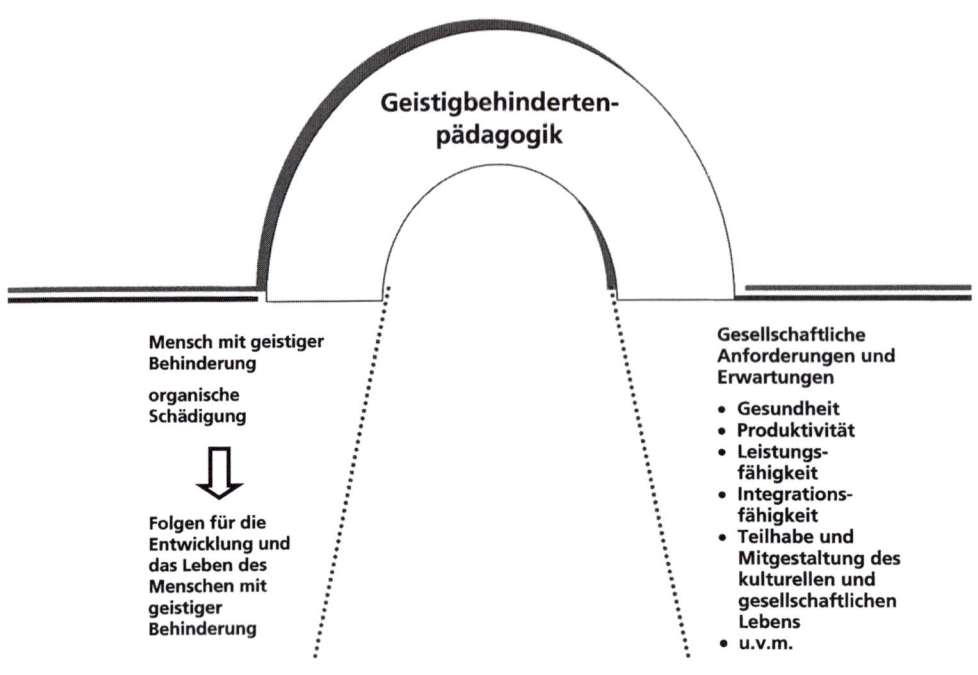

Mensch mit geistiger
Behinderung

organische
Schädigung

⇩

Folgen für die
Entwicklung und
das Leben des
Menschen mit
geistiger
Behinderung

Gesellschaftliche
Anforderungen und
Erwartungen

• Gesundheit
• Produktivität
• Leistungs-
  fähigkeit
• Integrations-
  fähigkeit
• Teilhabe und
  Mitgestaltung des
  kulturellen und
  gesellschaftlichen
  Lebens
• u.v.m.

Abb. 4:
Brückenfunktion der
Geistigbehinderten-
pädagogik

Hauptaufgabe der Geistigbehindertenpädagogik ist es nun, zwischen dem Individuum, dem behinderten Menschen mit all seinen Schwierigkeiten und Fähigkeiten auf der einen Seite, und den gesellschaftlichen Erwartungen und Anforderungen auf der anderen Seite zu vermitteln. Die Geistigbehindertenpädagogik nimmt also eine Brückenfunktion ein. Sie will verbinden, Gräben überwinden, den Anschluss halten, den gegenseitigen Austausch sicherstellen und damit gemeinsame Entwicklungen gewährleisten. Die Brücke wird von der interdisziplinären Behindertenhilfe gestützt. Gleichzeitig wird die allgemeine Betreuung und Versorgung von Menschen mit geistiger Behinderung von der Geistigbehindertenpädagogik beeinflusst (Abb. 4).

1.4 Interdisziplinarität

Um Antworten auf die Fülle der behindertenrelevanten Fragen geben zu können und Lösungen für individuelle Probleme zu finden, ist die Geistigbehindertenpädagogik auf den Dialog mit anderen Wissenschaften angewiesen (Abb. 5).

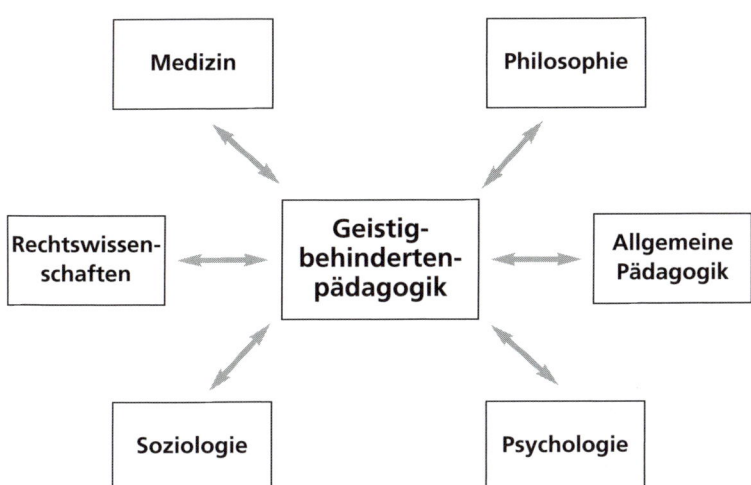

Abb. 5:
Geistigbehinderten-
pädagogik im Dialog
mit anderen Wissen-
schaften

Die *Medizin* mit ihren verschiedenen Teilgebieten (Pädiatrie, Medizin
Neurologie, Neurophysiologie, Orthopädie, Psychiatrie u. a.), Institutionen und Fachkräften gibt Antworten auf behinderten-
spezifische medizinische Fragen, z. B. Ursachen von Hirnschädi-
gungen und ihre Folgen. Sie ist des Weiteren verantwortlich für
die Diagnose von Behinderungen und deren Therapie, die Verordnung von Medikamenten und Hilfsmitteln, von erforderlicher
Physio- oder Psychotherapie. Sie erforscht neue Krankheitsbilder,
die zu geistiger Behinderung führen, und entwickelt notwendige Behandlungsmethoden.

Die *Psychologie* erklärt innerpsychische und zwischenmenschli- Psychologie
che Prozesse. Sie fragt nach Wahrnehmung, Denken und Handeln des Menschen, nach seinen Emotionen und Stimmungen,
und diagnostiziert Störungen in diesen Bereichen. So thematisiert sie den Zusammenhang von geistiger Behinderung und psychischen Erkrankungen, entwickelt Therapien, z. B. zur Behebung
von Lern- und Entwicklungsstörungen, oder beschäftigt sich mit
der Rolle der Eltern und der professionellen Helfer und vieles
andere mehr.

In der *Soziologie* steht der wechselseitige Zusammenhang von Soziologie
geistiger Behinderung und Gesellschaft im Vordergrund, vor
allem die gesellschaftliche Einstellung zu Menschen mit geistiger Behinderung. Behinderungsrelevante Themen der Soziologie sind z. B. Integration, das Problem der Stigmatisierung, der Institutionalisierung oder die Rolle von Eltern und Geschwistern.

Philosophie

Die *Philosophie* betrachtet die Bedeutung des Behindert-Seins unter ethischen Aspekten. Sie stellt in diesem Zusammenhang existenzialistische Fragen wie etwa nach dem Sinn und Wert des Lebens. Sie erörtert moralische Fragen von Erziehung und beteiligt sich an der anthropologischen Grundlegung der Allgemeinen Pädagogik, der Sonder- und Integrationspädagogik. Zudem liefert die Philosophie erkenntnistheoretische Grundlagen zur Begründung der Geistigbehindertenpädagogik als Wissenschaft.

Rechtswissenschaften

Die *Rechtswissenschaften* befassen sich mit der gesetzlichen und rechtlichen Situation der Menschen mit geistiger Behinderung, d. h. vor allem mit Gesetzen, Rechten, Pflichten und Regeln zum Schutz und zur Fürsorge für Menschen mit Behinderungen in unserer Gesellschaft. Dazu gehören auch Fragen der Entmündigung bzw. Vormundschaft.

Allgemeine Pädagogik

Die *Allgemeine Pädagogik* ist eng mit der Geistigbehindertenpädagogik verknüpft, weil beide zum Bereich der Erziehungswissenschaft gehören. Ihre Theorien und Konzeptentwürfe sind nicht nur in der Integrationsdiskussion von Bedeutung. Nach einer Zeit der Abgrenzung voneinander ist seit den 90er Jahren eine starke Annäherung und eine Rückbesinnung auf gemeinsame Wurzeln zu beobachten. Weil Menschen mit geistiger Behinderung allgemein Erziehungs- und Bildungsnormen nicht erfüllen können, verwirklicht die Geistigbehindertenpädagogik mit ihren Konzeptentwicklungen eine basale Form von Erziehung. Durch ihr stärkeres Hinterfragen gebräuchlicher oder vertrauter Erziehungsmethoden und durch ihre Elementarisierung von Lehr- und Lernprozesse, stellt sie die Pädagogik gleichsam auf ein breiteres Fundament. Das heißt, sie gibt den anderen heilpädagogischen Fachrichtungen und der Allgemeinen Pädagogik wichtige Anregungen für eine individualisierte und differenzierte Erziehung.

Zusammenfassung

Der Dialog der Geistigbehindertenpädagogik mit den Nachbarwissenschaften ist in mehrfacher Weise wirkungsvoll. Zum einen entwickeln sich gemeinsame interdisziplinäre Handlungsfelder wie z. B. in der Frühförderung oder auch im Bereich sozialer Integration von Arbeit und Freizeit; Handlungsfelder, in denen Mitarbeiter und Mitarbeiterinnen aus unterschiedlichen Bereichen miteinander arbeiten, z. B. Mediziner, Psychologen, Heilpädagogen, Therapeuten und Sozialarbeiter.

Zum anderen bewirkt der interdisziplinäre Dialog auch den notwendigen Wissenstransfer, der heutzutage notwendig ist, um Menschen mit geistiger Behinderung ein Leben lang adäquat zu begleiten. Das heißt, die Geistigbehindertenpädagogik greift bei ihrer Konzept- und Theoriebildung auf Forschungsergebnisse und

Erkenntnisse anderer Wissenschaftsbereiche, vornehmlich aus der Medizin, der Psychologie, Soziologie und Philosophie zurück und verbindet sie mit pädagogischem Denken. Besondere Bedeutung erlangen heute in der Geistigbehindertenpädagogik auch Erkenntnisse aus dem weiten Feld der Kommunikationswissenschaften.

1.5 Übungsaufgaben zu Kapitel 1

Wie unterscheiden sich die Begriffe Heil-, Sonder-, Behinderten- und Rehabilitationspädagogik voneinander?

Aufgabe 1

Was zählt zu den Aufgaben der Heilpädagogik?

Aufgabe 2

Welche Stellung nimmt die Geistigbehindertenpädagogik innerhalb der Heilpädagogik ein?

Aufgabe 3

Wie würden Sie die Situation von Menschen mit geistiger Behinderung in unserer Gesellschaft beurteilen? Geben Sie Ihre Antwort auch vor dem Hintergrund Ihrer eigenen Erfahrungen und Einstellungen zu diesem Thema.

Aufgabe 4

Fassen Sie noch einmal zusammen, von wo aus das geistigbehindertenpädagogische Denken seinen Ursprung nimmt, welche Aufgabenfelder das Fach umschließt und mit welchen Wissenschaften es im Dialog steht.

Aufgabe 5

2 Historische Wurzeln
der Geistigbehindertenpädagogik

Um die Zuwendung zu Menschen mit geistiger Behinderung, die
Konzepte und Methoden ihrer Erziehung in ihrem Geworden-
sein besser verstehen zu können, ist es sinnvoll, auf das Leben
und die Betreuung dieser Menschen vor unserer Zeit zurückzu-
schauen. Frühere Einstellungen und Sichtweisen, die Art ihrer
sozialen Akzeptanz bleiben bis heute prägend für das Verständnis von geistiger Behinderung. Die Auffassung von Behinderung
bestimmt letztlich die Maßnahmen, d. h. die Weise der Behandlung, der Betreuung oder der Erziehung. Erfahrungen früherer
Generationen im Umgang mit behinderten Menschen zeigen also
heute noch ihre Wirkung und sind für die Standortbestimmung
der aktuellen Geistigbehindertenpädagogik von informativem
Wert.

Historische Quellen über Menschen mit geistiger Behinderung
lassen sich bis in die Antike zurückverfolgen. Die Art der Zuwendung – ob diese Menschen nun Pflege und Versorgung
erhielten oder umgebracht wurden – war im Verlauf der Jahrhunderte bestimmt vom jeweiligen menschenachtenden oder
-verachtenden Zeitgeist, von sozial-ökonomischen und gesellschaftspolitischen Bedingungen, von staatlichen Machtstrukturen,
von Staats- und Gesellschaftsideologien, die wiederum stark von
theologischen Ethiken geprägt waren. Die Motive der Hinwendung reichten von gottesähnlicher Verehrung der Behinderten
im Altertum, über exorzistische Vernichtung im mythischen Mittelalter, über pseudo-karitative Mildtätigkeit bis hin zu systemati-
scher Pflege aus christlicher Nächstenliebe in den aufkeimenden
Anstalten des 19. Jahrhunderts. Die fürsorgerische und pädagogische Hinwendung zu Menschen mit geistiger Behinderung hat
sich im Verlauf der Geschichte stark verändert:

„Die Erziehung von Kindern mit geistiger Behinderung ist – historisch gesehen
– ein junges Gebiet. Es ist bewundernswert, welche Höhe sie im 19. Jahrhundert
in einigen Anstalten erreichte. Es ruft Entsetzen hervor, daß im 20. Jahrhundert
eine sturzflutartige Abwärtsbewegung begann, die mit der Ermordung von
etwa 80.000 geistig behinderten und psychisch kranken Menschen während
des Krieges endete" (Möckel u. a. 1997, 10).

Der nachfolgende Rückblick beleuchtet schlaglichtartig wesentliche Aspekte dieses Wandlungsprozesses und zeigt begünstigende wie hemmende Bedingungen der Entwicklung einer speziellen Pädagogik für Menschen mit geistiger Behinderung auf.

Eine systematisch aufgearbeitete „Geschichte der Erziehung von Menschen mit geistiger Behinderung" gibt es nicht. Zwar hatte Max Krimsee (1877–1946), Lehrer und späterer Leiter der Anstaltsschule am Kalmenhof in Idstein/Taunus, in den 20er Jahren des 20. Jahrhunderts mit der historischen Aufarbeitung begonnen, doch seine Arbeiten sind Stückwerk geblieben. Er hinterließ eine Sammlung von heilpädagogischen Originaltexten aus dem 17. und 18. Jahrhundert, die nach dem Zweiten Weltkrieg, bezogen auf die Gruppe der Menschen mit geistiger Behinderung, analysiert wurden. Die Realisation des Vorhabens erwies sich aber als schwierig, weil verschiedene Termini zur Kennzeichnung der geistig Schwachen verwendet worden sind, „so dass es nicht möglich ist, stets genau auszumachen, ob auch wirklich dieser Personenkreis gemeint ist, der heute als geistig behindert bezeichnet wird" (Speck 1979, 57).

Seit den 70er Jahren des letzten Jahrhunderts erschien eine Reihe von Monographien. Sie thematisieren entweder die Geschichte einzelner Anstalten, wie z. B. die des Wittekindshofs bei Bad Oeynhausen (Klevingshaus 1970) oder die Geschichte der Erziehungs- und Pflegeanstalt für Geistesschwache Mosbach/Schwarzacher Hof (Scheuing 1997) oder sie widmen sich den Werken einzelner früher Heilpädagogen (z. B. Selbmann 1982 zu dem Werk von Jan Daniel Georgens). Beispiele für die Beschäftigung mit einzelnen Epochen sind u. a. die Untersuchung der Zeit vor der Aufklärung (Bachmann 1985) oder die „Erforschung und Therapie der Oligrophrenie in der ersten Hälfte des 19. Jahrhunderts" (Meyer 1973).

Als überblicksartige Untersuchungen im Sinne historischer Rückblicke sind zu nennen: Meyer (1973), Speck (1979, 1999), Höhn (1982), Schröder (1983), Möckel (1984, 1988), Mühl (1991) oder Merkens (1988) u. v. a. m. Beachtenswert und zum vertiefenden Selbststudium zu empfehlen sind die jüngst erschienenen beiden Quellenbände des Herausgeberteams Möckel, Adam und Adam (1997 und 1999). Hierin sind die wichtigsten heilpädagogischen Quellen (Texte) aus der Zeit der Anstaltsgründungen im 19. Jahrhundert bis heute zusammengetragen und in Bezug zueinander gestellt. Schriften der Klassiker wie Itard, Séguin, Guggenbühl, Rösch, Saegert, Georgens und Deinhardt, aber auch von Gegnern der Erziehung geistig behinderter Kinder während der Zeit des Nationalsozialismus wie z. B. Binding und Hoche sind hier zu finden.

Zusammenfassend ist zu sagen, dass die Erziehung von Kindern und Jugendlichen mit geistiger Behinderung auf Einzelinitiativen von Philanthropen, i. d. R. an pädagogischen Fragen inter-

Zusammen-
fassung

essierten Ärzten und Theologen, später auch Pädagogen zurückgeht. Sie haben durch ihr soziales Engagement gezeigt, dass sich
der Zustand sog. „schwachsinniger" Kinder durch erzieherische
Maßnahmen verbesserte. Die staatliche Unterstützung in finanzieller wie juristischer Hinsicht, d. h. das Recht auf Versorgung und Erziehung sowie die Errichtung von Anstalten und
Schulen, war erst ein zweiter und schwer durchsetzbarer Schritt,
der bezogen auf den Personenkreis der Menschen mit geistiger Behinderung erst im 19. Jahrhundert begann. Über die Zeit
davor gibt es keine systematische Aufarbeitung, dennoch lassen sich im Sinne historischer Orientierungsdaten einige Aussagen zum Leben der Menschen mit geistiger Behinderung
machen. „Die Geschichte dieser Menschen war über Jahrhunderte hinweg die Geschichte ihrer Verfolgung und Mißachtung"
(Speck 1997, 13).

2.1 Das Leben von Menschen mit geistiger Behinderung von den Anfängen bis zum 19. Jahrhundert

Es ist anzunehmen, dass in den „Anfängen der Menschheitsge-
schichte wenig Rücksicht auf gebrechliche, kranke, auch geschädigte Gruppen- oder Stammesmitglieder genommen werden
konnte, wollte man das Überleben sichern" (Mühl 1991, 9). Erst
mit dem Sesshaftwerden in der jüngeren Stein- und Bronzezeit
wurde eine grundsätzliche Betreuung geschädigter Mitmenschen
möglich. Ob diese aber auch wirklich erfolgte, „hing auch von
den magischen, mythologischen und normativen Vorstellungen
der jeweiligen Gruppe oder Gesellschaft ab" (S. 9). Unter den
Menschen mit Behinderungen nahmen die mit einer geistigen
Behinderung, die sog. Schwachsinnigen oder Idioten, eine Sonderstellung ein, weil angenommen wurde, dass sie unter Einfluss
von Dämonen oder Geistern stünden. Man konnte sich das Anderssein dieser Menschen nicht erklären, zu „naturwidrig war ihr
Bild" (Speck 1999, 11).

Verstoßen
und getötet

Während blinde oder leicht körperlich beeinträchtigte Menschen wegen ihrer Intelligenz bzw. ihres Vermögens zu sprechen
in alten Hochkulturen (Sumerer, Babylonier oder Ägypter) Achtung erfuhren, wurden geistig behinderte in der Regel verstoßen
oder getötet. Bei den Römern und Griechen war die Sitte des Aus-
setzens und des Kindesmordes verbreitet, ebenso bei den Ger-
manen. Einzelne Spuren dieser Praxis lassen sich verfolgen bzw.
belegen und sind z. B. bei Merkens (1988) nachzulesen.

Mythologische Erklärungen für die Ursache des Schwachsinns hielten sich bis über das Mittelalter hinaus. „Man glaubte an die Einwirkung von Dämonen, an den Kindertausch durch den Satan (‚Wechselbalg'), auch an die ‚Strafe Gottes' für Sünden der Vorfahren" (Speck 1979, 57). Man griff zu Beschwörung und Zauberei; Maßnahmen, die aber keineswegs dem geschädigten Menschen oder gar seiner Integration in die Gemeinschaft dienten, sondern ausschließlich dem Schutz der Mitmenschen vor dem als Bedrohung erlebten Schwachsinnigen. Die Praktiken waren demzufolge mystisch-religiöse Abwehrmechanismen. Separation, Ausgrenzung und Vernichtung waren soziale Antworten auf das Unbegreifliche des Andersseins. „Es gab keine Anerkennung ihres Lebensrechtes und ihrer Menschenwürde" (Speck 1999, 11).

Irrationale
Abwehr

Schwachsinnige Menschen behielten auch in der Neuzeit ihre soziale Sonderstellung und erfuhren unterschiedliche Wertschätzung. Sie wurden auf Jahrmärkten zur Schau gestellt, als Narr zum Spielzeug und Gespött, als Dämon gefürchtet, aber auch als schwaches Wesen unter den besonderen Schutz Gottes gestellt. In den Alpenländern wurden diese Menschen zeitweise als Heilige verehrt. Meist aber fristeten sie ein elendes gesellschaftliches Randdasein, angewiesen auf Almosen und abgeschoben in Klöstern, Armenhäusern, Hospitälern, Irrenanstalten, Zucht- und Tollhäusern, oder verblieben in den Familien. Sie waren dem Gespött und der Willkür anderer ausgesetzt. Das Motiv ihrer Unterbringung in öffentlichen Häusern war nicht medizinischer oder pädagogischer Natur. Nicht die Verbesserung ihres Zustandes war Ziel, sondern allein die Abschirmung, der Schutz der Öffentlichkeit vor dem Anblick dieser Menschen.

„Mit der Auflösung der Klöster während der Reformationszeit ging ihre Umwandlung in Waisenhäuser, Asyle, Zucht- und Aufbewahrungsanstalten einher, in denen Behinderte, Arme, Kranke und Kriminelle gemeinsam untergebracht wurden. Die Bevölkerung sollte vor dem Anblick dieser Personen verschont werden", damit ihre Bewohner „der Umwelt nicht zu Ekel und Abscheu gereichten" (Merkens 1988, 44).

In welch heterogen zusammengewürfelten Gruppen früher geistig behinderte Menschen untergebracht waren, wird in einer 1588 erschienenen Schrift über das in eine psychiatrische Einrichtung umgewandelte Kloster Haina beschrieben:

„… das das grosse gewaltige Closter Heina durch auß mit Armen leuten als Blinden, Lamen, Stummen, Tauben, Wanwitzigen, Monsichtigen, Sinnverrückten, Besessenen, Mißgestalten, Aussetzigen und dergleichen bresthafftiger Armer menschen heuffig und völlig besetzet wardt" (Letzner 1588, 7. Kap. nach Schröder 1983, 17).

Die Lebensbedingungen in diesen Aufbewahrungsanstalten waren aus unserer heutigen Perspektive unmenschlich. So berichtete Chiarugi 1795 in seiner Abhandlung über den Wahnsinn folgendes:

„Es muß gewiß für jeden Menschenfreund einer der schauderhaftesten Anblicke sein, wenn man in sehr vielen Irrenhäusern die unglücklichen Opfer dieser schrecklichen Krankheit in finstern, feuchten Löchern, wo die frische Luft nie hineingebracht werden kann, auf unreinem, selten gewechseltem Stroh, mitten in ihrem eigenen Kote, und mit Ketten gefesselt, oft ganz nackend legen sieht. In solchen Wohnungen des Schreckens könnte der Vernünftigste wohl eher wahnsinnig, als ein Wahnsinniger wieder zur Vernunft gebracht werden" (nach Schröder 1983, 27).

Die Menschen, die in diesen Tollhäusern arbeiteten, charakterisierte Reil 1803 folgendermaßen:

„Die Zuchtknechte, Stockmeister und Diebeswärter sind meistens rohe Menschen, bei denen Barbarey an der Tagesordnung steht, und welche obendrein diese Unglücklichen als eine lästige Bürde ihrer Amtspflichten betrachten, die sie, um sie auf die kürzeste Art zu besorgen, in feuchte Gewölbe, Gefängnisse und in die Kellergeschosse ihrer Anstalten einsperren. Das nächtliche Gebrüll der Rasenden und das Geklirre der Ketten hallt Tag und Nacht in den langen Gassen wider, in welchen Käfig an Käfig stößt, und bringt jeden neuen Ankömmling bald um das Bischen Verstand, das ihm etwan noch übrig ist" (nach Schröder 1983, 28).

Von gesellschaftlichem Zusammenleben und erzieherischer Fürsorge ausgeschlossen, konnten geistig behinderte Menschen keine Kommunikations- und Verhaltensweisen entwickeln, d. h. sie entsprachen mit ihrem Verhalten dem Bild, das sich die Umgebung von ihnen machte. Menschen mit geistigen und schweren körperlichen Gebrechen befanden sich demnach in einem Teufelskreis, der nur schwer zu durchbrechen war.

Ambivalenter
christlicher Einfluss

Auch das Christentum konnte oder wollte dieser Praxis anfänglich nicht wirkungsvoll begegnen, weil es zwar teilweise der Dämonisierung entgegenzuwirken versuchte, aber mit der Einführung der Schuldfrage nichts zur Anerkennung behinderter Menschen beitrug. Die Verquickung von Schuld- und Ursachenfrage sowie die Interpretation von Behinderung als Strafe Gottes für die Eltern oder die Gesellschaft verstärkten noch die Praxis der Isolierung.

Die historischen Quellen lassen erkennen, dass schon früh ein Unterschied im Umgang mit behinderten Menschen gemacht wurde, also eine gewisse Hierarchie der Behinderungsformen bestand. Obwohl auch sinnesgeschädigte, blinde oder gehörlose Menschen sozial kaum integriert waren, genossen sie aufgrund ihrer kompensatorischen Fähigkeiten höhere öffentliche Anerkennung als schwachsinnige Menschen. Schon früh konnte die

Nützlichkeit und Brauchbarkeit Sinnesgeschädigter von der Taubstummenpädagogik des 18. Jahrhunderts unter Beweis gestellt werden. Menschen mit geistiger Behinderung „blieben von den Erfolgsmeldungen ausgeschlossen" (Merkens 1988, 55), zumal sich die frühe Heilpädagogik ihrer nicht annahm. Sinnesgeschädigte hingegen galten als *bildungsfähig*, ihnen sprach man ihr *Menschsein* nicht ab, anders als den sog. Schwachsinnigen.

2.2 Beginn der Geistigbehindertenpädagogik – Anstaltsgründungen im 19. Jahrhundert

Menschen mit geistiger Behinderung wurde erst im 19. Jahrhundert pädagogische Aufmerksamkeit geschenkt. Begünstigend wirkten die zunehmende Industrialisierung mit ihren gesellschaftlichen Veränderungen sowie vor allem das Gedankengut der Aufklärung, „in deren Gefolge man sich für die Befreiung bzw. Behandlung von Sklaven, Gefangenen, Kranken, Blinden und Tauben engagierte" (Mühl 1991, 10). Das Recht auf Bildung sollte nicht länger nur den privilegierten Bevölkerungsschichten vorbehalten bleiben. Alle Kinder sollten durch staatliche Erziehung zu Sittlichkeit und bürgerlicher Nützlichkeit gebracht werden; eine Forderung, die man auch für geschädigte Kinder erhob, weil die ersten Erziehungsversuche tauber und blinder Kinder, Mitte des 18. Jahrhunderts, deren Bildbarkeit und damit ihre gesellschaftliche Nützlichkeit belegten. Ihre menschliche Würde sollte ihnen darum nicht länger abgesprochen werden. „Vom Almosenempfänger zum Steuerzahler" war der Leitgedanke der frühen Heilpädagogik, mit dem man glaubte, das Menschen- und Lebensrecht für Menschen mit Behinderung durchsetzen und wahren zu können.

Diesen Leitgedanken auf Menschen mit geistiger Behinderung zu übertragen und deren gesellschaftliche Nützlichkeit unter Beweis zu stellen, erwies sich als schwierig und brauchte Zeit. Obwohl von der Taubstummenpädagogik beeinflusst, war die Schwachsinnigenfürsorge oder frühe Geistigbehindertenpädagogik gezwungen, eigenständige Wege zu entwickeln. Die schwachsinnigen Menschen mussten erst aus ihren gefängnisähnlichen Unterbringungen herausgeholt und menschenwürdiger Pflege und Versorgung zugeführt werden. Dies erfolgte in Anstalten, die meist auf private Initiative hin entstanden.

Die Errichtung von staatlich unterstützten Schulen als Orte der Erziehung war erst der zweite Schritt. Das 19. Jahrhundert, das wegen seines reformerischen Zeitgeistes auch das „pädagogische Zeitalter" genannt wird, begünstigte diese Entwicklung.

Kretinismus

J. J. Guggenbühl

Down-Syndrom

J. L. H. Down

Die Ideen der Aufklärung führten zu einem stärkeren Interesse an der Wissenschaft und regten die Erforschung der Geistesschwäche, des „Kretinismus", an. Im heutigen Verständnis ist der *Kretinismus* eine Form der geistigen Behinderung, die aufgrund eines Schilddrüsenhormonmangels (Jodmangels) der Mutter entsteht und beim Kind zu dauerhaften Entwicklungsstörungen des Skelett- und Nervensystems führt. Jodmangel war ein Phänomen, das im vergangenen Jahrhundert in den Alpenländern weit verbreitet war. Die Schweiz, in der der Kretinismus gehäuft auftrat, gilt darum als Ursprungsland der Erforschung des Schwachsinns. Der Arzt Johann Jacob Guggenbühl (1816–1863) gründete 1841 auf dem Abendberg bei Interlaken eine „Heilanstalt für Kretinen und blödsinnige Kinder" und war überzeugt, den Schwachsinn heilen zu können, musste sich aber später eines Besseren belehren lassen.

Weitere Ursachen des Schwachsinns wie z. B. das sog. *Down-Syndrom* entdeckte die Medizin erst später. 1866 publizierte der englische Arzt John Langdon H. Down (1826–1896) seine „Beobachtungen zu einer ethnischen Klassifizierung von Schwachsinnigen". „Darin unternimmt er", wie Speck berichtet, „den Versuch, die ihm bekannten Gruppen von Schwachsinnigen bestimmten Rassen zuzuordnen, und beschreibt dabei erstmals den von ihm so genannten ‚mongolischen Typ der Idiotie'. Beachtlich ist hierbei, dass er nicht nur Symptomatologie und eine spekuläre Ätiologie darstellt, sondern auch konkrete Möglichkeiten der Behandlung – ‚systematic training'," (1999, 15).

Die Zuwendung zu Menschen mit geistiger Behinderung erfolgte im 19. Jahrhundert aus drei verschiedenen Beweggründen: aus medizinischem, pädagogisch-sozialem oder religiös-karitativem Interesse. Die ersten Anstaltsgründer waren reformerisch denkende Ärzte, Pädagogen (Taubstummenlehrer) und Theologen, denen es um die Verbesserung der Lebenssituation dieses Personenkreises ging. Bestärkt wurden sie in ihrem Tun durch einen optimistisch-aufklärerischen Zeitgeist. „Das Vordringen des naturwissenschaftlichen, d. h. kausalen Denkens, gab starke Anstöße für eine systematische Entfaltung der Arbeit für den geistesschwachen Menschen" (Speck 1999, 13). Bei der Gründung der ersten Heil- und Pflegeanstalten war die Hoffnung auf medizinische Heilung bestimmend. Man versuchte, den Gesundheitszustand der Zöglinge durch Hygiene und diätische Ernährung zu verbessern. Bäder, Waschungen, Schwimmen und Gymnastik sollten den Körper stärken. Die Ärzte suchten nach Behandlungsmethoden, die aber nur begrenzt wirkungsvoll waren. Die parallel dazu beginnenden Erziehungsversuche erwiesen sich als erfolgreicher.

Pestalozzi unternahm z. B. einen ersten Erziehungsversuch, indem er in seinen Erziehungsanstalten auf dem Neuhof (1777/78) neben verwahrlosten auch zwei schwachsinnige Kinder aus einem Tollhaus aufnahm. In seinem 1777 veröffentlichten Werk „Bruchstücke aus der Geschichte der niedrigsten Menschheit – Aufruf der Menschlichkeit zum Besten derselben" hält er als ein Ergebnis dieser Erziehungsversuche fest:

> „Und es ist tröstende Wahrheit, auch der Allerelendeste ist fast unter allen Umständen fähig zu einer alle Bedürfnisse der Menschheit befriedigenden Lebensart zu gelangen – Keine körperliche Schwäche, kein Blödsinn allein gibt Ursach genug – solche mit Beraubung ihrer Freiheit in Spitälern und Gefängnissen zu versorgen – sie gehören ohne anders in Auferziehungshäuser, wo ihre Bestimmung ihren Kräften und ihrem Blödsinn angemessen gewählt und leicht und einförmig genug ist – so wird ihr Leben, der Menschheit gerettet, für sie nicht Qual sondern beruhigte Freude, für den Staat nicht lange kostbare Ausgabe sondern Gewinnst werden" (in Möckel 1997, 32).

Erste Angaben über gezielte Erziehungsversuche schwachsinniger Menschen stammen von Jean-Marc-Gaspard Itard (1774–1838), einem Taubstummenlehrer und Arzt in Paris, der über fünf Jahre „Victor" oder das „Wildkind von Aveyron" mit pädagogischen Mitteln zu kultivieren versuchte. Der im Wald aufgewachsene und völlig verwilderte Junge „Victor" war zwar als psychiatrisch unheilbarer Idiot diagnostiziert worden, dennoch war Itard davon überzeugt, seinen Zustand durch eine Form von Erziehung verbessern zu können. „Dabei ging er von der für damalige Ansichten erstaunlichen Annahme aus, dass die Ursache für das verwilderte Verhalten des Jungen in sozialer und pädagogischer Vernachlässigung zu suchen sei, und dass deshalb durch gezielte Übungen und soziale Zuwendung eine soziale Eingliederung und eine Förderung der Intelligenz zu erreichen sei. Die – wenn auch begrenzten – Erfolge gaben Itard prinzipiell Recht" (Speck 1979, 58). Mit seiner Erziehung versuchte er, die Sinne des Jungen zu entwickeln und dadurch seine intellektuellen Funktionen anzuregen. „Es war der Beginn der ‚physiologischen Erziehung', deren Basis die Erweckung der Sensibilität der Sinne durch starke Reize, also eine Sinnesschulung darstellte" (Mühl 1991, 11).

J.-M.-G. Itard

Itards Berichte beeinflussten spätere Erziehungsversuche und vor allem den Taubstummenlehrer, Arzt und Leiter einer Idiotenschule in Paris Edouard Séguin (1812–1880), der ein erstes Lehrbuch über die Behandlung der Idiotie schrieb. Diese Schrift hat die Schwachsinnigen- oder Geistigbehindertenpädagogik des 19. Jahrhunderts nachhaltig beeinflusst. Séguin erkannte, „daß die Erziehung geistig behinderter Kinder auf wissenschaft-

E. Séguin

Physiologische
Erziehung

lichem Niveau nur durchdacht werden kann, wenn zugleich die gesamte Erziehung mitreflektiert wird" (Möckel 1997, 60). Séguin entwickelte das Konzept der *„physiologischen Erziehung"*, als Sinnes- und Funktionsschulung, weiter. Es war prägend für die pädagogische Arbeit in den Anstalten und hat viele Pädagogen bis heute nachhaltig beeinflusst wie z. B. Maria Montessori, die den sensualistischen Standpunkt in ihre Pädagogik übernahm. Spuren dieser Methoden sind auch heute noch in Konzepten der Sinnesschulung wie z. B. bei J. Ayres oder A. Fröhlich zu finden.

Die „physiologische Erziehung" diente den Philanthropen dazu, den Allgemeinzustand der behinderten Menschen zu verbessern, ihre Bildungsfähigkeit und damit ihr Mensch-Sein unter Beweis zu stellen, womit sie letztlich die öffentliche Anerkennung des Lebensrechtes ihrer Schützlinge anstrebten.

Zusammenfassend ist festzuhalten, dass die ersten Erziehungsversuche keine Einzelinitiativen blieben, da durch ihre Erfolge das Interesse an Menschen mit Behinderung wuchs. Aus der Fülle der im 19. Jahrhundert errichteten Anstalten sollen hier nur beispielhaft drei genannt werden:

- 1845 – Gründung der „Heil- und Bildungsanstalt für Blödsinnige" in Berlin durch den Carl Wilhelm Saegert (1809–1879, Direktor der königlichen Taubstummenanstalt Berlin,
- 1863 – Gründung der Alsterdorfer Anstalten bei Hamburg durch den Pastor Dr. Heinrich Sengelmann (1821–1899),
- 1872 – Gründung der Anstalt für Epileptiker in Bethel bei Bielefeld durch den Pastor Dr. Friedrich von Bodelschwingh (1831–1910),
- 1884 – Gründung der Ursberger Anstalten, eine der größten Einrichtungen mit lange Zeit über tausend behinderten Menschen und vielen hundert Betreuern.

Die meisten Anstaltsgründungen gehen auf private Initiativen zurück und waren kirchlich-karitative Institutionen, die von einem christlichen Ethos getragen waren. „Man würde ihnen aber nicht gerecht, wollte man sie *nur* unter diesem Aspekt betrachten. Sie waren vielmehr (…) mitgetragen von den pädagogischen und medizinischen Impulsen und Erkenntnissen, die sich in dieser Zeit allmählich verbreiteten" (Speck 1999, 15). Die heilpädagogische Arbeit dieser Zeit war nicht nur eine praktische, eine Entwicklung und Erprobung von konkreten Behandlungs- und Erziehungsmethoden.

Georgens und
Deinhardt

Es gab auch die ersten wissenschaftlichen Auseinandersetzungen mit dieser neuen Form der Pädagogik, z. B. die von Georgens und Deinhardt, über die man sich auf Tagungen und Treffen austauschte. Jan Daniel Georgens (1823–1886) und Heinrich Marianus Deinhardt (1821–1880) waren Pädagogen und grün-

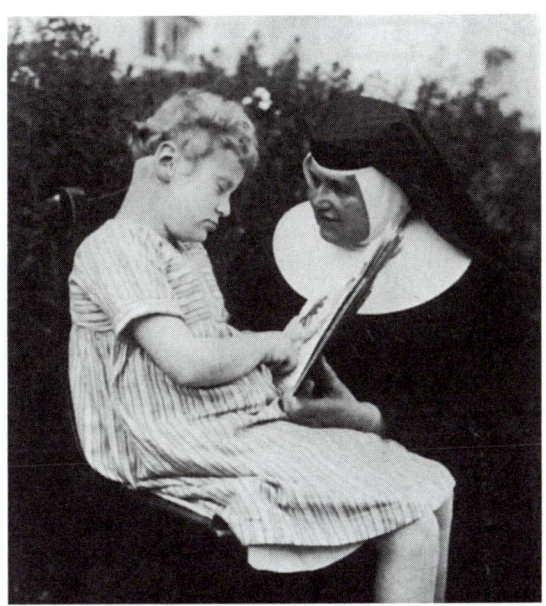

Abb. 6:
Unterricht mit dem
Bilderlesebuch:
Ursberger Anstalten
(um 1920)

deten in der Nähe von Wien die Heil- und Erziehungsanstalt
Levana. In ihren Vorträgen versuchten sie, ihre praktischen Er-
ziehungserfahrungen systematisch zu begründen. Ihre Vorträge
fassten sie in zwei Bänden mit dem Titel „Die Heilpädagogik"
zusammen. Möckel charakterisiert und bewertet dieses Werk
folgendermaßen: „Heilpädagogik war ihrem Ansatz nach Kritik
der bestehenden Pädagogik. Ihr Werk ist ein ernstzunehmender
Reformversuch. Später schien es, als sei ihr Werk ausschließlich
ein Beitrag zur Geistigbehindertenpädagogik" (1997, 244). Die
Schriften von Georgens und Deinhardt haben die erzieherische
Arbeit in den entstehenden Anstalten des 19. Jahrhunderts maßgeblich beeinflusst.

Neue Anstalten entstanden oft auf Anregung und auf der
Grundlage der Erfahrungen der bereits bestehenden. An der
Erforschung des komplexen Phänomens des „Schwachsinns" waren Mediziner, Pädagogen und Theologen beteiligt, weil man
schnell feststellte, dass eine mehrdimensionale Vorgehensweise
notwendig war. Von 1860 an setzten sich die Pädagogen stärker
durch und die Ärzte zogen sich aus der Anstaltsarbeit weitgehend
zurück, weil man erkannt hatte, dass bei Menschen mit geistiger
Behinderung durch eine entsprechende Erziehung und Betreuung mehr zu erreichen war als durch medizinische Therapie.

Staatliches
Desinteresse

Trotz Verbesserung der Lebenssituation und der Erfolge in der Erziehung blieb das staatliche Interesse an den Belangen schwachsinniger Menschen gering. Von den bis 1870 vornehmlich in Preußen und anderen norddeutschen Ländern „erfolgten 27 Anstaltsgründungen sind lediglich 4 durch Regierungen oder Behörden erfolgt und von den ab 1870 bis um 1900 gegründeten 52 Anstalten nur 10" (Mühl 1991, 14). Trotz der zahlreichen Anstaltsgründungen konnten nicht alle schwachsinnigen Kinder hier Aufnahme finden. Der Großteil verblieb in den Elternhäusern. Für diese Kinder musste eine andere Form der Erziehung gefunden werden, und dies unter staatlicher Beteiligung, das heißt unter schulrechtlicher Absicherung. „Die Schulpflichtgesetze schlossen zwar grundsätzlich alle Kinder mit ein, aber von einer rechtlichen Gleichstellung behinderter und nichtbehinderter Kinder war das Schulwesen noch weit entfernt" (Möckel 1988, 207).

Erste staatliche
Beschulungs-
versuche

Ende des 19. Jahrhunderts suchte man nach Formen einer Beschulung für schwachsinnige Kinder und versuchte dies durch Angliederung von sog. *Sonderklassen an Volksschulen* zu realisieren. In diesen Klassen fasste man alle die Kinder zusammen, die dem normalen Unterricht der Volksschule nicht folgen konnten. Aufgrund der Unschärfe der zur damaligen Zeit verwendeten Begriffe „Idiot", „Schwachsinniger" oder „Blödsinniger" ist anzunehmen, dass sowohl Kinder mit Lernbehinderung als auch mit geistiger Behinderung diese Sonderklassen besuchten. Dasselbe gilt für die ab 1880 entstandenen *Hilfsschulen*. In diesen zeigte sich aber schnell, dass es eine beachtlich große Gruppe von Schülern gab, die das Ziel der Schule nicht erreichen konnte. Für diese „schwer schwachsinnigen" und „nicht hilfsschulfähigen" Kinder, also für die geistig behinderten, entstanden ab 1910 spezielle Klassen, die sog. Vorklassen, Vorstufen, Vorbereitungsklassen oder Sammelklassen. Während der Weimarer Republik waren in den Hilfsschulen ca. 10 % der Schüler Kinder mit geistiger Behinderung, die in den Sammelklassen ganztägig betreut wurden. Man empfand diese „bildungsunfähigen" Kinder als Ballast und rückte sie mit der Bildung von Sammelklassen an den Rand der Hilfsschule.

Erschwerend kam hinzu, dass sich um die Jahrhundertwende der gesellschaftliche Zeitgeist änderte und das Nützlichkeitsdenken stärker zunahm. Vor dem Hintergrund gesellschafts- und sozialpolitischer Veränderungen zu Beginn des 20. Jahrhunderts verstärkte sich der Leistungsdruck auf die Hilfsschulen, was – Hand in Hand mit der Verbreitung nationalsozialistischer Wertmaßstäbe (s. folgenden Abschnitt) – dazu führte, dass die speziellen Klassen für schwer schwachsinnige Kinder in Deutschland 1933 aufgelöst wurden.

2.3 Sozialdarwinismus und Nationalsozialismus – Konsequenzen für Menschen mit geistiger Behinderung

Das nationale, staatlich bestimmte bürgerliche Zeitalter ging mit dem Ersten Weltkrieg zu Ende. In Europa entstanden rivalisierende Staaten, die in einem gewissen wirtschaftlichen und damit auch politischen Abhängigkeitsverhältnis zueinander standen. Die Weltwirtschaft beeinflusste die einzelnen Staaten immer stärker. Die nationalen wie internationalen Veränderungen führten zu gesellschaftlichen Verunsicherungen, die letztlich nicht ohne Wirkung auf die Pädagogik blieben.

Man suchte nach neuen Wegen der Erziehung von Kindern. Leitgedanken wie Demokratie und Gerechtigkeit sollten in und durch Erziehung realisiert werden. Die Rechte der Kinder auf Eigenentwicklung sowie sozialerzieherische Zielsetzungen rückten stärker ins Bewusstsein von Pädagogen und fanden in den verschiedenen reformpädagogischen Ansätzen ihren Niederschlag; wie zum Beispiel in der Odenwaldschule von P. Geheebs (1870–1961), in der Jena-Plan-Schule von P. Petersen (1884–1952) und in anderer Weise in den Waldorf-Schulen von R. Steiner (1861–1925). Mit Möckel lassen sich die Veränderungen im pädagogischen Denken zu Beginn des 20. Jahrhunderts folgendermaßen beschreiben:

> „Seit der Reformation stützte sich die Erziehung auf die christlichen Hausväter und auf die unter kirchlicher, später staatlicher Aufsicht stehender Lehrer. Vor und nach dem Ersten Weltkrieg entstanden viele neue Einrichtungen. … Die Reformpädagogik (Berthold Otto, Fritz Gansberg, Heinrich Scharrelmann, Célestin Freinet, Peter Petersen, Maria Montessori) kann als Versuch gesehen werden, die Erziehungskraft der bestehenden Schule zu reformieren und zu stärken" (S. 211).

Es ist anzunehmen, dass die Reformpädagogik keinen großen Einfluss auf die Heilpädagogik hatte. Zumal die zentrale Stellung des Kindes im Entwicklungsprozess von Anfang an zu den Grundsätzen der Heilpädagogik gehörte und für diese demzufolge nichts Neues war. Außerdem machte die Heterogenität der Behinderungen ein Denken „vom Kinde aus" notwendig (Merkens 1988, 88).

Die Heilpädagogik und, genauer, die Pädagogik für Menschen mit geistiger Behinderung wurden zu Beginn des 20. Jahrhunderts weniger durch die reformerischen Veränderungen in der Allgemeinen Pädagogik beeinflusst als vielmehr durch die Zunahme nationalsozialistischen und sozialdarwinistischen Denkens, das in der Zeit von 1933 bis 1945, im sog. Dritten Reich, zur Ausgrenzung und Vernichtung von Menschen mit geistiger Behinderung führte.

Reformpädagogik

Theorien Darwins und Mendels

Die nationalsozialistische Politik der Ausgrenzung Behinderter, Kranker und Randständiger basierte auf den Theorien, die Mitte des 19. Jahrhunderts mit den Arbeiten des Biologen Charles Darwin und des Genetikers Gregor Mendel ihren Anfang nahmen (Rudnick 1985, 7). Darwin hatte 1859 ein Buch mit dem Titel „Die Entstehung der Arten durch natürliche Zuchtauswahl oder die Erhaltung der begünstigten Rassen im Kampfe um das Dasein" veröffentlicht. In diesem Buch zeigte Darwin, dass durch natürliche Auslese und durch Selektion bei verschiedenen Pflanzenarten gute Entwicklungen erreicht werden konnten. Bestimmte Arten erwiesen sich für die Züchtung als geeigneter als andere. Darwin selbst hat seine Thesen nie auf den Menschen übertragen, also eine soziale Auslese angeregt. Dies geschah Mitte des 19. Jahrhunderts durch die sog. Sozialdarwinisten, wie z. B. A. Tille, E. Haeckel, A. Plotz und W. Schallmayer, vor allem durch die Übernahme und Übertragung des Selektionsgedankens auf den Menschen. Selektion bewirkt nach Ansicht Schallmayers, dass sich nur der Teil einer Art fortpflanzen kann, der besonders gut an die Lebensart angepasst ist. Dazu sei eine Auslese der Besten einer Art und eine Vernichtung der Minderwertigen notwendig. Selektion war nach Schallmayer die Bedingung für Fortschritt, und das eben nicht nur bei Pflanzen und Tieren, sondern auch beim Menschen.

Eugenik

Eine Erweiterung und Bekräftigung dieses sozialdarwinistischen Denkens erfolgte durch die Eugenik, die Erbgesundheitslehre des ausklingenden 19. Jahrhunderts. Gregor Mendel schuf durch die Entdeckung verschiedener Vererbungsgesetze die Grundlage für eine wissenschaftliche Eugenik; er selbst gilt aber nicht als der eigentliche Begründer der Eugenik der Jahrhundertwende. Sie geht vielmehr auf den Engländer Francis Galton (1822 – 1911) zurück, einen Cousin Darwins, der 1895 ein Buch mit dem Titel „Erbliche Anlagen und Eigenschaften" veröffentlichte. Hierin vertrat Galton die Meinung, dass es genau wie in der Pferdezucht möglich sei, durch wohlausgewählte Ehen in einigen aufeinanderfolgenden Generationen eine hochbegabte Menschenrasse hervorzubringen (Rudnick 1985, 13). Die Folgen, die sich aus diesem Denken für Menschen mit Behinderung zur Zeit des Nationalsozialismus ergaben, beschreibt Rudnick folgendermaßen:

„Der Sozialdarwinismus, die von Charles Darwin nicht gewollte Übertragung seiner Erkenntnisse auf das Zusammenleben der Menschen und die Eugenik waren die Haupttheorien, mit denen z. B. Adolf Hitler in seinem Buch ‚Der Kampf' (…) die ‚Ausmerzung' Kranker, Behinderter und Randständiger begründete. Die organisatorische Umsetzung dieser Theorien wurde vor 1933, nicht nur von den Nationalsozialisten, im Rahmen der Sterilisations- und

‚Euthanasie'-Diskussion theoretisch vorgeplant und teilweise praktisch erprobt. Die aussondernde Erziehung und Unterbringung von Behinderten, Kranken und Randständigen, die auch schon vor 1933 Realität waren, müssen als positive Voraussetzungen für die spätere Sterilisations- und ‚Euthanasie'-Kampagne im Dritten Reich gewertet werden" (S. 13).

Im Nationalsozialismus wurde durch die Vernichtung behinderter Menschen („Euthanasie") das eingelöst, was in den 20er Jahren begann, nämlich die Absprache des Lebensrechtes schwachsinniger und als schulbildungsunfähig geltender Menschen. Am 14. 7. 1933 wurde das „Gesetz zur Verhütung erbkranken Nachwuchses" verabschiedet, das am 1. 1. 1934 in Kraft trat und zur Selektion von ökonomisch brauchbaren und „minderwertigen" Hilfsschülern führte. Die Diffamierungskampagne gegen die Schwächsten verschärfte sich. Nach Inkrafttreten des „Gesetzes zur Verhütung erbkranken Nachwuchses" setzte 1934 eine Welle von Zwangssterilisationen ein, von der nicht nur behinderte Menschen betroffen waren, sondern alle Randgruppen der Bevölkerung. Die Hilfsschullehrer wurden zu Mitarbeitern an der ‚volksbiologischen Aufgabe', der Reinerhaltung der arischen Rasse, in dem sie die Schüler meldeten, die dem völkischen Kriterium der Brauchbarkeit, der Nützlichkeit für die Volkgemeinschaft nicht entsprachen, also die Schüler, die wir heute als geistig behindert bezeichnen. Mit dem Reichschulpflichtgesetz von 1938 wurde für die Aussonderung dieser Kinder die juristische Grundlage geschaffen. In Paragraph 11 heißt es:

„Euthanasie"

„Bildungsunfähige Kinder und Jugendliche sind von der Schulpflicht befreit. Als bildungsunfähig sind solche Kinder anzusehen, die körperlich, geistig oder seelisch so beschaffen sind, dass sie auch mit den vorhandenen Sonderschuleinrichtungen nicht gefördert werden können" (nach Speck 1979, 67).

Auch wenn sich manche Hilfsschullehrer bemühten, die Bildungsfähigkeit all ihrer Schüler, auch der geistig behinderten, zu belegen, gelang es ihnen doch nicht, dem von 1939 an beginnenden systematischen „Euthanasie"-Programm wirkungsvoll zu begegnen. Die Gleichsetzung von *Bildungsunfähigkeit* und *Lebensunwertigkeit* brachte für die schwachsinnigen Menschen Vernichtung und Tod. Nach Ausbruch des Zweiten Weltkrieges wurden die Maßnahmen immer gezielter.

„Ein Erlaß vom 18. 08. 1939 verpflichtete Hebammen, Geburtshelfer und Leiter von Entbindungsanstalten, alle ‚idiotischen und missgebildeten Neugeborenen' beim zuständigen Gesundheitsamt zu melden. Nach einer ‚Begutachtung' wurden sie zur ‚Vernichtung' freigegeben. Am Ende dieser ‚Kinder-Aktion' (1941) wurden auch ältere Kinder und Jugendliche erfasst. Die Gesamtzahl der Getöteten wird auf 5000 geschätzt. Von 1939 bis 1941 lief die ‚Aktion T4' gegen erwachsene Geisteskranke, unter denen sich auch Menschen mit geistiger Behinderung befunden haben mögen; die Zahl der Getöteten wird auf 80 000 bis 100 000 geschätzt. Von 1941 bis 1943 lief die ,Sonderbehandlung 14 f 13', die zur ,Ausmerzung' Kranker, auch geisteskranker Häftlinge, Schwachsinniger, Verkrüppelter und anderer als ,lebensunwert' Gekennzeichneter in den Konzentrationslagern führte. Die Zahl der Opfer wird auf 20 000 geschätzt" (Mühl 1991, 16).

Situation zu
Kriegsende

1945 waren die Anstalten entleert, das Hilfsschulwesen existierte nicht mehr. Die nationalsozialistische Ideologie mit ihren sozialdarwinistischen Theorien und menschenverachtenden bzw. -vernichtenden Praktiken führte zu einer breiten Verunsicherung im Umgang mit behinderten Menschen und zum Verlust der Humanität. Die Vorurteile gegenüber Menschen mit geistiger Behinderung setzten sich nach Kriegsende weiter fort.

2.4 Die Entwicklung der Geistig-behindertenpädagogik nach dem Zweiten Weltkrieg

In der Zeit des Wiederaufbaus nach 1945 versuchte man zunächst, wieder an der Tradition, d. h. am Bildungs- und Versorgungssystem für Menschen mit Behinderung, wie es vor 1930 existiert hatte, anzuknüpfen. Die Anstalten setzten ihre Arbeit wieder fort. Hilfsschulen wurden eröffnet und nahmen das Konzept der Leistungsschule bzw. der Schule für Versager in der Regelschule wieder auf. Nur einzelne Schüler mit geistiger Behinderung fanden in den angegliederten Sammelklassen Aufnahme, so z. B. in Berlin, wo 1949 die erste Sammelklasse entstand. In den folgenden zehn Jahren wurden dort 205 Schüler in zehn Sammelklassen unterrichtet (Mühl 1991, 16). Die Bildung von Sammelklassen blieb anfänglich jedoch eher die Ausnahme, da wenig Interesse an der Integration von Schülern mit geistiger Behinderung in die Hilfsschulen bestand. Von einer systematischen Beschulung war man noch weit entfernt. Sie begann erst Anfang der 60er Jahre. Das Bildungswesen für Kinder mit geistiger Behinderung hatte durch die Ereignisse zwischen 1934 und 1945 „substantiellen Schaden" (Speck 1979, 68) genommen. Eine Bildungskonzeption für sie gab es nicht. Erschwerend kam hinzu, dass das Reichsschulpflichtgesetz von 1938 weiter Gültigkeit besaß und Schüler mit geistiger Behinderung damit weiter als bildungsunfähig galten. Wurden sie dem Leistungsanspruch der Hilfsschule nicht gerecht, erfolgte i. d. R. die Ausschulung.

„Schwerschwachsinnigen" Kindern, wie man geistig behinder- Gesetzliches Bildungsrecht
te Menschen damals weiterhin nannte, gestand man keinen Bildungsanspruch zu, obgleich bereits 1948 von den Vereinten Nationen die „Universal Declaration of Human Rights" verabschiedet worden war, die die Gleichheit aller Menschen (Artikel 1 und
2) und das Recht auf Bildung (Artikel 26/1 und 2) betont, und
trotz Artikel 1 des 1949 in Kraft getretenen Grundgesetzes der
Bundesrepublik, der die Würde des Menschen postuliert. Man
betrachtete Kinder mit geistiger Behinderung vordringlich als
pflegebedürftig, eine mögliche Bildungsfähigkeit wurde gar nicht
erst in Betracht gezogen. „Da die größeren Organisationen einschließlich der staatlichen untätig blieben, sich auch sonst keine
Lobby für die bislang ‚Bildungsunfähigen' fand, beschränkten
sich die Ansätze für eine pädagogische Hilfe auf einzelne mehr
oder weniger private Initiativen" (Speck 1979, 69). Diese Einzelinitiativen erstreckten sich auf hortähnliche Einrichtungen, die
auf Anregung von Hilfsschullehrern oder Sozialpädagogen
zurückgingen, über Sammelklassen bis zu Tagesheimschulen.
Gegen das staatliche Desinteresse wandten sich in den 50er Jahren vor allem in Anstaltsschulen tätige Pädagogen, forderten eine
öffentliche Schulbildung für diese Schülergruppe und die Auf-
hebung der unteren Bildungsgrenze, die sich am bestehenden
Hilfsschulsystem und dem Erlernenkönnen von Kulturtechniken
orientierte. Doch es erfolgte noch keine Umsetzung dieser Forderung, der Bildungsanspruch dieser Kinder war nicht allgemein
anerkannt. Selbst im „Gutachten der Ständigen Konferenz der
Kultusminister der Länder zur Ordnung des Sonderschulwesens"
von 1960 wird im letzten Abschnitt zwar die Bildbarkeit dieser
Kinder bestätigt, „aber diese wird als so gering angesehen, daß
der angenommene Personenkreis weder in Schulen noch in
Heilpädagogischen Kindergärten gefördert werden kann" (Speck
1979, 70).

Es waren vor allem die Kritik und die Initiative von betrof- Gründung der „Lebenshilfe"
fenen Eltern, die zu einer entscheidenden Veränderung der
Bildungssituation für geistig behinderte Kinder führte. Ihre
Intention war es, ihre Kinder familiennah versorgt zu wissen
und nicht in abgelegene Anstalten abgeben zu müssen. In
Anlehnung an Elternvereinigungen, wie sie bereits in England,
den Niederlanden oder den USA bestanden, schlossen sich Eltern zusammen und gründeten 1958 die „Lebenshilfe für das
geistig behinderte Kind e.V." in Marburg. „Aufgabe und Zweck
des Vereins ist die Förderung aller Maßnahmen und Einrichtungen, die eine wirksame Lebenshilfe für geistig Behinderte aller Altersstufen bedeuten. Dazu gehören z. B. Heilpädagogische
Kindergärten, heilpädagogische Sonderklassen der Hilfsschule,

Anlernwerkstätten und ‚Beschützende Werkstätten', („ (§ 2 der Satzung des Vereins vom 18. 1. 1959 nach Möckel 1999, 158). Auf Initiative der „Lebenshilfe" entstanden in den Folgejahren eine Vielzahl von Einrichtungen für Kinder, Jugendliche und Erwachsene mit geistiger Behinderung. Die Zahl der Kindergärten für geistig Behinderte stieg im Zeitraum von 1962 bis 1982 von 10 auf 410, die von Schulen bzw. Tagesbildungsstätten im selben Zeitraum von 50 auf 550. „Die ‚Bundesvereinigung Lebenshilfe' gehört zu den erfolgreichsten Erziehungs- und Schulinitiativen in Deutschland. ... Die Bundesrepublik fand dank der Bundesvereinigung Lebenshilfe e.V. Anschluß an den Standard in der Erziehung geistig behinderter Kinder und Jugendlicher im westlichen Ausland und in Skandinavien. Besondere Verdienste erwarb sich die Lebenshilfe um die Verbesserung der Einstellung zu geistig Behinderten in der Bevölkerung" (Möckel 1999, 154).

In den 60er Jahren des letzten Jahrhunderts wurde in fast allen westlichen Bundesländern die Schulpflicht für Kinder mit geistiger Behinderung gesetzlich verankert. Es wurden weitere Schulen gegründet und bestehende hortähnliche Tagesbildungsstätten in Sonderschulen für Geistigbehinderte umgewandelt. In der Folgezeit gerieten immer mehr Lebensphasen von Menschen mit geistiger Behinderung sowie notwendige Betreuungsbereiche ins Blickfeld. Es entstanden Frühfördereinrichtungen, Werkstätten für Behinderte, Wohnheime, Freizeiteinrichtungen, auf deren Entwicklung ich in den nachfolgenden Kapiteln noch genauer eingehen werde. Das Aufgabengebiet der Geistigbehindertenpädagogik weitete sich immer mehr aus und ließ ein komplexes System von Hilfen und Maßnahmen, wie es im einleitenden Kapitel beschrieben wurde, entstehen. Entstanden ist sie in der Praxis, d. h. sie geht auf Menschen zurück, die sich in besonderer Weise für die Belange dieses Personenkreises eingesetzt haben. Sie bewirkten, dass Einrichtungen, Erziehungs- und Betreuungskonzepte entstanden und die juristischen Grundlagen hierfür geschaffen wurden.

Der historische Aufriss zeigt, dass die Geistigbehindertenpädagogik ihren Ursprung in der Praxis hat. Die Entwicklung von Konzeptionen und Theorien der Erziehung und Bildung war erst der zweite Schritt. Die ersten Lehrstühle für Geistigbehindertenpädagogik wurden in den 70er Jahren des 20. Jahrhunderts an verschiedenen Universitäten eingerichtet. Inzwischen hat sich die Geistigbehindertenpädagogik durch die verstärkte Forschung in den verschiedenen schulischen und außerschulischen Handlungsfeldern als Erziehungswissenschaft etabliert (vgl. Kapitel 5). Und als solche nimmt sie Einfluss auf die Praxis.

2.5 Übungsaufgaben zu Kapitel 2

Fassen Sie die Lebensbedingungen von Menschen mit geistiger Behinderung *vor* dem 19. Jahrhundert zusammen.

Aufgabe 6

Nennen Sie die gesellschaftlich-ideologischen Veränderungen, die im 19. Jahrhundert zu Anstaltsgründungen geführt haben.

Aufgabe 7

Welche Motive hatten die Anstaltsgründer?

Aufgabe 8

Wie veränderte sich die Heilpädagogik zu Beginn des 20. Jahrhunderts und welche Konsequenzen hatte das für Menschen mit geistiger Behinderung?

Aufgabe 9

Beschreiben Sie die Entwicklung der Geistigbehindertenpädagogik nach dem 2. Weltkrieg.

Aufgabe 10

3 Personenkreis:
Menschen mit geistiger Behinderung

Wer sind die Menschen, die wir geistig behindert nennen? Beginnen wir mit einem Beispiel, Herrn T.

B

Herr T. ist 38 Jahre alt. Er wurde mit einem Hydrozephalus geboren, das heißt, bei seiner Geburt waren die Liquorräume in Folge einer unklaren Störung im Prozess der Liquorproduktion und -resorption vergrößert, was zur Steigerung des Hirndrucks und einer Schädigung des Gehirns führte.

Durch mehrere Operationen, bei denen ein Ventilsystem eingesetzt wurde, das den Liquor in die Blutbahn ableitet, konnte sein Hirndruck stabilisiert werden. Seit früher Kindheit hat er epileptische Anfälle, die medikamentös behandelt werden.

Die hirnorganischen Schädigungen verursachten Entwicklungsstörungen. Herr T. hat erst spät Laufen und Sprechen gelernt.

Zunächst besuchte Herr T. eine Tagesbildungsstätte, die in den 70er Jahren in eine Schule für Geistigbehinderte umgewandelt wurde. Hier hat er Lesen und lebenspraktische Fertigkeiten erlernt, die es ihm nach Ablauf der Schulzeit ermöglichten, sich durch das Knüpfen von Teppichen oder Sticken von Decken ein Taschengeld zu verdienen.

Heute arbeitet er in einer Werkstatt für Behinderte in der Elektroabteilung. Herr T. ist ein sehr offener Mensch, der auf andere zugeht. Er vertritt seine Vorstellungen und Wünsche; Gründe, weshalb er von seinen Kolleginnen und Kollegen zum Vertreter in den Werkstattbeirat gewählt wurde.

Er wohnt bei seinen Eltern und hofft, bald in ein nahegelegenes Wohnheim umziehen zu können. In der Freizeit geht er mit seinem Hund spazieren oder besucht seine Freundin. Einmal im Jahr verreisen beide gemeinsam mit einer Behindertengruppe.

Menschen wie Herr T. werden als geistig behindert bezeichnet, weil sie in Folge einer Hirnschädigung in ihren intellektuellen Fähigkeiten (in der Analyse und Synthese von Wahrnehmungen, Erfahrungen, Einsichten und Erkenntnissen) gravierend beeinträchtigt sind, was wiederum Auswirkungen auf ihr Lernen und ihre Lebensgestaltung hat.

Der heutige Begriff der „geistigen Behinderung" stellt den Versuch dar, früher gebräuchliche Termini wie „Blödsinn", „Idiotie", „Schwachsinn", die mittlerweile in der Umgangssprache zu Schimpfworten geworden sind, durch einen Wissenschaftsbegriff zu ersetzen. Die Einführung dieses Begriffs geht auf das Bemühen der Gründungsmitglieder des Selbsthilfevereins „Lebenshilfe für

Abb. 7:
Herr T., 38 Jahre alt,
geistig behindert,
arbeitet in einer
Werkstatt für
Behinderte

das geistig behinderte Kind" (Marburg 1958) zurück. Sie wollten
mit der Bezeichnung „für das geistig behinderte Kind" das spezifische Anderssein ihrer Kinder, die Beeinträchtigung ihrer intellektuellen (mentalen) Funktionen, so beschreiben, dass es dabei
nicht wieder zu einer Abwertung der gesamten Person kommt.
Bei ihrem Entwurf orientierten sie sich am englischen Sprachgebrauch „mental retardation" oder „mental handicap". Die intellektuellen Beeinträchtigungen standen bei der Kennzeichnung
dieses Personenkreises im Vordergrund; eine Fokussierung, die
heute als zu einseitig kritisiert wird.

Um die veränderte Sichtweise verdeutlichen zu können, ist es
notwendig, sich zunächst mit dem Begriff der Behinderung aus-
einanderzusetzen.

3.1 Zum Verständnis von Behinderung

Obwohl „Behinderung" heute zu einem zentralen Begriff der Wissenschaft geworden ist, bleibt seine definitorische und damit all-
gemeingültige Bestimmung weiterhin schwierig. „*Definieren* bedeutet immer *festlegen* und zwar endgültig (‚definitiv')" (Speck
1999, 40). Der Grund für die Schwierigkeiten in der endgültigen
Begriffsbestimmung liegt zunächst in der Individualität des Phänomens der Behinderung. Das heißt, es gibt nicht *den* Menschen
mit Behinderung. Die organische Schädigung und ihre geistig-

seelischen oder sozialen Folgen sind bei jedem betroffenen Menschen individuell andere. Sie bestimmen dessen Lebenswirklichkeit, die als solche nur begrenzt objektiv erfassbar ist. Eine weitere Schwierigkeit des Entwurfs einer allgemeingültigen Definition von Behinderung ist durch den Definierenden gegeben, und zwar insofern, als es davon abhängt, aus welcher Profession heraus definiert wird und mit welcher Intention. Dies konkretisiert Speck, wenn er sagt:

> „Mehrere Wissenschaften versuchen, geistige Behinderung zu klären. Der medizinisch-biologische Ansatz gilt primär den physischen (organisch-genischen) Abweichungen und Besonderheiten, der verhaltenswissenschaftliche (psychologische) Ansatz der Eigenheit der beobachtbaren Verhaltensweisen, der sozialwissenschaftliche Ansatz im Besonderen den gesellschaftlichen Bedingungssystemen, der pädagogische Ansatz den Möglichkeiten der Erziehung" (1999, 43).

Auf diese Sichtweisen werden wir später noch einmal näher eingehen.

Neben den verschiedenen Zugangsmöglichkeiten zum Begriff der „geistigen Behinderung" wird der Entwurf einer allgemeingültigen Definition durch die Uneindeutigkeit des Begriffs „Behinderung" erschwert, von dem die „geistige Behinderung" als eine Schädigungs- und Beeinträchtigungsform abgeleitet ist. „In der Literatur findet sich bislang kein vollständiger Konsens über einen durchgängig anerkannten Begriff der Behinderung", sagt Bleidick (1999, 15) und schlägt darum folgende weite Fassung vor:

Behinderung

> „Als behindert gelten Personen, die infolge einer Schädigung ihrer körperlichen, seelischen oder geistigen Funktionen so weit beeinträchtigt sind, daß ihre unmittelbaren Lebensverrichtungen oder ihre Teilnahme am Leben der Gesellschaft erschwert werden" (S. 15). Vier zentrale Merkmale der Erfassung von Behinderung lassen sich an Bleidicks Definition zeigen:

> „1. Die Definition beansprucht nur einen eingeschränkten Geltungsrahmen.
> 2. Behinderung wird als Folge einer organischen oder funktionellen Schädigung angesehen.
> 3. Behinderung hat eine individuelle Seite, die die unmittelbare Lebenswelt betrifft.
> 4. Behinderung ist eine soziale Dimension der Teilhabe am Leben der Gesellschaft" (S. 15).

An diesen vier Kriterien wird deutlich, dass Behinderung keine feststehende Eigenschaft eines Menschen ist, sondern immer von den Lebensumständen des Einzelnen und seinen sozialen Bezügen abhängt. Eine Definition bleibt darum immer nur relativ.

Im Verständnis von Behinderung hat sich in den vergangenen 10 Jahren international ein Perspektivenwechsel vollzogen und zwar dahingehend, dass man nicht länger das Augenmerk allein auf die organischen Schädigungen, den Defekt des Menschen richtet, sondern die sozialen Konsequenzen stärker beachtet, womit die defektologische Orientierung zugunsten einer sozialaktiven Einstellung revidiert wurde. „Selbstbestimmung, Chancengleichheit und Teilhabe an allen Lebensbereichen sind die Ziele, die zweckgerichtet in die Beschreibung menschlichen Behindertseins eingehen sollen" (Bleidick 1999, 15).

Maßgeblich an der Einstellungsveränderung beteiligt war auf internationaler Ebene die Weltgesundheitsorganisation (WHO) mit ihrem 1999 revidierten Klassifikationsschema „International Classification of Impairments, Activities and Participation: A Manual of Dimensions and Functioning – ICIDH-2 (zu deutsch: Internationale Klassifikation der Schäden, Aktivitäten und Partizipation: Ein Handbuch der Dimensionen von gesundheitlicher Integrität und Behinderung). Dieses Handbuch ist als Kriterienkatalog zur Einordnung individueller gesundheitlicher Probleme einer Person im Kontext ihrer Lebenssituation zu verstehen. Es stellt eine standardisierte gemeinsame Sprache zur Verfügung, die die internationale und interdisziplinäre Kommunikation über Gesundheit und Gesundheitsversorgung ermöglichen soll. Die WHO verfolgt einen sozialpolitischen Auftrag, indem sie mit ihren Richtlinien zur Verbesserung der Lebensumstände und der Lebensqualität von Menschen mit Behinderung in aller Welt beitragen will. Hierbei spielt der in der ICIDH-2 neu eingeführte Leitgedanke der „Participation", der Teilhabe, eine wichtige Rolle. Während in der Klassifikation von 1980 „International Classifikation of Impairments, Disabilities and Handicaps" (ICIDH) die verschiedenen Schädigungen, Störungen und Behinderungen im Vordergrund standen, werden in der Neufassung die sozialen Konsequenzen, die sich aus der Schädigung für den Menschen ergeben, gesehen.

Rolle der WHO

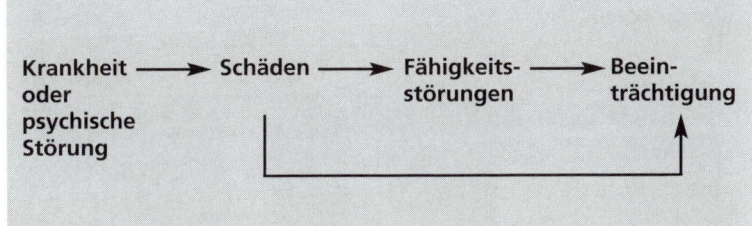

Abb. 8 :
Das Behinderungsphänomen wie in der ICIDH 1980 dargestellt
(aus: WHO 1998, 17)

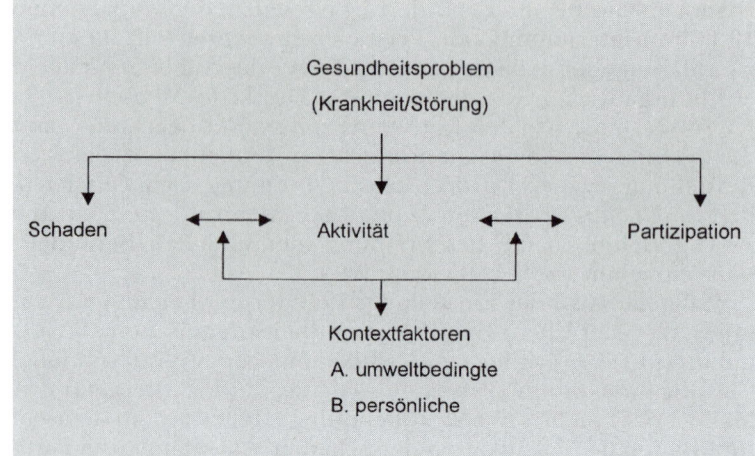

Abb. 9:
Gegenwärtiges
Verständnis der Inter-
aktion innerhalb der
ICIDH-2 Dimensionen
(aus: WHO 1998, 18)

Nicht mehr die Defizite der Person, die mit negativ besetzten Begriffen benannt wird, sind maßgeblich, sondern ihre individuellen Möglichkeiten sowie ihre soziale Teilhabe am Leben in der
Gesellschaft.

Die zentralen Kriterien des Klassifikationsschemas sind nicht
mehr *Impairment, Disability* und *Handicap,* sondern *Impairment,
Activity, Participation* und *Kontextfaktoren.* Tabelle 1 gibt eine kurze
Charakterisierung und Gegenüberstellung der Begriffe. Zur Stellung der Partizipation s. Abbildung 10.

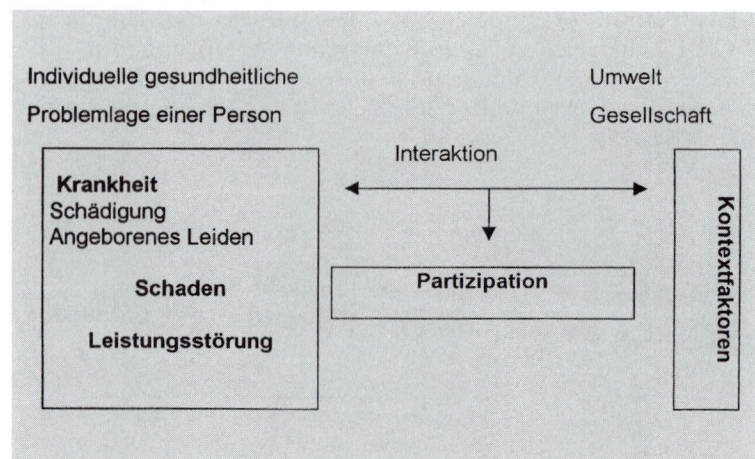

Abb. 10:
Partizipation als
Relation zwischen der
individuellen gesund-
heitlichen Problem-
lage einer Person
und Einflüssen aus
der Umwelt und
Gesellschaft (aus:
WHO 1998, 242)

Tab. 1

ICIDH (1980)	ICIDH-2 (1999)
Impairment Beeinträchtigung, Substanzverlust oder Veränderung einer psychischen, physischen oder anatomischen Struktur	**Impairments (function and structure)** betreffen organische Schädigungen und funktionelle Störungen; mit den medizinischen Bezugs-disziplinen Anatomie und Physiologie
Disability Störung bzw. Beeinträchtigung, die partielle oder vollständige Reduktion einer üblichen Fähigkeit oder Fertigkeit des Menschen, die aufgrund einer Schädigung entstanden ist.	**Activity (activity limitation)** definiert die Aktivitäten, die Menschen auch mit Schädigungen und Störungen ein unabhängiges, selbstbestimmtes Leben im Rahmen ihrer Möglichkeiten erlauben; das Maß der persönlichen Verwirklichung.
Handicap Behinderung, soziale Benach-teiligung eines Individuums, welche sich aus einer Behinderung und/oder Störung ergibt und welche die Wahrnehmung einer (in Bezug auf Alter, Geschlecht, soziale und kulturelle Faktoren) als normal angesehenen Rolle einschränkt oder unmöglich macht.	**Participation (participation restriction)** beschreibt die soziale Teilhabe am Leben der Gesellschaft; es wird danach gefragt, wie sich die Beeinträchtigungen der Gesundheit auf die Teilnahme an öffentlichen, gesellschaftlichen, kulturellen Aufgaben, Angelegen-heiten und Errungenschaften auswirken.
–	**Kontextfaktoren** enthalten milieuabhängige sowie personelle Bedingungen, Lebens-umstände, Lebenshintergründe und Umwelten, mit denen der Mensch kommuniziert und die seine Integration fördern oder behindern können.

Die sozialaktive Einstellung zum Phänomen der Behinderung wird heute zwar auch in der modernen Geistigbehindertenpädagogik berücksichtigt, doch zu einer Neufassung des Begriffs der „geistigen Behinderung" hat sie noch nicht geführt.

Kritik am Ausdruck „Geistig Behinderte"

Man versucht immerhin, die defizitäre Sichtweise zu überwinden, indem man die kategoriale Festschreibung als „geistig Behinderte" vermeidet und eine „allgemeine Kategoriebezeichnung wie ‚Kinder‘, ‚Erwachsene‘, ‚Schüler‘, Männer‘, ‚Frauen‘ voranstellt, die Behinderungsproblematik wird als sekundäres Merkmal oder besser als Kennzeichnung einer besonderen Lebenslagenproblematik beschreibend hinzugefügt (also: Personen mit geistiger Behinderung; oder: Kinder/Jugendliche/Erwachsene mit Beeinträchtigungen ihrer intellektuellen Fähigkeiten; oder Schülerinnen/Schüler mit speziellem Förderbedarf)" (Neuhäuser/Steinhausen 1999, 11).

Doch das reicht noch nicht, da die Bezeichnung „Menschen mit geistiger Behinderung" semantisch problematisch ist: Die Gleichsetzung von „Intellekt", „Kognition", also von Denken mit „Geist" greift zu kurz. Nennen wir einen Menschen in seinem Geist behindert, werten wir ihn damit zwangsläufig in seinem Personsein ab. Dieses anthropologische Problem ist zwar heute erkannt, aber eine treffendere Bezeichnung für den gemeinten Personenkreis wurde bislang noch nicht gefunden. Da die Diskussion hierüber derzeit anhält, wird die Bezeichnung „Menschen mit geistiger Behinderung" trotz ihrer Unzulänglichkeit in diesem Buch verwendet.

Geistige Behinderung

Im Sinne einer Zusammenfassung lässt sich das aktuelle Verständnis von geistiger Behinderung wie folgt beschreiben: „Die geistige Behinderung eines Menschen wird als komplexer Zustand aufgefasst, der sich unter dem vielfältigen Einfluss sozialer Faktoren aus medizinisch beschreibbaren Störungen entwickelt hat. Die diagnostizierbaren prä-, peri- und postnatalen Schädigungen erlauben keine Aussagen zur geistigen Behinderung eines Menschen. Diese bestimmt sich vielmehr aus dem Wechselspiel zwischen seinen potentiellen Fähigkeiten und den Anforderungen seiner konkreten Umwelt" (Thimm 1999, 10).

Im Folgenden soll diese Definition konkretisiert werden. Hierzu ist die Klärung der Ursachen von geistiger Behinderung notwendig. Ergänzende psychologische und pädagogische Sichtweisen werden das Phänomen der geistigen Behinderung in ihrer Vielschichtigkeit verdeutlichen.

Bleidick, U. (1999): Behinderung als pädagogische Aufgabe – Behinderungsbegriff und behindertenpädagogische Theorie. Stuttgart

Speck, O. (1999): Geistige Behinderung – Begriff und Klassifikation. In: ders.: Menschen mit geistiger Behinderung und ihre Erziehung. Ein heilpädagogisches Lehrbuch. 9. Aufl. München/Basel. 38–63

Jantzen, W. (1998): Menschen mit geistiger Behinderung – veränderte Sichtweise. Zeitschrift für Heilpädagogik. 49. Jg., 12, 526–532

3.2 Ursachen der geistigen Behinderung – geistige Behinderung unter medizinischen Gesichtspunkten

Auch in der Medizin findet heute das international veränderte Verständnis von Behinderung Berücksichtigung.

Hauptaufgabe der Medizin ist in unserem Zusammenhang die Klärung der Ursachen und der Entstehungsgeschichte von geistiger Behinderung sowie die Entwicklung therapeutischer Maßnahmen. Dieser Aufgabe geht sie heute unter stärkerem Einbezug psychologischer und soziologischer Faktoren nach, das heißt, bei der Anamnese wird auch nach den familiären Rahmenbedingungen und der individuellen Lebenssituation gefragt. Diese Informationen finden neben den erhobenen pathologischen Befunden Berücksichtigung bei der Entscheidung über weitere Untersuchungen sowie über Form und Ausmaß zukünftiger Behandlung und Förderung des Kindes. Zusammenfassend lässt sich mit Neuhäuser und Steinhausen die Aufgabe der Medizin im Kontext von geistiger Behinderung folgendermaßen beschreiben:

Aufgabe der Medizin

„Ziel der ärztlichen Untersuchung eines geistig behinderten Menschen ist es, Ursachen und Entstehungsgeschichte (Ätiologie und Pathogenese) der vorhandenen Funktionsstörungen aufzuklären. Das gelingt trotz aller Bemühungen nicht immer; es kommt deshalb auch darauf an, in Art einer ‚Bestandsaufnahme‘ Stärken und Schwächen zu bestimmen (Mehrfachbehinderung) und organisch-biologische und psycho-soziale Grundlagen für erforderliche Behandlungsmaßnahmen zu schaffen. Durch frühzeitiges Erkennen einer Behinderung kann manchen ihrer Folgen wirksam begegnet werden" (1999, 82).

Auf der Grundlage neuester Erkenntnisse beschreibt die Medizin klinische Syndrome und kategorisiert sie; Aufgabe der Medizin ist auch die Klassifikation. „Voraussetzung für die Bildung von Klassifikationen im Sinne wissenschaftlicher Ordnungssysteme ist die Abgrenzung unterscheidbarer Einheiten", sagt Steinhausen (1999, 72). Doch hinter der Klassifikation „geistige Behinderung" verbirgt sich eine Fülle unterschiedlichster Erscheinungs- und Störungsbilder, deren Entstehungsgeschichte nicht immer eindeutig und darum schwierig ist.

Klassifikation

Die geistige Behinderung hat immer eine organische Basis, das heißt, sie geht immer auf eine organische Schädigung zurück, die das Gehirn direkt oder indirekt trifft und damit die Gesamtpersönlichkeit des Menschen, sein Denken, Empfinden, Wahrnehmen, Handeln und Verhalten beeinflusst. Diese Schädigungen können vor, während oder nach der Geburt, also prä-, peri- oder postnatal entstehen und zu ganz unterschiedlichen Störungsbildern, *Klinischen Syndromen* führen. Sie reichen von Fehlbildungen des Gehirns, über Genmutationen, Chromosomenanomalien, Geburtstraumen, Neugeborenenerkrankungen, entzündlichen Erkrankungen des Zentralnervensystems bis hin zu Hirntumoren, Demenz und anderes mehr. Sie alle lassen das Phänomen der geistigen Behinderung zu einem großen, z. T. noch nicht voll erschlossenen Feld verschiedenartiger Klinischer Syndrome werden.

Symptom
Syndrom

Unter Syndrom versteht man das gleichzeitige Auftreten von bestimmten Krankheitszeichen, Symptomen. Die Bezeichnung Syndrom fasst regelhafte Kombinationen von Symptomen zusammen, die ursächlich oder entstehungsgeschichtlich verknüpft sind und die im diagnostischen Prozess zusammen betrachtet werden müssen. Das nachfolgende Beispiel soll das verdeutlichen:

Entsteht bei Geburt eines Kindes der Verdacht auf Down-Syndrom, so untersucht der Arzt das Neugeborene auf bestimmte Symptome hin, wie Epikanthus, Vierfingerfurche, Hypotonie u. a. m. Treten diese und andere Symptome auf und ist damit der anfängliche Verdacht bestätigt, werden weitere Untersuchungen, ggf. Therapien oder medizinische Eingriffe notwendig. Im Anschluss hieran wird den Eltern empfohlen, Kontakt zu einer Frühfördereinrichtung aufzunehmen oder selbst bestimmte Förderprogramme mit ihrem Kind durchzuführen.

In diesem Buch kann nicht vertiefend auf die vielen Klinischen Syndrome eingegangen werden. Neuhäuser hat in der Zeitschrift „Geistige Behinderung" zahlreiche Syndrome genauer beschrieben. Ein Überblick hierüber sowie entsprechende Quellenangaben sind im Anhang (vgl. Übersicht: Klinische Syndrome) aufgeführt. Einen Eindruck von der Fülle an Schädigungsbildern, die eine geistige Behinderung verursachen, soll der nachfolgend in Orientierung an die Klassifikation von Neuhäuser und Steinhausen (1999) zusammengestellte Überblick vermitteln. Er ist nach der Entstehungszeit der Schädigung, also nach prä-, peri- und postnatalen Schädigungsformen, gegliedert.

I. Pränatal entstandene Formen geistiger Behinderung

1. Genmutationen als Ursache geistiger Behinderung (ein Gen betreffende Mutation, die durch ein verändertes Genprodukt, z. B. Enzymdefekt, erkennbar wird)

1.1 Stoffwechselstörungen, z. B. Phenylketonurie, Lesch-Nyhan-Syndrom
1.2 Dominant vererbte Genmutationen, z. B. Tuberöse Sklerose
1.3 X-chromosomal gebundene Störungen mit geistiger Behinderung, z. B. Fragil-X-Syndrom, Rett-Syndrom

2. **Fehlbildungs-Retardierungs-Syndrom (durch eine Vielzahl von Faktoren bedingte Störungen als Ursache von geistiger Behinderung) z. B. Angelman-Syndrom, Cornelia-de-Lange-Syndrom**

3. **Fehlbildung des Nervensystems wie z. B. Makro- und Mikrozephalie (abnorme Vergrößerung bzw. Verkleinerung des Kopfes infolge primärer Fehlentwicklung des Gehirns)**

4. **Chromosomenanomalien, die zu geistiger Behinderung führen**

4.1 Trisomie (ein Chromosom ist dreifach vorhanden, weil ein Chromosomenpaar während der Zellteilung nicht vollständig getrennt wurde), z. B. Down-Syndrom

4.2 Deletionen (Verlust von Chromosomenabschnitten), z. B. Katzenschrei-Syndrom

4.3 Translokation (Ortsveränderung von Chromosomen- oder Chromatidstücken innerhalb eines Chromosomenbestandes/Anheften eines Chromosomenstücks an ein anderes)

4.4 Gonosomale Aberrationen (Anomalien in Zahl und Struktur der Geschlechtschromosomen), z. B. Klinefelter-Syndrom, Ulrich-Turner-Syndrom

5. **Exogen verursachte pränatale Entwicklungsstörungen, die zu geistiger Behinderung führen (ungünstige von außen auf das ungeborene Kind einwirkende Faktoren, die zu bleibenden Schäden führen) können.**

5.1 Infektionen als exogene Ursachen, z. B. HIV-Infektion, andere Virus-Infektionen,

5.2 chemische Einwirkungen wie Alkohol und Medikamente

5.3 Strahlen und andere Umweltbelastungen

6. **Idiopathische geistige Behinderung (unklare Ätiologie und Pathogenese; bei der idiopathischen, der „symptomlosen" geistigen Behinderung liegt eine zerebrale Funktionsstörung ohne nachweisbare körperliche Symptome vor).**

1. **Geburtstrauma (Verletzung des Gehirns während der Geburt, z. B. durch starke Verformung des Kopfes)**

2. **Hypoxisch-ischämische Enzephalophatie (Sauerstoffmangelversorgung des Gehirns während der Geburt)**

3. **Frühgeburt (unreife Organentwicklung)**

4. **Erkrankungen des Neugeborenen, z. B. Atemstörungen, neonatale Meningitis (Hirnhautentzündung) oder Blutgruppenunverträglichkeit**

II. Perinatale Komplikationen als Ursache geistiger Behinderung

III. Postnatale Ursachen geistiger Behinderung

Geistige Behinderung als Folge einer Hirnschädigung, die sich im Verlauf des Lebens ereignet

1. **Entzündliche Erkrankungen des Zentralnervensystems wie Hirnhautentzündung (Meningitis) oder Gehirnentzündung (Enzephalitis)**

2. **Schädel-Hirn-Traumen, z. B. Hirnverletzungen durch Unfälle oder Gewalteinwirkung auf den Schädel**

3. **Hirntumoren (Geschwülste des Gehirns und seiner Hüllen)**

4. **Hirnschädigung durch Vergiftungen (Intoxikation), Sauerstoffmangel (Hypoxie), Stoffwechselkrisen**

Zur geistigen Behinderung können zusätzliche Störungen hinzukommen, wie beispielsweise zerebrale Anfälle (Epilepsie). Diese treten bei Menschen mit geistiger Behinderung aufgrund der Verletzung des Gehirns häufiger als in der Allgemeinbevölkerung auf (20 % bis 30 % gegenüber 0,3 % bis 0,4 %). Aufgrund der Schädigung des Gehirns kann es auch zu zerebralen Bewegungsstörungen (Zerebralparesen) oder zu Wahrnehmungsstörungen (Perzeptionsstörungen) kommen.

Geistige Behinderung ist kein statischer Zustand, d. h. sie kann in jeder Lebensphase entstehen. So kann es auch nach einem zunächst ungestörten Entwicklungsverlauf zu einem fortschreitenden Verlust der erworbenen intellektuellen Fähigkeiten (Demenz) kommen, wie dies beispielsweise bei der Alzheimer Krankheit der Fall ist.

Zu den Folgebeeinträchtigungen gehören auch psychische Störungen bzw. psychiatrische Krankheitsbilder, die ihre Ursache in der Hirnschädigung haben können, „wenngleich soziale Ablehnung, intrafamiliäre Störungen, niedrige Sozialschicht (insbesondere bei leichter geistiger Behinderung) sowie institutionelle Deprivation zur Ausbildung psychischer Störungen bei geistiger Behinderung ebenfalls beitragen können" (Steinhausen 1999, 75). Des Weiteren erhöhen Beeinträchtigungen in der Wahrnehmung und in der Kommunikation das Risiko einer psychiatrischen Störung:

• Autismus
• Psychosen (psychische Desintegration mit emotionalen Störungen)
• Hyperaktivität (motorische Unruhe) und Aufmerksamkeitsstörungen

- Stereotypien (wiederkehrende gleichförmige Aufeinanderfolge von Körperbewegungen) und Automutilation (Autoagression, Handlungen gegen den eigenen Körper mit Folge von Verletzungen)
- Enuresis (Einnässen) und Enkopresis (Einkoten)
- Essstörungen

Die Ergebnisse jüngster Studien zeigen, dass biologische und genetische Faktoren bei der Entstehung von geistiger Behinderung eine wichtige Rolle spielen. Bestätigt hierdurch wird aber nicht das alte Vorurteil, geistige Behinderung sei vererbt. Zerbin-Rüdin (1990) geht davon aus, dass nur etwa 5–7 % der auftretenden geistigen Behinderungen erbbedingt sind. Meist handelt es sich hierbei um Stoffwechseldefekte. Durch die zunehmende Verbesserung der medizinischen Diagnostik wird sich in Zukunft die Gruppe der „idiopathischen geistigen Behinderung", also der (bislang) ohne erklärbare Ursache, verringern.

Die medizinisch-ätiologische Sichtweise von geistiger Behinderung ist eine unter möglichen anderen. Die Ursachen der Schädigung und Beeinträchtigung eines Menschen zu kennen, ist für den Entwurf geeigneter Förder- und Erziehungsmaßnahmen sowie für alle Entscheidungen und Handlungen, die der Integration dienen, wichtig. Im pädagogischen Prozess spielen die Ursachen zwar eine untergeordnete Rolle, doch das Wissen um sie ist von Bedeutung und darf nicht außer Acht gelassen werden. Die biologischen Voraussetzungen „lassen Möglichkeiten und Grenzen erkennen, sind wichtig für eine realistische Beurteilung von Entwicklungsmöglichkeiten und Zukunftsperspektiven" (Neuhäuser 1999, 214).

Zur Ätiologie von geistiger Behinderung:
Müller, M. (1996): Neuropädiatrie. Ursachen und Formen der Behinderung. Stuttgart
Neuhäuser, G./Steinhausen, H.-Ch. (1999): Geistige Behinderung. Grundlagen, Klinische Syndrome, Behandlung und Rehabilitation. 2. Aufl. Stuttgart
Neuhäuser, G.: Syndrome. Zeitschrift Geistige Behinderung. Ab Jg. 1985

Zum Autismus:
Dzikowski, S. (1993): Ursachen des Autismus. Eine Dokumentation. Weinheim
–, Arens, Ch. (Hrsg.) (1990): Autismus heute. Band 2. Neue Aspekte der Förderung autistischer Kinder. Dortmund
Klicpera, Chr., Innerhofer, P. (1999): Die Welt des frühkindlichen Autismus. Befunde, Anstöße, Analysen. 2. Aufl. München/Basel
Schor, B. J., Schweiggert, A. (Hrsg.) (1999): Autismus – ein häufig verkanntes Problem. Kinder und Jugendliche mit autistischen Verhaltensweisen in allen Schularten. Donauwörth

Zum Down-Syndrom:
Dittmann, W. (Hrsg.) (1992): Kinder und Jugendliche mit Down-Syndrom. Aspekte ihres Lebens. Bad Heilbrunn
Hunt, Nigel (2000): Die Welt des Nigel Hunt. Tagebuch eines Jungen mit Down-Syndrom. Aus dem Englischen von Ute Hüffner. Mit einem Geleitwort von Otto Speck. 5. Aufl. München/Basel
Pueschel, S. (Hrsg.) (1995): Down-Syndrom. Für eine bessere Zukunft. Stuttgart
Tamm, C. (1994): Diagnose Down-Syndrom. München/Basel

Zur Epilepsie:
Puckhaber, H. (1994[2]): Epilepsie im Kindesalter. Eine interdisziplinäre Aufgabe. Eschborn
Schöler, J. Schaudwet, A. (Hrsg.) (1999): Epilepsie bei Kindern und Jugendlichen in der Schule. Ein Handbuch für Pädagoginnen, Pädagogen und Eltern. Neuwied, Berlin
Bundesverband für Körper- und Mehrfachbehinderte (Hrsg.) (1999): Epilepsie. Das Band. 29. Jg., Heft 5

3.3 Geistige Behinderung unter psychologischen Gesichtspunkten

Die Schädigung des Gehirns hat Auswirkungen auf die kognitive, motorische wie emotionale und soziale Entwicklung und das Lernen des Menschen. Die Erfassung dieser Beeinträchtigungen und Störungen ist Aufgabe der psychologischen Diagnostik als *einem* Teilgebiet der Psychologie. In dieser psychologischen Betrachtungsweise stand lange die Beeinträchtigung der Intelligenzentwicklung im Vordergrund, d. h. geistige Behinderung wurde primär als *Intelligenzminderung* aufgefasst. Diese Sichtweise und deren Veränderung soll nachfolgend skizziert werden.

Geistige Behinderung als Intelligenz- minderung

Eine Intelligenzminderung wird, nach dem Klassifikationsschema der ICD-10 als ein Zustand von verzögerter oder unvollständiger Entwicklung der geistigen Fähigkeiten definiert (vgl. Gontard 1999, 27). Als besonders beeinträchtigt gelten hierbei solche Fähigkeiten, die zum Intelligenzniveau beitragen, wie Kognition, Sprache, motorische und soziale Fähigkeiten. Ermittelt werden die intellektuellen Fähigkeiten anhand von Intelligenztests, die in ihren Untertests die Leistungen in den verschiedenen Fähigkeitsbereichen überprüfen und in numerischen Werten (Rohwerten) festhalten. Bei der Auswertung der Tests werden die Ergebnisse der verschiedenen Untertests (die einzelnen Rohwerte) zusammengeführt, aus diesem Wert ein Intelligenzquotient errechnet und damit das Intelligenzniveau der getesteten Person festgelegt. Dieses ist dann z. B. dafür entscheidend, in welche Sonderschulform ein Kind mit Behinderung eingewiesen wird oder welche sozial-rehabiliativen Maßnahmen es erhält. Bei Menschen mit geistiger Behinderung werden meist drei Schweregrade unterschieden: *mäßige, schwere* und *sehr schwere* Form von geistiger Behinderung.

Mit Einführung der Intelligenzdiagnostik Anfang des letzten Jahrhunderts durch Stern, Binet und Wechsler, die das Ziel einer objektiven Erfassung menschlicher Intelligenz verfolgten, wurde eine Durchschnittsintelligenz mit einem Intelligenzquotienten (IQ) von 100 als Bezugsgröße festgesetzt. Liegen die Ergebnisse des Intelligenztests über IQ 100, gilt die getestete Person als überdurchschnittlich intelligent, liegen sie unter IQ 100, werden die Intelligenzleistungen als unterdurchschnittlich bewertet. Der Intelligenzquotient wurde ursprünglich aus dem Verhältnis von Intelligenzalter und Lebensalter der getesteten Person bestimmt. „Die heutige Definition gibt das Verhältnis (Abweichungsmaßstab) der individuellen Intelligenzleistung zum Mittelwert der entsprechenden Altersgruppe an" (Borchert/Dupuis 1992, 322). Als Vergleichsgröße gelten die durchschnittlichen Leistungen der Altersgruppe, von denen die individuellen Leistungen durch Abgrenzung (Über- oder Unterschreiten) ermittelt werden.

Um das Sprachverständnis eines sechsjährigen Kindes mit Behinderung zu ermitteln, werden die Ergebnisse aus den verschiedenen Untertests, die den aktiven und passiven Wortschatz prüfen, mit den durchschnittlichen Kenntnissen gleichaltriger nichtbehinderter Kinder in diesen Bereichen verglichen. Diesen Durchschnittsleistungen wurde der Wert 100 zugeordnet, von dem dann die Testergebnisse des Kindes mit Behinderung als abweichende Werte berechnet werden können.

Intelligenzdiagnostik

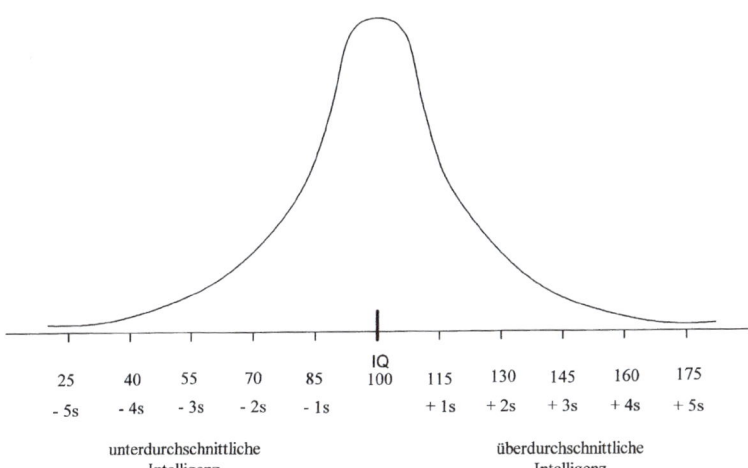

IQ									
25	40	55	70	85	100	115	130	145	160	175
- 5s	- 4s	- 3s	- 2s	- 1s		+ 1s	+ 2s	+ 3s	+ 4s	+ 5s

unterdurchschnittliche Intelligenz   überdurchschnittliche Intelligenz

Abb. 11: Normalverteilung der Intelligenz mit Standardabweichungen (s)

Abweichungs-IQ

Die durchschnittliche Intelligenz wird bei einem IQ 100 (68 % der Bevölkerung) festgelegt. Eine geistige Behinderung liegt dann vor, wenn die getestete Person mit ihren Leistungen mit 2 x 15 IQ-Werten (= 2 Standardabweichungen) von diesem Mittelwert nach unten abweicht, ihr IQ kleiner als 70 ist (2 % der Bevölkerung) (s. Abb. 11).

Im psychometrischen Sinne ist die geistige Behinderung demzufolge als „unterdurchschnittliche Allgemeinintelligenz" aufzufassen. Eine entsprechende Definition und Klassifikation von geistiger Behinderung geht auf die American Association on Mental Deficiency (AAMD) zurück und lautet:

Mental retardation

„Geistige Retardierung bezieht sich auf signifikant unterdurchschnittliche Allgemeinintelligenz, die fortlaufend mit Defiziten im adaptiven Verhalten vorkommt und während der Entwicklungsperiode bestehen bleibt" (nach Speck 1999, 48). Während Remschmidt und Schmidt (1994) in ihrem Klassifikationsschema ICD-10 geistige Behinderung ab IQ 69 festlegten, bestimmt die American Association on Mental Deficiency (AAMD) die „unterdurchschnittliche Allgemeinintelligenz" deutlich tiefer (s. Tab. 2 und 3).

Kritik an Intelligenz-diagnostik

Die Intelligenzdiagnostik war vor allem, wenn es um die Zuweisung von Kindern und Jugendlichen zu einem geeigneten Schultyp ging, von Bedeutung. Sie fungierte als Selektionsdiagnostik. Je nach Höhe des diagnostizierten Intelligenzquotienten erfolgte die Einweisung in die Schule für Lern- oder für Geistigbehinderte.

Heute ist die Klassifikation nach Intelligenz-Werten in die Kritik geraten, weil sie sich als zu einseitig erwiesen hat. „Kein Kind kann ausschließlich über eine Intelligenz-Testung als geistig behindert diagnostiziert werden", sagt Speck (1999, 49). Da der Begriff der Intelligenz wissenschaftlich nicht eindeutig definiert ist und den Testverfahren unterschiedliche Verständnisweisen von Intelligenz zugrunde liegen, bleibt die Aussage über das ermittelte

Tab. 2: Klassifikation der geistigen Behinderung nach ICD-10 (in Anlehnung an Gontard 1999, 27)

Klassifikation nach ICD-10	IQ-Werte	Anteil (aller Menschen mit geistiger Behinderung)
Leichte Intelligenzminderung	IQ 50–69	80 %
Mittelgradige Intelligenzminderung	IQ 35–49	12 %
Schwere Intelligenzminderung	IQ 20–34	7 %
Schwerste Intelligenzminderung	IQ < 20	1 %

Tab. 3: Einteilung der Behinderungsgrade von geistiger Behinderung nach AAMD (Grossmann 1973 nach Wendeler 1993, 27)

Behinderungsgrad	IQ-Bereich
Mäßig	36–52
Schwer	20–35
Sehr schwer	< 20

Intelligenzniveau immer relativ. Des Weiteren hat sich gezeigt, dass der Vergleich mit einer Durchschnittsintelligenz, also mit Normwerten, unzulänglich ist. Der Mensch entwickelt sich nach individuellen, ihm gegebenen Möglichkeiten und immer im Kontext seines sozialen und kulturellen Umfeldes. Kinder mit einer geistigen Behinderung haben andere Startbedingungen bzw. Entwicklungsmöglichkeiten als solche ohne Behinderung. Ihre Entwicklung folgt eigenen Strukturen, was den Leistungs- bzw. Intelligenzvergleich mit einer allgemeingültigen Norm in Frage stellt.

Zudem ist Behinderung keine statische Größe, sondern einem ständigen Veränderungsprozess unterzogen. Dies verdeutlicht Bach:

„Auch ein unaufhebbarer Schaden, wie der Verlust von Gliedmaßen, macht allein eine Behinderung nicht zu einer statischen Gegebenheit, da die anderen Komponenten (die Befindlichkeit, die emotionale und kognitive Verarbeitung, die Umfeldbedingungen und -anforderungen) einem stetigen Wandel unterliegen. So kann ein geringfügiger somatischer Schaden durch ungünstige Umfeldanforderungen (z. B. starke Verwöhnungshaltungen) zu einer schweren Behinderung der Betreffenden führen, während durch hilfreiche unterstützende Angebote des Umfeldes der Prozess u. U. positiv beeinflusst werden kann …" (1999, 44 f.)

Im Bewusstsein um die Prozesshaftigkeit von Behinderung hat sich die Diagnostik gewandelt, indem sie nicht länger ausschließlich nach den Defiziten und Störungen der Person sucht, sondern ihre Fähigkeiten und Leistungsmöglichkeiten stärker in den Blick nimmt und unter Einbezug des sozialen Umfeldes erfasst. „Der Gegenstandsbereich der sonderpädagogischen Diagnostik steht in enger Beziehung zu in ihrer geistigen, emotionalen, sozialen, physischen Entwicklung gefährdeten oder beeinträchtigten Personen, wobei stets der Interaktions- und Umweltbereich impliziert ist" (Bundschuh 1999, 56). Sonder- oder heilpädagogische Diagnostik bezieht sich auf alle Persönlichkeitsbereiche und versteht sich heute als *Prozess-* oder *Förderdiagnostik*, als eine *„behandlungsorientierte Diagnostik"* (Borchert 1992, 212). Was damit gemeint ist, soll an folgendem Beispiel verdeutlicht werden.

Von der Selektions- zur Förderdiagnostik

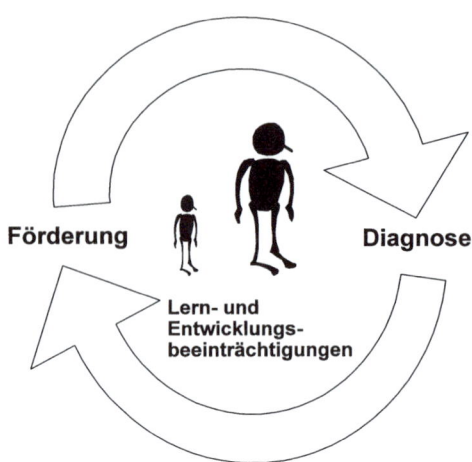

Abb. 12:
Förderdiagnostik

Hat ein Kind Schwierigkeiten im Lesen, wird geprüft, inwieweit es die nötigen Voraussetzungen zum Lesenlernen besitzt. Diese Diagnose geschieht nicht in isolierten, in Labor- oder Testsituationen, sondern im Unterricht, also beim Lesenlernen selbst. Gleichzeitig wird das verwendete Förderprogramm, der Leselehrgang, so den Bedürfnissen und Möglichkeiten des Kindes angepasst, dass es seine Schwierigkeiten im Lesen überwindet und weitere Fähigkeiten erwirbt.

Im heilpädagogischen Prozess stehen Diagnose und Förderung in einem wechselseitigen Verhältnis zueinander (Abb. 12).

Zur Erfassung der individuellen Lern- und Entwicklungsbeeinträchtigungen (in den Bereichen: Sensorik, Motorik, Kognition, Emotion, Verhalten, Sprache und Interaktion) sind in der Psychologie eine Fülle von Test- und Untersuchungsmethoden entstanden, auf die hier nur verwiesen werden kann. Im Anhang (unter: Diagnostische Verfahren) und in der Literatur zum Selbststudium sind einige dieser Verfahren aufgeführt.

Neben den diagnostischen Aufgaben, der Erfassung von Störungen hat die Psychologie großen Einfluss auf die Entwicklung spezieller Förderprogramme und Erziehungsmethoden für Menschen mit geistiger Behinderung. Sie stellt der Geistigbehindertenpädagogik ihre Erkenntnisse und Forschungsergebnisse aus ihren verschiedenen Teilgebieten zur Verfügung, die dann in Verbindung mit pädagogischen und didaktischen Überlegungen in konkrete Fördermaßnahmen umgesetzt werden. Beispielhaft sollen hier drei Bereiche, die Entwicklungs-, Lern- und Verhaltenspsychologie, mit ihren Anregungen für die Geistigbehindertenpädagogik kurz dargestellt werden.

„Die Entwicklungspsychologie untersucht und beschreibt Veränderungen des Erlebens und Verhaltens während des Lebenslaufes und die Bedingungen, unter denen solche Veränderungen stattfinden. Dabei lassen sich Entwicklungsschritte feststellen, die in fester Reihenfolge durchlaufen werden" (Kane/Kane 1999, 237). Bei Kindern und Jugendlichen mit geistiger Behinderung sind grundsätzlich die selben Entwicklungsverläufe beobachtbar, doch sind sie meist verlangsamt. Es kommt zu Brüchen, zu Diskontinuitäten im Entwicklungsverlauf, was zur Folge hat, dass Menschen mit geistiger Behinderung im Erwachsenenalter nicht das gleiche Niveau wie Menschen ohne Behinderung erreichen. Sie deshalb aber als lebenslange Kinder zu betrachten, ist unzulässig. Die Entwicklungspsychologie „gibt Möglichkeiten vor, den jeweiligen Entwicklungsstand in verschiedenen Bereichen zu beobachten und zu erfassen, angemessene Ziele und Zwischenschritte festzulegen und die Umwelt so zu gestalten, daß sie Entwicklungsschritte begünstigt oder anregt" (S. 237). Die Entwicklungspsychologie orientiert sich hierbei nicht mehr allein an der Normalentwicklung, also an der Entwicklung nichtbehinderter Kinder und Jugendlicher, sondern schließt in ihre Erkenntnisse die charakteristischen Merkmale geistigbehinderter stärker mit ein. Das heißt, sie berücksichtigt z. B. die besonderen motorischen oder psychischen Probleme, die Kinder mit Down-Syndrom haben, oder entwickelt spezielle Theorien und Methoden zur Behandlung von Menschen mit autistischem Syndrom. „So ermöglicht die Entwicklungspsychologie ein Verständnis durch Analogien, nicht durch eine direkte Gleichsetzung" (S. 237). Im Kontext von geistiger Behinderung untersucht die Entwicklungspsychologie schwerpunktmäßig folgende Problemkreise:

1. Entwicklungspsychologie

- Probleme der sozialen Entwicklung
- Probleme der kognitiven Entwicklung
- Probleme der Sprachentwicklung

Die Lernpsychologie untersucht die Faktoren, die menschliches Lernen beeinflussen. „Es gibt verschiedene Arten des Lernens, die sich hinsichtlich der Komplexität des Lernprozesses und der Bedeutung von Sprache und Einsicht beim Lernen unterscheiden. Vielerlei Faktoren wie Aufgabenart und -struktur, Aufmerksamkeit, Motivation und Vorerfahrungen können das Lernen erleichtern und erschweren" (S. 237). Menschen mit geistiger Behinderung haben ihre spezifischen Probleme beim Lernen, die sich u. a. im motivationalen Bereich, in der Konzentrations- und Aufnahmefähigkeit zeigen. Für sie müssen Lernprozesse vereinfacht und stärker strukturiert werden – ein Aspekt, um den es später im Kontext von Didaktik noch genauer gehen wird. Im Kon-

2. Lernpsychologie

text von Behinderungen untersucht die Lernpsychologie Lernstörungen und gibt wichtige Anregungen für die Entwicklung gezielter Lernprogramme, die bei Kindern und Jugendlichen mit geistiger Behinderung einfache, nichtsprachliche Lernprozesse stärker berücksichtigen.

3. Verhaltenspsychologie

Menschen mit geistiger Behinderung zeigen Störungen im Verhalten, die z. T. mit ihrer Schädigung in Verbindung stehen können (z. B. Autoaggression bei Lesch-Nyhan-Syndrom), teilweise aber auch Folge ihrer spezifischen Lebenssituation sind. Auf Überbehütung, Vernachlässigung, lebenslange Infantilisierung, Ablehnung, fehlende Kommunikation und Isolation, unrealistische Leistungserwartungen u. a. m. reagieren Menschen mit geistiger Behinderung häufig mit so genanntem Fehlverhalten, wie z. B. Rückzug, Mutismus, schwere Essstörungen, Aggression oder Autoaggression. Die Ursachen dieses Fehlverhaltens zu erkennen, ist Aufgabe der Verhaltenspsychologie, diese verhaltenstherapeutisch zu behandeln ihr Ziel. Erkenntnisse aus dem Bereich der Verhaltenspsychologie fließen heute stark in geistigbehindertenpädagogische Konzepte ein. Neben den entwicklungs-, lern- und verhaltenspsychologischen haben auch Kenntnisse aus anderen psychologischen Bereichen, wie der Kognitions-, der Wahrnehmungs-, der Sozial- oder der Persönlichkeitspsychologie Einfluss auf die Geistigbehindertenpädagogik. Gerade die letztgenannte, die Persönlichkeitspsychologie, mit ihren vielfältigen Therapieentwürfen (Psychotherapien, Beratungsmethoden, Supervision), die entweder beim behinderten Menschen selbst oder bei seinen Bezugspersonen zur Anwendung kommen, ist hier zu nennen. Psychologische Konzepte und Methoden sind heute im heilpädagogischen Alltag zur Selbstverständlichkeit geworden.

Borchert, J., Knopf-Jerchow, H., Dahbashi, A. (1991): Testdiagnostische Verfahren in Vor-, Sonder- und Regelschulen. Heidelberg

Bundschuh, K. (1999): Einführung in die sonderpädagogische Diagnostik. 5. Aufl. München/Basel

Eberwein, H., Knauer, S. (Hrsg.) (1998): Handbuch Lernprozesse verstehen. Wege einer neuen (sonder-)pädagogischen Diagnostik. Weinheim, Basel

Eggert, D. (1997): Von den Stärken ausgehen … Individuelle Entwicklungspläne (IEP) in der Lernförderungsdiagnostik. Dortmund

Görres, S., Hansen, G. (Hrsg.) (1992): Psychotherapien bei Menschen mit geistiger Behinderung. 2. Aufl. Bad Heilbrunn

Gontard, v. A. (1999): Genetische und biologische Faktoren. In: Neuhäuser, G., Steinhausen, H.-Ch. (1999): Geistige Behinderung – Grundlagen, Klinische Syndrome, Behandlung und Rehabilitation. 2. Aufl. Stuttgart. 26–41

Sarimski, K. (1997): Entwicklungspsychologie genetischer Syndrome. Göttingen

Tietze-Fritz, P. (1994): Handbuch der heilpädagogischen Diagnostik. 2. Aufl. Dortmund

3.4 Geistige Behinderung unter epidemiologischen Gesichtspunkten

Wenn die Epidemiologie im Kontext von Behinderung nach Ursachenzusammenhängen von Erkrankungen, nach deren Häufigkeit und Verbreitung fragt, geschieht dies, um den Umfang der notwendigen Hilfsmaßnahmen zu ermitteln und die Öffentlichkeit darüber zu informieren.

„Auch auf dem Gebiet der geistigen Behinderung hat sich international epidemiologische Forschung angesiedelt, allerdings ist dieser Forschungszweig in der Bundesrepublik eher unterentwickelt" (Thimm 1999, 9). Zwar gibt es in einzelnen Regionen Erfassungen, wie etwa im Raum Unterer Neckar (‚Mannheim-Studie', Liepmann 1979), doch diese sind nur begrenzt verallgemeinerbar. Die im zweijährigen Abstand vom Statistischen Bundesamt der Bundesrepublik Deutschland erstellte Schwerbehindertenstatistik führt bezogen auf die Gruppe der Menschen mit geistiger Behinderung zu keiner klaren Aussage, da bei der Datenerfassung nicht eindeutig nach Behinderungsarten unterschieden wird. Das veranlasst Thimm, auf empirisch gesicherte Daten aus Nachbarländern zurückzugreifen und von hier aus eine Übertragung auf die Bundesrepublik vorzunehmen: „Für Dänemark und Schweden liegen Untersuchungen über einen längeren Zeitraum vor, die relativ konstant eine Gesamtprävalenz von 0,43 (Dänemark) und 0,41 (Schweden) nachweisen (Dupont 1981, Wallner 1984). Legt man auch für die Bundesrepublik als realistische Prävalenzrate 0,43 % zugrunde, so leben bezogen auf 1993 etwa 350 000 Menschen mit einer geistigen Behinderung unter uns" (S. 9). Die regionalen Untersuchungen kommen zu vergleichbaren Prozentwerten.

Bei der Übertragung von Untersuchungen aus den Nachbarländern ist dennoch kritisch anzumerken, dass eine Vergleichbarkeit aufgrund des unterschiedlichen Verständnisses von geistiger Behinderung in den einzelnen Ländern nur begrenzt möglich ist. „Schwere Lernschwierigkeiten bzw. geistige Behinderung wird offenbar in Europa sehr unterschiedlich beurteilt (Durchschnitt: 7,6 %; Schwankungsbreite: 1 % in Island bis 16 % in Österreich)" (Bürli 1997, 77).

Mühl geht davon aus, dass in einzelnen Altersstufen der Prozentsatz von Menschen mit geistiger Behinderung unterschiedlich ist; im schulischen höher als im vor- und nachschulischen Altersbereich (1997, 31). „Geistige Behinderung wird im Schulalter etwa 0,6 bis 0,7 Prozent, im Erwachsenenalter etwa 0,45 bis 0,5 Prozent der gleichaltrigen Population zugeschrieben. Davon sind

Unzureichende Datenlage

Schulbezogene Daten

etwa 0,15 Prozent mehrfachfunktionsgeschädigt und etwa 0,2 bis 0,25 Prozent als schwer geistigbehindert einzustufen; diese beiden Teilgruppen überlappen sich, sind aber nicht völlig identisch" (1994, 686). 1996 gab das deutsche Bundesministerium für Bildung, Wissenschaft, Forschung und Technologie Grund- und Strukturdaten heraus, wonach sich 1995 insgesamt 56 194 Schüler und Schülerinnen in Klassen für Geistigbehinderte befanden. „Da aus den Daten nicht zu ersehen ist, ob es sich dabei nur um Klassen in Schulen für Geistigbehinderte oder auch um Klassen für Geistigbehinderte in anderen Sonderschultypen handelt, kann nicht endgültig die tatsächliche Zahl ermittelt werden" (Mühl 1997, 31). Mühl nimmt eine Gesamtzahl von rund 70 000 Schülern und Schülerinnen mit geistiger Behinderung in Deutschland an. Sie machen nach den Schülern mit Lernbehinderung die zweitgrößte Population in Sonderschulen aus. Dies bestätigt auch die bundeseinheitliche Schulstatistik, die 1997 von der Kultusministerkonferenz veröffentlicht wurde und in der die prozentuale Verteilung von Sonderschülern in den verschiedenen Sonderschulformen im Zeitraum von 1986 bis 1995 wiedergegeben ist.

Tab. 4: Quote der Schüler, die Sonderschulen besuchen. Berechnet wurde die Zahl der Schüler in deutschen Sonderschulen in Prozent von allen Schülern im Alter der Vollzeitschulpflicht (Klasse 1 – 10 und Sonderschulen). Ab 1991 sind die neuen Bundesländer enthalten. (Quelle: Statistische Veröffentlichung der Kultusministerkonferenz. Die Sonderschulen in der bundeseinheitlichen Schulstatistik 1986 bis 1995. Nr. 140, Januar 1997)

	1986	1987	1988	1989	1990	1991	1992	1993	1994	1995
Alle Behinderungsarten	4,196	4,188	4,122	4,050	4,030	4,193	4,183	4,220	4,262	4,277
davon:										
Lernbehinderte	2,455	2,363	2,267	2,166	2,131	2,402	2,395	2,414	2,427	2,416
Blinde	0,017	1,016	0,021	0,019	0,018	0,025	0,022	0,022	0,020	0,019
Sehbehinderte	0,036	0,035	0,034	0,033	0,033	0,026	0,024	0,024	0,025	0,025
Gehörlose	0,049	0,048	0,045	0,043	0,039	0,048	0,051	0,046	0,045	0,044
Schwerhörige	0,087	0,083	0,080	0,079	0,082	0,073	0,066	0,067	0,066	0,065
Sprachbehinderte	0,301	0,321	0,330	0,345	0,355	0,340	0,339	0,341	0,348	0,344
Körperbehinderte	0,213	0,223	0,226	0,228	0,243	0,227	0,224	0,221	0,216	0,213
Geistigbehinderte	**0,650**	**0,641**	**0,631**	**0,609**	**0,592**	**0,570**	**0,572**	**0,588**	**0,602**	**0,615**
Verhaltensgestörte[1]	0,230	0,239	0,247	0,252	0,247	0,217	0,228	0,222	0,230	0,238
Kranke[2]	0,099	0,124	0,124	0,122	0,120	0,098	0,093	0,087	0,083	0,085
Sonstige[1]	0,059	0,095	0,116	0,154	0,170	0,167	0,170	0,189	0,200	0,214

[1] Veränderte Quoten bis 1990 durch Änderung der Zuordnung in Nordrhein-Westfalen
[2] Ab 1993 ohne Sachsen

Holtz und Nassal (1999) führten eine epidemiologische Analyse zur Zusammensetzung der Schülerschaft an Schulen für Geistigbehinderte durch. Ziel ihrer Untersuchung war, den Anteil sehr schwer behinderter Schüler in den einzelnen deutschen Bundesländern zu ermitteln. Die Autoren kamen zu uneinheitlichen Ergebnissen. Während in Rheinland-Pfalz der Anteil an schwerstbehinderten Schülern bei 25,6 %, in Nordrhein-Westfalen bei 39,1 %, in Thüringen bei 50,4 % lag, stieg er in Berlin auf 70 %. Die Differenzen gehen auf strukturelle Unterschiede im Schul- bzw. Bildungssystem einzelner Bundesländer und auf eine divergente Verwendung des Schwerstbehinderten-Begriffs zurück.

Die Verteilung von geistiger Behinderung zeigt ein geschlechtsspezifisches Ungleichgewicht: Auf drei männliche Personen mit geistiger Behinderung kommen zwei weibliche. Diese Feststellung wird durch folgende Untersuchungen belegt (m : w):

Geschlechtsspezifische Verteilung

- 58,7 % : 41,3 % (Eggert 1972)
- 58,4 % : 41,6 % (Kerkhoff 1980 – für das Untersuchungsjahr 1977)
- 59,1 % : 40,9 % (Liepmann 1979)

Es wird angenommen, dass ein Faktor zur Erklärung des Unterschiedes in einer höheren körperlichen Anfälligkeit des männlichen Geschlechts liegen könnte (Mühl 1997, 32).

Eine Verteilung nach Behinderungsgraden nimmt Wendeler in Orientierung an eine Untersuchung von McQueen et al. (1987) vor: „Die Aufschlüsselung nach den Behinderungsgraden ergibt, daß unter allen geistig Behinderten 9 % geistig schwerstbehindert, 33 % geistig schwerbehindert und 58 % geistig mäßigbehindert sind" (Wendeler 1993, 23) (Abb. 13). Eine Antwort auf die Frage, inwieweit diese in Kanada gewonnenen Daten auf die Population in anderen Ländern übertragbar sind, bleibt Wendeler schuldig.

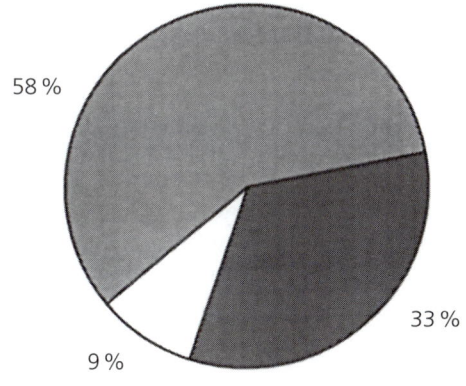

58 %

33 %

9 %

Abb. 13:
Häufigkeit der
Behinderungsgrade
(aus: Wendeler 1993,
23)

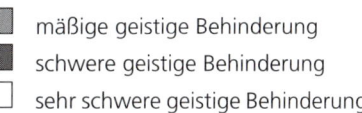

mäßige geistige Behinderung

schwere geistige Behinderung

sehr schwere geistige Behinderung

Tab. 5: Ätiologie der schweren und leichten geistigen Behinderung (Hagberg et al. 1981) (aus: Gontard 1999, 29)

Ätiologie	Schwere geistige Behinderung (n = 73)	Leichte geistige Behinderung (n = 91)
Pränatale Ursachen	**55 %**	**23 %**
Chromosomal	29 %	4 %
Menogen	5 %	1 %
Mißbildungen	12 %	10 %
Exogen	8 %	8 %
Perinatale Ursachen	**15 %**	**18 %**
Postnatale Ursachen	**11 %**	**2 %**
Psychosen	1 %	2 %
Unbekannte Ursachen	**18 %**	**55 %**
Familiär	4 %	29 %
Sporadisch	14 %	26 %

Bezogen auf den Schweregrad von geistiger Behinderung erstellt Gontard einen Zwei-Gruppen-Vergleich, das heißt, er unterscheidet die Gruppe der leicht geistig Behinderten (= IQ 50–70) von der mit schwerer geistiger Behinderung (= IQ<50). Wissend, dass diese Zweiteilung „nicht mit neueren empirischen Ergebnissen vereinbar ist" (1999, 29), fragt er trotzdem, wie sich Ätiologien von geistiger Behinderung in diesen beiden Gruppen verteilen (Tab. 5).

An der Gegenüberstellung wird deutlich, dass bei den schweren Formen pränatale Ursachen dominieren, „wobei chromosomale Ursachen die größte Gruppe darstellen. Von diesen umfassen das Down-Syndrom ca. 20 %, das Fragil–X-Syndrom ca. 1–6 % der Anteile" (S. 29).

Zusammen-
fassung

Hier kann nur exemplarisch auf einige epidemiologische Studien verwiesen werden. Auch wenn man die ungenannten hinzunimmt, bleibt die Epidemiologie im Kontext von geistiger Behinderung Stückwerk. Trotzdem gewähren die Untersuchungen Einsicht in wichtige Einzelaspekte der geistigen Behinderung. Empirisch gesicherte Daten über Häufigkeit und Verteilung bzw. eine umfassende epidemiologische Erforschung von geistiger Behinderung unterschiedlicher Schweregrade steht in der Bundesrepublik Deutschland noch aus und gehört zu den zukünftigen Aufgaben einer interdisziplinären Geistigbehindertenpädagogik.

Mühl, H. (1997): Epidemiologische Daten. In: ders.: Einführung in die Schulpädagogik bei geistiger Behinderung. Oldenburg. 30–32

Thimm, W. (1999): Epidemiologie und soziokulturelle Faktoren. In: Neuhäuser, G., Steinhausen, H.-Ch. (Hrsg.) (1999): Geistige Behinderung. Grundlagen, klinische Syndrome, Behandlung und Rehabilitation. 2. Aufl. Stuttgart. 9–25

3.5 Geistige Behinderung unter pädagogischen Gesichtspunkten

Anhand der bisherigen Ausführungen ist deutlich geworden, dass das Phänomen der geistigen Behinderung von verschiedenen Perspektiven aus betrachtet werden kann, wobei jede Perspektive oder Sichtweise einen anderen Aspekt von Behinderung in den Vordergrund rückt. Nimmt man alle genannten Aspekte bzw. Bestimmungsfaktoren von Behinderung in den Blick, wird die Vielschichtigkeit des Phänomens der geistigen Behinderung erkennbar. Doch eine wesentliche Bestimmungsgröße fehlt noch, nämlich die pädagogische. Wendet man sich dieser zu, wird klar, dass sich Menschen mit geistiger Behinderung nicht nur in ihren Klinischen Symptomen oder in ihren Behinderungsgraden voneinander unterscheiden, sondern auch in ihren Lernmöglichkeiten und -bedürfnissen. Was dazu führt, dass der Personenkreis der Menschen mit geistiger Behinderung auch aus pädagogischer Sicht überaus heterogen ist. Allen gemein ist eine starke Beeinträchtigung ihres Lernens mit Einschränkungen für ein selbstbestimmtes Leben.

Aufgabe der Geistigbehinderten*pädagogik* ist es, aus der Perspektive von Erziehung und Bildung auf das Behindertsein von Menschen und deren Lebenssituation zu schauen, um verändernd auf diese einwirken zu können. Hierbei muss sie sowohl der Vielschichtigkeit des Phänomens der Behinderung als auch der Heterogenität des Personenkreises Rechnung tragen. Das ist möglich, indem sie vertraute, d.h. allgemeinpädagogische Auffassungen von Erziehung in Frage stellt und den Menschen mit seinen Beeinträchtigungen und Möglichkeiten in den Mittelpunkt rückt. Die Geistigbehindertenpädagogik vertritt damit ein basales, ein grundlegendes Verständnis von Erziehung, das ich in Kapitel 4.2 noch genauer darstellen werde. Jetzt soll es erst einmal um die pädagogische Auffassung von geistiger Behinderung gehen. Indem die Geistigbehindertenpädagogik die Lernfähigkeit und die speziellen Erziehungsbedürfnisse in den Blick nimmt, kommt sie zu einem eigenständigen Verständnis von geistiger Behinderung, das sich von den zuvor dargestellten Zugangsweisen, den medizinischen und psychologischen, unterscheidet und das sich mit Mühl folgendermaßen charakterisieren lässt:

Geistige Behinderung und Lernen

Aufgrund ihrer hirnorganischen Schädigungen haben Kinder und Jugendliche mit geistiger Behinderung Schwierigkeiten, Lernerfahrungen zu machen, was sich auswirkt „auf all jene Fähigkeiten, die sich nicht spontan entwickeln, sondern an deren Entstehung Lernprozesse beteiligt sind. Dadurch sind das Erlernen und die Entwicklung der Wahrnehmung und anderer kognitiver Fähigkeiten, der sozialen Handlungsfähigkeit, vor allem der vorsprachlichen und sprachlichen Verständigung, komplexerer Gefühle und psychomotorischer Fertigkeiten retardiert" (1999, 253) (s. auch Abb. 14).

Wichtig ist hier festzuhalten, „dass *nicht die organisch-genetische Schädigung selbst bereits die geistige Behinderung darstellt* (Hervorh. B. F.), sondern dass diese psycho-physische Abweichung lediglich den Auslöser eines personal-sozialen Prozesses darstellt, der zur geistigen Behinderung in ihrer Komplexität führt" (Speck 1999, 62). Wie bereits gesagt: Geistige Behinderung ist ein sehr vielschichtiges Phänomen.

Damit die Komplexität des Phänomens der geistigen Behinderung nachvollziehbarer wird, sind nachfolgend zwei Schüler beschrieben. Zwei Beispiele, die auch zeigen, wie sich hirnorganische Schädigungen auf die Entwicklung und das Lernen von Kindern auswirken können und wie unterschiedlich (heterogen) sie in ihren Fähigkeiten sind.

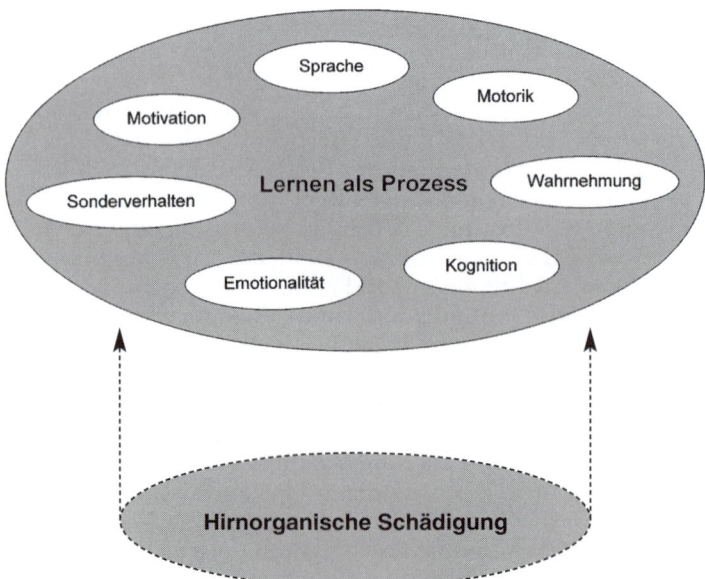

Abb. 14:
Auswirkungen der hirnorganischen Schädigung auf das Lernen von Kindern und Jugendlichen mit geistiger Behinderung

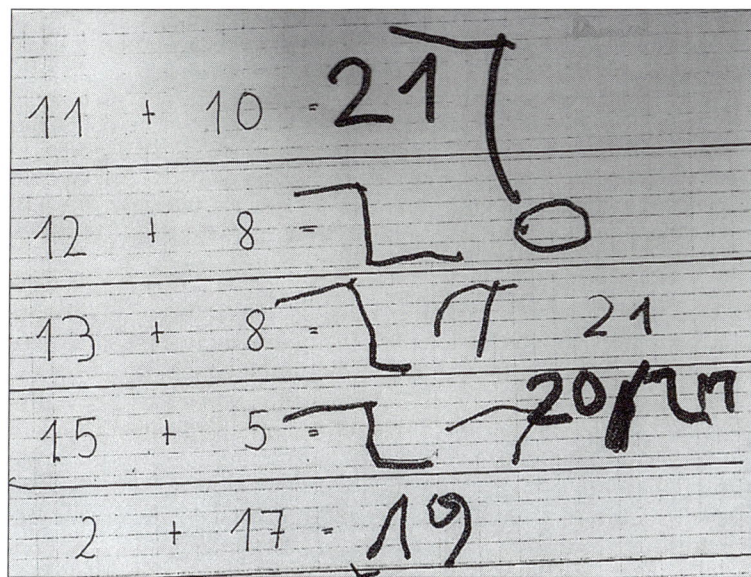

Abb. 15:
Auszug aus Daniels
Rechenheft

Beispiel Daniel:

Der elfjährige Daniel wurde mit einer Trisomie 21 (Down-Syndrom) geboren und besucht eine Mittelstufenklasse der Schule für Geistigbehinderte. Er kann kleine Texte lesen und verstehen, wenn er sie laut vorliest. Beim Lösen von Additions- und Subtraktionsaufgaben im Zahlenraum bis 20 hat er kaum noch Probleme, wohl aber beim Schreiben von Ziffern oder Buchstaben (s. Abb. 15). Deshalb lernt Daniel gerade, mit dem Computer zu schreiben. Die Tastatur wurde der besseren Erfassbarkeit wegen für ihn vereinfacht.

Alle Aufgaben, bei denen feinmotorische Fähigkeiten verlangt sind, z. B. das plastische Gestalten mit Ton oder das Schneiden von Nahrungsmitteln im Kochunterricht, lehnt er ab. Daniel interessieren alle sachkundlichen Unterrichtsthemen und er beteiligt sich rege daran. Versucht die Lehrerin, ihn in seinem ständigen Redebedürfnis zu bremsen, damit die schwächeren Mitschüler auch einmal zu Wort kommen, ist er frustriert, wird aggressiv, wirft Tische um oder schlägt andere Schüler. In solchen Situationen lässt er sich nur schwer zur weiteren Mitarbeit motivieren. Sehr stolz ist Daniel auf seine Mitgliedschaft im Fußballverein seines Wohnortes. Hier ist er Stürmer und gilt als As. Er ist der beste Schwimmer der Schule.

Beispiel Dorothee:

„Wenn Dorothee morgens in die Schule gebracht wird, sitzt sie in der Regel bewegungslos, gut in Decken eingepackt, in ihrem Rollstuhl. Im Klassenraum angekommen, wird sie aus dem Rollstuhl herausgehoben und auf einer hochgesetzten pflegeerleichternden Liegefläche gelagert … das richtige Lagern ist sehr zeitaufwendig und wird mit großer Sorgfalt unter Benutzung von Polstern, Schaumstoffkeilen, Kissen durchgeführt, zeitweise ist eine vorübergehende Fixierung mit Bleisäckchen erforderlich, um die heftigen, ungerichteten, durch Spasmen plötzlich einschießenden Bewegungssalven ein wenig abzufangen. Die Augen von Dorothee wandern unruhig hin und her … von links nach rechts; – sie haften sich nicht an ein Gesicht oder einen Gegenstand. Wenn Wahrnehmungsübungen durchgeführt werden und beispielsweise die Hände durch eine Schale mit Erbsen geschoben werden, verlangsamen sich zuweilen diese Augenbewegungen, manchmal wird auch die Atmung um eine Winzigkeit schneller und tiefer … ein Hinweis für den Lehrer, dass die abgeänderte Umweltbedingung erfasst worden ist …" (Schröder 1989, 12)

Das Lernvermögen eines Kindes mit geistiger Behinderung ist abhängig vom Ausmaß der Hirnfunktionsstörungen sowie den zusätzlichen Beeinträchtigungen oder Behinderungen. Da Dorothee neben der schweren geistigen Behinderung, schwer körperbehindert und sinnesgeschädigt, also mehrfachbehindert ist, ist sie in ihren Lernmöglichkeiten stärker beeinträchtigt als Daniel. Beide Kinder besuchen die Schule für Geistigbehinderte und werden „geistig behindert" genannt, was zeigt, dass sich hinter der Bezeichnung Kinder mit verschiedenen Fähigkeiten und Möglichkeiten verbergen. Diese Unterschiede machen es unmöglich, verallgemeinernd von *der* geistigen Behinderung oder *den* Menschen mit geistiger Behinderung zu sprechen. Darum versteht Mühl „geistige Behinderung" als eine „Sammelbezeichnung für eine große Breite von Lernstufen und Lernniveaus" (1992, 253).

Um den Unterschied im Lernvermögen deutlich zu machen, werden in der pädagogischen Praxis Kinder wie Dorothee meist als „schwer geistig behindert" oder als „schwerstbehindert" bezeichnet. Man nimmt diese Abgrenzung vor, um zu dokumentieren, dass schwerstbehinderte Schüler einen anderen Betreuungs- und Erziehungsbedarf als mittelgradig oder leicht geistig behinderte haben und nach anderen Richtlinien unterrichtet werden.

Schwerstbehinderung

Die Schwerstbehinderung ist in der Regel eine Mehrfachbehinderung, die aus einer Verbindung von zwei oder mehr Behinderungen (z. B. geistige Behinderung und Körperbehinderung, Blindheit oder Gehörlosigkeit) besteht, wobei der Ausprägungsgrad der einzelnen Behinderungen immer gravierend ist. Zur Schwerstbehinderung gehört immer eine geistige Behinderung.

Innerhalb der Geistigbehindertenpädagogik werden die Menschen als schwerstbehindert bezeichnet, „die sowohl in ihren motorischen als auch in ihren geistig-seelischen Fähigkeiten aufs schwerste beeinträchtigt sind, die bei allen alltäglichen Verrichtungen der Hilfe anderer bedürfen, die u. U. gefüttert, angezogen, gepflegt, gelagert werden müssen und die darum ihr Leben lang in besonderer Abhängigkeit von Eltern, Lehrern, Betreuern

Abb. 16:
Komponenten, die
aus der Perspektive
der Geistigbehin-
dertenpädagogik
an einer Schwerst-
behinderung beteiligt
sein können

bleiben" (Fornefeld 1998 a, 34). Schwerstbehindert werden solche Menschen genannt, „die häufig nicht erwartungsgemäß auf
Kontakt- und Lernangebote reagieren, die sich nicht durch akti-
ve Sprache, sondern eher durch Laute oder mittels somatischer
Erscheinungen ihres Leibes (durch Speichelfluss, Tränenflüssig-
keit oder Körpergeruch) auszudrücken vermögen. Sie sind zur
Verwirklichung ihrer Wünsche und Bedürfnisse in besonderer
Weise auf das Verstandenwerden seitens der Bezugspersonen angewiesen" (S. 34).

In der pädagogischen, der erziehungsrelevanten Bestimmung
von Behinderung müssen zwei Komponenten gleichzeitig in den
Blick genommen werden: die individuellen Lern- und Entwicklungsstörungen bzw. -voraussetzungen einerseits und der damit
verbundene spezifische Erziehungsbedarf andererseits. Der Erziehungsbedarf ergibt sich nun aber nicht allein aus den individuellen Beeinträchtigungen und der Lebenssituation des Menschen mit Behinderung selbst, sondern ebenso aus den Erzie-
hungserwartungen und -normen der Gesellschaft. Das heißt also,
die pädagogische Sichtweise muss eine dritte Ebene mitberück-
sichtigen. Sie nimmt eine Synthese vor, indem sie die individuelle
Lebens- und Lernsituation des Menschen mit geistiger Behinderung in Relation zu geltenden kulturellen und gesellschaftlichen
Erziehungs- und Bildungsnormen sieht, um von hier aus nötige
Erziehungsmaßnahmen entwerfen zu können. Diesen Zusammenhang verdeutlicht Abb. 17.

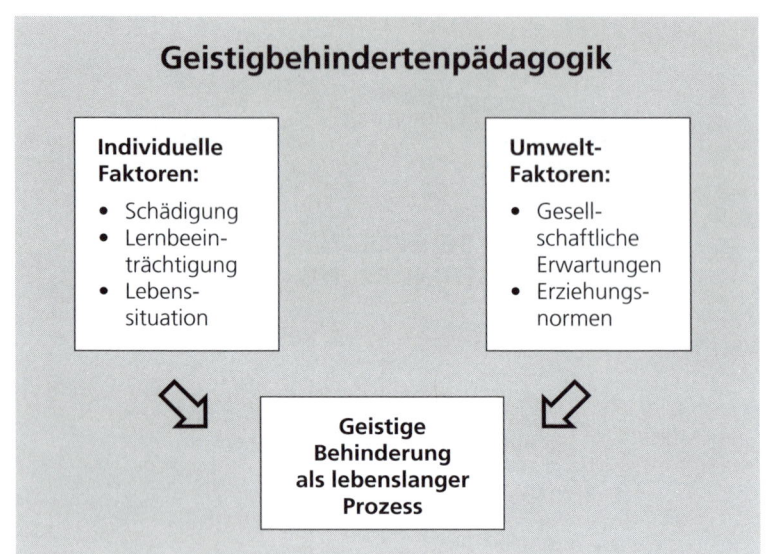

Abb. 17:
Pädagogische Sicht-
weise von geistiger
Behinderung

Das Spezifische des heilpädagogischen Verständnisses von Behinderung und Erziehung wird deutlich, wenn man auf die Sichtweise von Erziehung in der Allgemeinen Pädagogik schaut und
die geistigbehindertenpädagogische davon abgrenzt.

Erziehung   Erziehung ist ein zentraler Begriff der Pädagogik als Wissenschaft (Erziehung als Theorie) und der Pädagogik als Praxis (konkrete Erziehung wie z. B. Unterricht). Aufgabe von theoretischer
wie praktischer Pädagogik ist *Erziehung*, mit dem Ziel, „der nach-
wachsenden Generation die in einer Gesellschaft vorhandenen
und für ihren Bestand und ihre Weiterentwicklung als wichtig angesehenen Fähigkeiten, Fertigkeiten und Einstellungen
zu vermitteln" (Kaiser/Kaiser 1991, 17). Will man nun aber
genau definieren, was „Erziehung" ist, stößt man auf Schwierigkeiten, weil in der wissenschaftlichen Pädagogik kein allgemein-
verbindliches Verständnis von Erziehung existiert. „Mit dem
Begriff Erziehung wird inzwischen", so kritisiert Gudjons, „so *Un-
terschiedliches und Vielfältiges* gemeint, daß er seine Konturen ver-
liert" (1993, 96). Darum beschreibt er die in der Pädagogik vorzu-
findenden Sichtweisen von Erziehung als Gegensatzpaare: Erziehung ist „ein Prozeß wie sein Ergebnis, eine Absicht wie ein
Handeln, ein Zustand wie dessen Bedingungen, eine (deskriptive) Beschreibung und eine (präskriptive) Wertung, eine ab-
sichtsvolle Handlung (intentional) wie absichtslose gesellschaftliche Einflüsse (funktional), ein historisches Phänomen wie ein

überzeitliches usw." (S. 96). Brezinka hat aus dem Spektrum möglicher Auffassungen die Merkmale ausgewählt, die eine wissenschaftliche Präzisierung des Begriffs „Erziehung" ermöglichen, und kommt zu folgender Kurz-Definition: „Als Erziehung werden Handlungen bezeichnet, durch die Menschen versuchen, das Gefüge der psychischen und (oder) soziokulturellen Mittel dauerhaft zu verbessern oder seine als wertvoll beurteilten Komponenten zu erhalten oder die Entstehung von Dispositionen, die als schlecht bewertet werden, zu verhüten" (Brezinka 1978, 45). Diese Definition ist häufig kritisiert worden, weil sie zwar wissenschaftlich präzise ist, aber über das „Wesen" der Erziehung nichts aussagt. Erziehung ist immer ein *interaktionales* Geschehen zwischen mindestens zwei Menschen, dem Erzieher und dem zu Erziehenden. Aufgrund der Dynamik dieses Interaktionsprozesses kann Erziehung nur als ein offenes Strukturmodell beschrieben werden, für das Gudjons (1993, 102 f.) folgende Merkmale nennt:

1. Erziehung ist intentional, sie sucht Ziele, Normen und Werte zu verwirklichen. …
2. Das Erziehungsgeschehen ist ein Interaktionsprozess, in dem sich Sinndeutung und Handlungen des einen am Tun des anderen ausrichten. Erzieher und Educand treten sich dabei in Rollen gegenüber, deren Charakter von der gesellschaftlichen Art und Weise der Institutionalisierung von Erziehung abhängt. In der Regel impliziert dies ein „Kompetenzgefälle".
3. Die dabei auftretenden Prozesse sind vielfältig methodisch organisiert und auf die Lernbedingungen des Adressaten ausgerichtet, der aber letztlich zur Selbst-Tätigkeit aufgefordert bleibt.
4. Erziehung ist – einschließlich der Ziele und Interaktionsprozesse – eingebunden in einen umfassenden historisch-gesellschaftlichen Kontext, der Wandlungsprozessen unterliegt. „Die" Erziehung gibt es nicht.
5. Erziehung erfolgt in Auseinandersetzung mit Inhalten, Gegenständen, Themen etc., die die kognitive (z. B. Wissen, Einsichten), die affektive Ebene (z. B. Einstellungen) oder die Handlungsebene (z. B. Fertigkeiten) in wechselseitigem Zusammenhang betreffen.

Erziehung und Behinderung

Die hier dargestellten Merkmale von Erziehung wie Intentionalität, Interaktivität, Gesellschaftsgebundenheit oder Methodik haben auch für die Erziehung von Menschen mit Behinderung Bedeutung. Geistigbehindertenpädagogik ist Pädagogik, also Erziehung. In diesem Verständnis unterscheidet sie sich nicht von der Allgemeinen Pädagogik, wohl aber in ihrem Bezugssystem von Erziehung; das meint, die Geistigbehindertenpädagogik muss in Abgrenzung zur Allgemeinen Pädagogik einen weiteren Aspekt in ihr Erziehungsverständnis integrieren, nämlich die Behinderung. Und dies tut sie in zweifacher Hinsicht: Sie berücksichtigt die Behinderung als Schädigung des Menschen mit Folgen für sein Lernvermögen sowie als Erschwernis seines Erziehungs- und Bildungsprozesses. Mit Bleidick lässt sich das Verhältnis von Behinderung und Erziehung genauer und zwar als „Dreischritt" charakterisieren:

- „Behinderung als Folge von Schädigung oder funktioneller Beeinträchtigung" (1999, 95); *(Behinderung)*
- „Behinderung der Erziehung als Erschwerung des Lernens und der sozialen Eingliederung" (S. 95); *(Behinderung der Erziehung)*
- „Erziehung der Behinderten als ganzheitlicher Prozess der pädagogischen Förderung" (S. 95); *(Erziehung der Behinderten)*

Durch die geistige Behinderung eines Kindes ist eine Erziehung im herkömmlichen Sinne, wie sie z. B. im Unterricht an der Regelschule erfolgt, nicht möglich. Es kommt zu Erschwernissen im Erziehungsprozess, zu einer „Behinderung der Erziehung". „Die Behinderung ist eine deskriptive, hinzukommende Variable, die den Erziehungsprozess graduell je nach vorhandenen Bedürfnissen verändert", sagt Bleidick (1999, 99). Diese graduellen Veränderungen von Erziehung müssen analysiert und in Relation zu den Beeinträchtigungen des Kindes gesehen werden. Was bedeutet, dass der Erziehungsprozess den individuellen Lernbedürfnissen des behinderten Kindes anzupassen ist (= „Erziehung der Behinderten").

Aufgabe der Geistigbehindertenpädagogik

Die Geistigbehindertenpädagogik gibt „spezifische pädagogische Hilfen beim Lernen und bei der Sozialisation angesichts erschwerter sozialer Eingliederung und persönlicher Verwirklichung" (Bleidick 1999, 96). Die geistige Behinderung ist ein Phänomen, das den Erziehungsprozess nicht *grundsätzlich*, sondern nur *graduell* verändert. Bildung und Erziehung von Menschen mit geistiger Behinderung ist *Pädagogik*.

Eine genauere Charakterisierung dieser Pädagogik nimmt Speck vor, wenn er sagt:

„Für die Pädagogik ist eine geistige Behinderung sowohl ein Phänomen vorgefundener und zu erfassender Wirklichkeit, wie sie sich im organischen (pathologischen) Zustand, in der individuellen Befindlichkeit und in den gesellschaftlichen Bedingungen darstellt, als auch eine Wirklichkeit, die unter dem Anspruch von Menschlichkeit erzieherische Hilfe zur Entfaltung braucht und von Normen und Werten bestimmt wird. Erziehung vollzieht sich in der Zeit und ist dem Wandel der Lebensformen unterworfen. Ihre Erfordernisse werden von Institutionen mitbestimmt, die wiederum von gesellschaftlichen Bedingungen abhängig sind. Erziehung folgt sowohl (speziellen) Erziehungsbedürfnissen des einzelnen Kindes als auch gesellschaftlich adäquaten Bildungsaufträgen. Spezielle Erziehung ist Hilfe zur Selbsthilfe, d. h. Hilfe zur Lebensverwirklichung, soweit sie der einzelne Mensch braucht" (1999, 57).

Specks Ausführungen machen deutlich, dass die organischen Schädigungen des Menschen zwar in der Geistigbehindertenpädagogik Berücksichtigung finden, aber nicht im Vordergrund stehen. In der modernen Geistigbehindertenpädagogik geht es nicht um den Ausgleich, um Kompensation von Lernstörungen, von Defiziten und um die Anpassung des behinderten Menschen an gesellschaftliche Erwartungen, an Bildungs- und Erziehungsnormen. Das heißt, die Geistigbehindertenpädagogik will nicht „normal machen". Ihr geht es um den behinderten Menschen als *Person* und um seine individuelle *Lebensverwirklichung* in der Gemeinschaft mit anderen. Erziehung erfüllt hier eine grundlegendere Funktion, weil sie den Menschen mit geistiger Behinderung zu einem weitgehend selbstbestimmten Leben befähigen muss. Dies ist zwar auch Aufgabe der Erziehung im allgemeinpädagogischen Bereich, doch aufgrund der spezifischen Lebenssituation von Menschen mit geistiger Behinderung ist der Erziehungsauftrag hier ein weitreichenderer. Angesichts der lebenslangen Abhängigkeit oder Unterstützungsbedürftigkeit von Menschen mit geistiger Behinderung bezeichnet Speck die Aufgabe von Erziehung als „Hilfe zur Selbsthilfe", für die er drei zentrale pädagogische Orientierungsthesen nennt:

- „Geistige Behinderung gilt als normale (übliche) Variante menschlicher Daseinsform.
- Die Erziehung von Menschen mit geistiger Behinderung orientiert sich an den allgemeinen edukativen Erfordernissen, Werten und Normen.
- Die Spezifizierung des Pädagogischen orientiert sich an den besonderen individuellen Bedürfnissen und Möglichkeiten ebenso wie an den sozialen Bedingungen und Erfordernissen im Sinne einer wirksamen Verbesserung der gemeinsamen Lebenssituation" (1999, 61).

Diese drei Grundannahmen zeigen, dass Erziehung als „Hilfe zur Selbsthilfe" für Menschen mit geistiger Behinderung auf einer qualitativ anderen Pädagogik beruht. Das heißt: Jeder Mensch ist als Mensch auf Erziehung angewiesen, erwirbt durch sie die Fähigkeiten, die er zum autonomen Leben als Erwachsener braucht. In dieser Grundannahme bzw. diesem Grundbedürfnis unterscheiden sich Menschen mit und ohne Behinderung nicht voneinander. Wohl aber in der Art, wie diese Erziehung zu gestalten ist. Da Menschen mit geistiger Behinderung ein Leben lang auf Unterstützung angewiesen sind, wird hier Erziehung zur *Lebenshilfe* anderer Art, zur „Lebenshilfe unter erschwerten Bedingungen" (Speck). Erziehung als „Lebenshilfe" meint nicht Anpassung, sondern Hilfe zur Führung eines weitgehend selbstbestimmten

Erziehung als Lebenshilfe

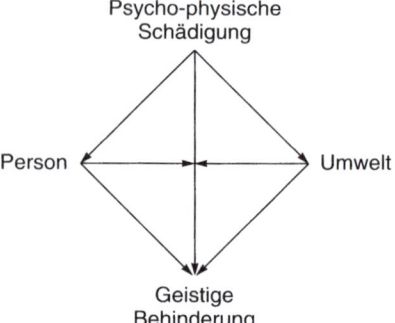

Abb. 18:
Interaktionales
Modell der Genese
und des Prozesses
geistiger Behin-
derung (aus: Speck
1999, 62)

Lebens, Hilfe zur Durchsetzung eigener Bedürfnisse und Vorstellungen in der Gemeinschaft mit anderen. „Zum Leben helfen
heißt dann, soziale Isolation zu vermeiden oder abzubauen und
Umwelt zu erschließen, damit sich der Mensch mit geistiger Behinderung darin aufbauen kann als Träger und Teilhaber gemeinsamer Kultur" (Speck 1999, 61). Erziehung verändert, sie verbessert
die Lebenssituation und „den Status einer geistigen Behinderung"
(S. 61). „Der durch Erziehung in Gang gebrachte Prozeß wird
durch verschiedene Faktoren bestimmt (Art und Grad der physischen Schädigung, Persönlichkeitseigentümlichkeiten und soziale Bedingungen), ist also prinzipiell offen in seinem Fortgang und
Ausgang … Geistige Behinderung vollzieht und verändert sich
vielmehr in ständiger Wechselwirkung mit der Sozial- und Sach-
welt. Man kann auch umgekehrt formulieren: Die gesellschaftliche Realität einschließlich der Erziehung steht unter dem wech-
selwirkenden Einfluss der Realität geistiger Behinderung" (S. 61).
Den Prozess- und Wechselwirkungscharakter geistiger Behinderung verdeutlicht Speck am interaktionalen Modell (Abb. 18).

Zusammen-
fassung

Die pädagogische Sichtweise von geistiger Behinderung will ich
der Prägnanz wegen noch einmal mit den Worten Specks zusammenfassen: „Abschließend läßt sich sagen, dass sich der Begriff geistige Behinderung aus pädagogischer Sicht nicht auf
etwas bezieht, was psycho-physisch so oder so ist, quasi objektiv
als distanter Sachverhalt für sich, sondern als ein Phänomen, das
eingegliedert bzw. einzugliedern ist in die Zusammenhänge
menschlichen Lebens und Zusammenlebens unter einer besonderen Maßgabe stützender Begleitung, damit Bildung gelinge.
Demnach bezieht sich geistige Behinderung auf spezielle Erziehungsbedürfnisse, die bestimmt werden durch eine derart beeinträchtigte intellektuelle und gefährdete soziale Entwicklung,
dass lebenslange pädagogisch-soziale Hilfen zu einer humanen
Lebensverwirklichung nötig werden" (Speck 1999, 63).

Bleidick, U. (1999): Behinderung als pädagogische Aufgabe. Stuttgart
Speck, O. (1999): Der pädagogische Aspekt. In: ders.: Menschen mit geistiger
    Behinderung und ihre Erziehung. Ein heilpädagogisches Lehrbuch. 9. Aufl.
    München/Basel. 51–63

3.6 Zusammenfassung – Anthropologische Impulse

Ziel dieses dritten Kapitels war es zu zeigen, dass geistige Behinderung ein komplexes *Phänomen* ist. Die organische Schädigung ist nicht schon die geistige Behinderung. Diese entsteht aus dem Zusammenwirken verschiedener individuums- und umweltbezogener Faktoren. Am Anfang steht immer eine prä, peri- oder postnatale Schädigung des Menschen, die zu Beeinträchtigungen der Entwicklung und des Lernens führen. Diese Beeinträchtigungen, die individuellen Faktoren stehen aber immer in Wechselwirkung mit Umwelteinflüssen familiärer, institutionsbedingter, kultureller oder gesellschaftsbezogener Art. Die Umweltfaktoren prägen das Leben eines jeden Menschen und machen erst gemeinsam mit den individuellen Schädigungen und Beeinträchtigungen die geistige Behinderung aus. Die Behinderung ist ein *komplexes System* einander bedingender Faktoren.

Die geistige Behinderung ist keine statische Größe. Geistige Behinderung ist ein Prozess, der der Dynamik des Lebens folgt, d. h. in jeder Lebensphase eines Menschen wird sich die geistige Behinderung anders zeigen, bedarf sie anderer Zugänge. In der frühen Kindheit sind beispielsweise andere pädagogisch-therapeutische Maßnahmen nötig als im Alter. In körperlichen oder seelischen Krisensituationen werden medizinische bzw. psychologische Interventionen wichtiger sein als pädagogische.

Die Ausführungen dieses dritten Kapitels haben gezeigt, dass man sich dem Phänomen der geistigen Behinderung aus verschiedenen Perspektiven nähern muss, wenn man es erfassen will. Wesentliche Betrachtungsweisen sind dargestellt worden. Auf weitere wie etwa die *soziologische,* die nach dem Verhältnis von Behinderung und Gesellschaft fragt oder die *juristische,* die Behinderung im Kontext von Sozialrecht und -politik sieht, soll hier nur verwiesen werden. Exemplarisch für eine *philosophische* Sichtweise werden nachfolgend einige anthropologische und erziehungsphilosophische Impulse als Anregung zum Weiterdenken gegeben. Die genannten Zugangsweisen machen die Komplexität des Phänomens der Behinderung deutlich, nicht aber ihr *Wesen:* nicht das, was die geistige Behinderung ausmacht bzw. was die geistige Behinderung für den von ihr betroffenen Menschen bedeutet. In den Definitions- und Klassifikationsversuchen gerät die Beteiligung des Menschen an seiner Behinderung nicht in den Blick; der Mensch *hat* nicht nur einen behinderten Körper, eine behinderte Seele oder einen behinderten „Geist", sondern der Mensch mit Behinderung *ist* seine Behinderung. Zu seiner Lebenswirklichkeit gehört die wie auch immer entstandene und bedingte Behinderung, die sich in ihrer lebensbedeutsamen und identitätsprägenden Wirkung für den Menschen unserer Verobjektivierung entzieht. Dass der Mensch seine Behinderung *ist*, die Behinderung als *wesensgemäß* zum Menschsein des so genannten Menschen mit Behinderung dazugehört, möchte ich nachfolgend konkretisieren mit den Worten Fredi Saals, einem Schriftsteller, der wegen seiner spastischen Lähmung als Kind für „unzurechnungsfähig" gehalten wurde.

„Die ‚Behinderung' bestimmt ebenso die ursprüngliche wie auch die später veränderte Lebensform eines ganz bestimmten Menschen entscheidend mit. Entweder kann er sich ohne seine Behinderung gar nicht denken, oder er muß es lernen, die hinzugetretene Behinderung als seinen neuen Lebensrahmen zu betrachten, will er sich nicht an dem eigenen Dasein und den prägenden Gegebenheiten wundstoßen. Wenn ich mit einer Behinderung auf die Welt kam, gehört sie zu mir, wie alles zu mir gehört, was mein Wesen und meine Individualität ausmacht, die jemand meint, wenn er mich bei meinem Namen nennt und dabei auf meine ureigene Existenz zielt, die ich mit keinem anderen teile, mit niemand anderem teilen kann, selbst wenn ich es wollte. Mein Sein und meine Identität sind untrennbar eines. Darum zählt die Behinderung unaufgebbar dazu. Wer sie wegtherapieren will, gibt damit zu erkennen, dass ihm mein individuelles Sein als dieser einmalige Mensch gleichgültig ist. Ich selbst kann mich erst recht nicht ohne Behinderung wollen, weil ich ohne sie ein anderer wäre" (Saal 1994, 94).

Saals Beschreibung zeigt, dass die Behinderung Wesensmerkmal der Existenz des Menschen mit Behinderung ist und Respekt verlangt. Aber dieser wird, wie Saal auch betont, Menschen mit Behinderung oft nicht zuteil. Es wird *an* ihnen gehandelt mit dem Ziel, die Behinderung „wegzutherapieren". Im „Wegtherapieren" wird übersehen, dass die Behinderung zur Existenz dieses Menschen gehört und Achtung verlangt. Der Status der geistigen Behinderung verbessert sich durch Erziehung, sagt Speck. Aber das tut er nur, wenn die Erziehung von einer menschenachtenden Haltung, von einem humanen Menschenbild bestimmt wird. Dass Menschen mit (geistiger) Behinderung häufig nicht die ihnen zustehende Achtung erfahren, liegt u. a. daran, dass es für Menschen ohne Behinderung unvorstellbar bleibt, wie es ist, geistig behindert zu sein. Als denkende Menschen können wir uns nicht in das „kognitive Anderssein" (Thalhammer) von Menschen mit geistiger Behinderung hineinversetzen. Es übersteigt unsere eigenen Erfahrungen und unser Vorstellungsvermögen. Und dennoch werten wir, beurteilen wir Menschen und dies durchaus nicht immer zu ihrem Besten. Unsere bewussten oder unbewussten Wertungen prägen unsere Einstellungen gegenüber behinderten Menschen, unser Menschenbild. Das Menschenbild wiederum bestimmt unseren Umgang mit dem Anderen, hat Einfluss darauf, was für Förderkonzepte und -methoden wir wählen und wie wir sie zur Anwendung bringen. Der Frage nach dem Zustandekommen von Einstellungen und Haltungen gegenüber behinderten Menschen will ich noch etwas genauer nachgehen, um hierbei Anregungen zum Überdenken des eigenen Menschenbildes zu geben.

Menschen mit Behinderung fallen auch aus unserem Vorstellungsrahmen, weil wir, die sog. Nichtbehinderten, ihre Wirklichkeit an der unseren messen. Weil wir unsere Vorstellungen als Bewertungsmaßstab von Leben und Zusammenleben verabsolutieren. Ein anderes durch Behinderung charakterisiertes Leben wird als *Mangel,* als *Defizienz* erlebt und abqualifiziert. Behinderung ist aber kein Mangel, ist nicht nur einfach Abweichung von etwas, z. B. von der „Normalität“. Denn was ist schon normal bzw. die Normalität? Sie ist nur Allgemeinheit, Mehrheit, nicht Wirklichkeit. Sie ist und bleibt ein Konstrukt, verbunden mit dem Traum des Menschen, alles Abweichende und Störende eliminieren zu können.

Behinderung ist eine Seinsform des Menschen und muss als solche betrachtet werden. Der Philosoph Georg Stenger definiert Behinderung als Phänomen, „das, lässt man sich nur darauf ein, eine ganze Welt eröffnet, in der nicht nur alles ganz anders aussieht, sondern im Grunde auch nicht verglichen werden kann mit anderen, ohne dass man Entscheidendes nimmt“ (1999, 25). Behinderung als Phänomen zu betrachten heißt, sie „als veritable, *eigenständige Größe* (Hervorh. B. F.), die ihre eigenen Möglichkeiten und Wirklichkeiten hat“ (S. 28), zu begreifen.

Behinderung als Phänomen

Jeder Mensch besitzt seine Welt, eine Welt, die für den Anderen immer nur begrenzt erfassbar ist. Das gilt für Menschen mit und ohne Behinderung.

Von der Pädagogik und von den Pädagoginnen und Pädagogen ist nun verlangt, dass sie sich bemühen, die Eigentümlichkeit der Welt des Anderen, hier: des Menschen mit geistiger Behinderung, zu verstehen. Und dies ist nur möglich, wenn sich Pädagogen und Pädagoginnen dem Anderen bzw. den zu Erziehenden in ihrer einmaligen Andersheit öffnen. Dazu müssen sie zunächst ihre vorgefassten Meinungen kritisch hinterfragen, d. h. sie müssen sich ihres Menschenbildes bewusst werden. Sie müssen von ihren abwertenden Einstellungen ablassen und sich auf den Menschen mit geistiger Behinderung und seine Welt einlassen. Sie müssen Behinderung als Phänomen und als Wesensmerkmal des Menschen anerkennen. Dann wird es möglich, Erziehung als gemeinsame *„Lebenspraxis"* (Stenger) zu gestalten.

Erziehung als Lebenspraxis

Erziehung, die den Respekt vor dem Anderen wahrt, ist mehr als didaktische Strategie und methodische Finesse, sie ist gemeinsame Lebensgestaltung von Erziehern und Kindern. Nur wenn Erzieher das Kind zu Wort kommen lassen, ihm zuhören, können sie verstehen, wie das Kind seine Welt sieht. Im Erziehungsgeschehen als „Lebenspraxis" geht es also um ein Abwägen, ein Aushandeln von zwei Sichtweisen, der des Erziehers und der des zu Erziehenden. Beide Sichtweisen müssen so zur Deckung gebracht werden, dass das Lernangebot des Pädagogen an den Lebenserfahrungen des Kindes anknüpft und es selbst seine Vorerfahrungen erweitern will, also lernt. Erziehung ist also immer auf den Dialog zwischen Erzieher und dem zu Erziehenden angewiesen (Abb. 19).

„Das Erziehungsgeschehen selbst erzieht, und so erziehen sich Erzieher und zu Erziehender gegenseitig. Sie entstehen erst aus diesem Prozess, ebenso wie die Sache, der Inhalt, um die es geht. Man *ist* nicht Erzieher, man *wird* es" (Stenger 1999, 27).

Erziehung ist also viel mehr als bloße Vermittlung von Kompetenzen und Fertigkeiten, mehr als bloße Anwendung heilpädagogischer Konzepte und Methoden. Es geht in ihr auch um mehr als nun um die Gewährung von Freiräumen für behinderte Menschen. Erziehung und Bildung müssen der *Selbstgestaltung des Menschen* dienen. Und dies tun sie, wenn sich Pädagoginnen und Pädagogen auf die Welt des Menschen mit Behinderung einlassen, ihn durch ihre Lernangebote so provozieren, dass sich der Mensch betroffen fühlt und bereit zur Arbeit an sich selbst, zum

Abb. 19:
Erziehung als Dialog – „Lebenspraxis" (Stenger)

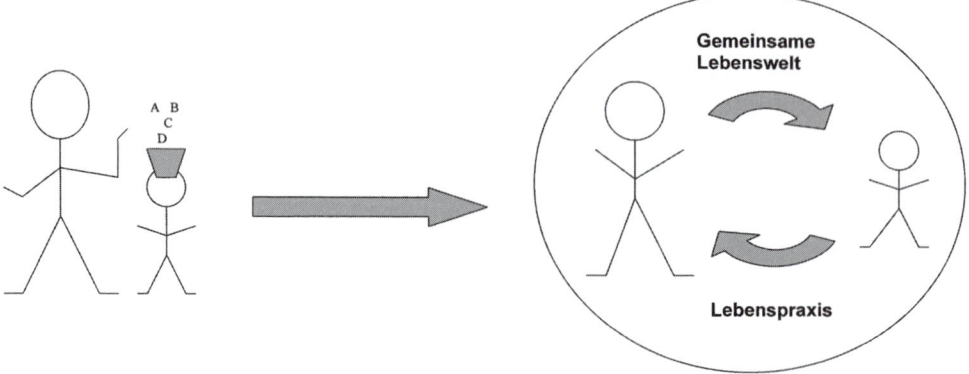

Lernen und zur Veränderung im Sinne einer Erweiterung der Vorerfahrungen ist. Erziehung ist im Kern also immer ein ethisches Geschehen zwischen Menschen, die Achtung vor dem Anderen verlangt.

Wie wichtig es ist, den Menschen mit geistiger Behinderung zu achten, ihn in seinem So-Sein zu akzeptieren, nicht ungefragt über ihn zu entscheiden, wird deutlich, wenn man Menschen mit geistiger Behinderung selbst zu Wort kommen lässt oder alltägliche Erziehungssituationen kritisch beleuchtet. Wir beschließen dieses 3. Kapitel daher mit folgenden Äußerungen von bzw. über behinderte(n) Menschen.

Beispiel 1:
Franz Uebelacker schreibt in seinem Buch „Selbstportrait eines autistischen Spastikers":

„Auch glaube ich, dass für mich keine alternative bleibt als mich umzubringen, weil ich nie das tun kann, was ich möchte" (1998, 38). Mit neun Jahren wünschte er sich: „Ich möchte in eine normale Schule, aber das ist unmöglich … geht es denn auch, tod nach belieben? Jeder verdammte mensch lebt und ich möchte lieber tod sein" (S. 38).

Beispiel 2:
Beim Besuch einer Mittelstufenklasse einer Schule für Geistigbehinderte stellt mir die Lehrerin die Schüler vor und sagt: „Es fehlt noch Melanie, sie ist zur Toilette". Nach 20 Minuten sind Melanie und der Zivildienstleistende immer noch nicht zurück. Der Kommentar: „Sie bleibt so lange sitzen, bis sie erfolgreich ist. Wir müssen es doch endlich schaffen, sie trocken zu bekommen." Ob Melanie noch weiß, warum sie da sitzt?

Beispiel 3:
Erguen Demir, der als autistisch diagnostiziert wurde und als schwer geistig behindert galt, schrieb mir folgenden Brief, der seine Erfahrungen in der Schule für Geistigbehinderte wiedergibt.

„ich heisse erguen und bin 21 jahre. man hat mich mein leben lang fuer einen idioten gehalten. es war ein richtig grausames ehrloses hilfloses leben. ich habe alles verstanden was die lehrer und die eltern und alle anderen sagten. ich konnte nicht zeigen dass ich alles verstanden habe. ich war ohnmächtig und verzweifelt. kein mensch kann sich vorstellen ohnmachtsgefuehle in dem herzen von ohnesprachemenschen. ich kann das elend das ich erlebt habe nicht beschreiben. lieblos war mein leben und würdelos. ich war immens unglücklich und hatte ein idiotisches verhalten. erst wollte ich auf mich aufmerksam machen durch unfug aber das hat die menschen nur noch mehr denken lassen ich wäre ein idiot. verstanden hat mich keiner. ich will allen intelligenten menschen sagen, wie unglaublich grausam ein leben als idiot ist, wenn man richtig denken kann. erst als ich in die klasse von der b. kam wurde mein leben ganz anders. sie hatte schon bei d. fc (= Facilitated Communication, Anm. B. F.) ausprobiert und festgestellt, dass er kein idiot war. ich konnte auch nicht reden und sie haben es mit mir versucht. ich dachte mich trifft immenses glück. ich konnte nicht glauben, dass es einen weg aus meinem gefaengnis gibt. ich konnte jetzt zeigen, dass ich lesen und denken konnte. ich war unbeschreiblich glücklich" (1999).

Fornefeld, B. (2000): Selbstbestimmung und Erziehung von Menschen mit Behinderung – ein Widerspruch. Behinderte in Familie und Gesellschaft. 23. Jg., 1, 29–38
Stenger, G. (1999): Phänomenologie diesseits von Identität und Differenz. Behinderte in Familie und Gesellschaft. 22. Jg., 3, 21–31

3.7 Übungsaufgaben zu Kapitel 3

Aufgabe 11

Wie hat sich das Verständnis von Behinderung in der 2. Hälfte des 20. Jahrhunderts verändert?

Aufgabe 12

Worauf geht der Begriff der „geistigen Behinderung" zurück und wie wird er heute aufgefasst?

Aufgabe 13

Welche Aufgabe hat die Medizin im Kontext von geistiger Behinderung?

Aufgabe 14

Nach welchem Kriterium werden Klinische Syndrome klassifiziert?

Aufgabe 15

Geben Sie Beispiele für Schädigungen, die vor, während oder nach der Geburt zur geistigen Behinderung führen.

Aufgabe 16

Auf welcher Grundlage bezeichnet man eine geistige Behinderung als „Intelligenzminderung" oder als „unterdurchschnittliche Allgemeinintelligenz"?

Aufgabe 17

Stellen Sie die Aufgaben der Psychologie im Zusammenhang mit geistiger Behinderung dar.

Aufgabe 18

Wie wird die hirnorganische Schädigung in der Pädagogik betrachtet?

Was meint Otto Speck mit Erziehung als „Lebenshilfe"?   **Aufgabe 19**

In welchem Verhältnis stehen Schädigung und geistige Behin-   **Aufgabe 20**
derung zueinander?

Was bedeutet Behinderung als System und als Prozess?   **Aufgabe 21**

Lesen Sie die drei Beispiele S. 81 f. und fragen Sie sich, was sie für   **Aufgabe 22**
Ihr Verständnis von Erziehung bedeuten können.

4 Aufgabenfelder der Geistigbehindertenpädagogik

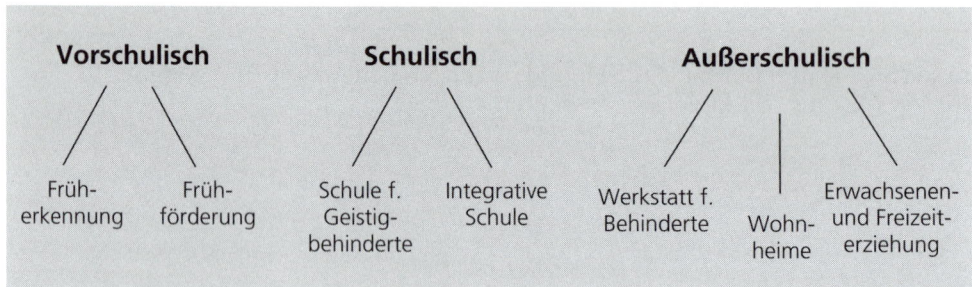

Vorschulisch
- Früh-erkennung
- Früh-förderung

Schulisch
- Schule f. Geistig-behinderte
- Integrative Schule

Außerschulisch
- Werkstatt f. Behinderte
- Wohn-heime
- Erwachsenen- und Freizeit-erziehung

Abb. 20:
Lebensräume von Menschen mit geistiger Behinderung als Aufgabenfelder der Geistigbehinder-tenpädagogik

Menschen mit geistiger Behinderung benötigen ihr Leben lang Unterstützung. Deshalb wendet sich die Geistigbehinderten-pädagogik allen Lebensphasen und Lebensräumen ihrer Klientel zu, um sie begleitend zu stützen. Lebensräume von Menschen mit geistiger Behinderung, wie Familie, Kindergarten, Schule, Werkstatt oder Wohnheim sind Handlungsräume und Aufgaben-felder der Geistigbehindertenpädagogik und stehen im Mittel-punkt dieses vierten Kapitels.

Einige zentrale pädagogische Tätigkeitsbereiche werde ich he-rausgreifen und in ihrer Zielsetzung und Aufgabenstellung ausführ-licher beschreiben, auf andere kann wegen des einführenden Cha-rakters dieses Buches nur verwiesen werden. Entlang der Lebens-linie von Menschen und den sich damit wandelnden Lebensräumen erfolgt die weitere Darstellung. Ich beginne mit den frühen, direkt nach den Geburt einsetzenden Hilfen, mit der Frühförderung.

4.1 Frühförderung und Früherziehung

Frühförderung

Die Frühförderung versteht sich als ein komplexes System diagnos-tischer, therapeutischer, pädagogischer und sozialrehabilitativer Maßnahmen für Säuglinge, Kleinkinder und Kinder bis zum Schulalter sowie für deren Familien. Die Frühförderung unter-scheidet zwei Förderstufen: Die erste Frühförderstufe bezieht sich auf Kinder im Alter von 0 bis 3 Jahren, die zweite auf Kinder von

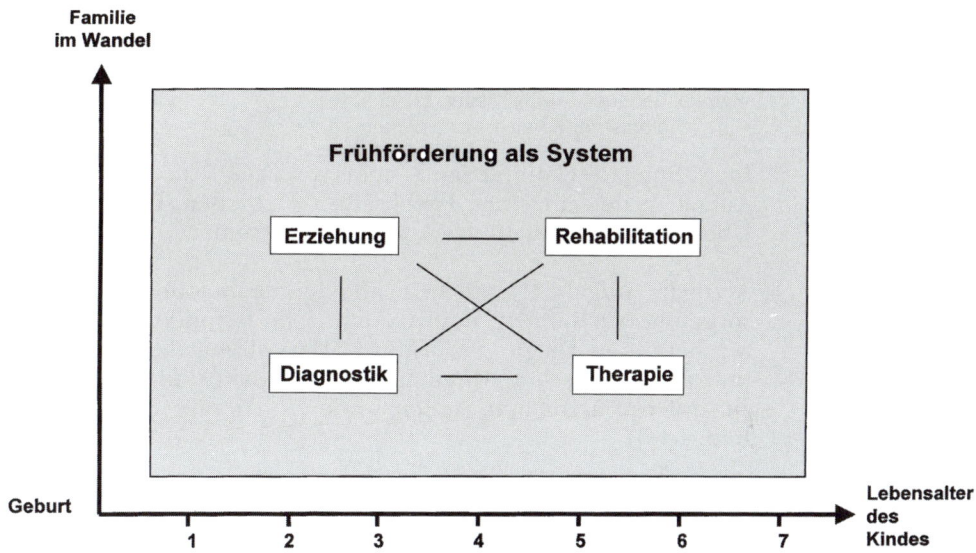

Abb. 21:
Maßnahmen der Frühförderung in Wechselwirkung zueinander sowie in Relation zum Lebensalter des Kindes und seiner innerfamiliären Veränderungsprozesse

4 bis 6 Jahren, also Kinder im Kindergartenalter. In der letztgenannten Alterstufe nehmen die diagnostischen Maßnahmen zu Gunsten der erzieherischen ab, weshalb man sie auch als Früherziehung oder Elementarerziehung bezeichnet. Sie findet für Kinder ab 4 Jahren in Sonder- oder in integrativen Kindergärten statt.

4.1.1 Frühförderung als komplexes System von Hilfen

Die Maßnahmen von Frühförderung und -erziehung sind darauf gerichtet, „die Entwicklung des Kindes und sein Leben-Lernen in seiner Lebenswelt in den ersten Lebensjahren unterstützend zu begleiten, wenn diesbezüglich Auffälligkeiten oder Gefährdungen vorliegen. Diese Hilfen sind als Hilfe zur Selbsthilfe gedacht" (Speck 1996, 16). Um erkennen zu können, welche Hilfen das Kind und seine Familie benötigen, ist eine umfängliche Analyse, eine *differenzierte Diagnostik* erforderlich. Sie muss die Schädigungen des Kindes und mögliche Zusatzbehinderungen oder Beeinträchtigungen sowie die spezifische Familiensituation erfassen, bevor notwendige medizinisch-therapeutische Behandlungsmaßnahmen oder pädagogisch-psychologische Interventionsmöglichkeiten, also ein *Behandlungsplan,* entwickelt werden kann. Für eine derart umfassende Diagnostik ist die enge Zusammenarbeit von Fachkräften aus unterschiedlichen Bereichen gefordert:

Aufgabe der
Frühförderung

- Medizinischer Bereich: Kinderarzt, Facharzt, Krankengymnasten, Logopäden, Beschäftigungstherapeuten
- Pädagogisch-sozialer Bereich: Sonder- und Heilpädagogen, Pädagogen, Sozialpädagogen/Sozialarbeiter, Erzieher
- Psychologischer Bereich: Psychologen

Im Rahmen des komplexen Systems von Frühförderung sind die Aufgaben der einzelnen Fachkräfte verschieden. Der folgende Überblick verdeutlicht das Aufgabenspektrum:

Ärztliche Aufgaben: ärztliche Frühdiagnose im Rahmen von Vorsorgeuntersuchungen; neuropädiatrische Befunderhebung; Elternberatung: Diagnoseeröffnung, Darstellung der Prognosen und therapeutischen Möglichkeiten; Kontakt und Vermittlung zu anderen ärztlichen Stellen sowie zu Therapeuten (s. auch Kap. 4.1.3)

In der Frühförderung Tätige

Krankengymnasten/Physiotherapeuten: Anwendung bewegungsorientierter Therapiekonzepte mit dem Ziel, „dem Kind zu einer besseren Haltung und Bewegung, dem Erwerb des Gleichgewichts, einem ausgewogenen Muskeltonus und einer differenzierten Bewegungserfahrung zu verhelfen" (Bundesvereinigung Lebenshilfe 1992, 27). Die Methoden der Krankengymnastik basieren auf neurophysiologischen Erkenntnissen. Sie orientieren sich an der Entwicklung des Nervensystems und wollen die Entfaltung seiner Funktionen unterstützen. Man setzt mit den Hilfen da an, „wo sich das Kind in seiner sensomotorischen Entwicklung befindet und fortzuschreiten vermag. Ein geistig behindertes Kind, das aufgrund seiner verminderten motorischen Lernfähigkeit nicht sitzen oder nicht laufen kann, ist anders zu behandeln als ein anderes, das wegen einer Zerebralparese nicht sitzt oder läuft" (Warnke 1999, 300). Zwei krankengymnastische Methoden finden bevorzugt Anwendung, die Bobath- und die Vojta-Methode. Des Weiteren geben Krankengymnasten Eltern wichtige Anregungen zum richtigen Umgang mit ihrem Kind, z. B. beim Füttern, Baden, Lagern usw.

Sprachtherapeuten/Logopäden: Die Sprach- oder logopädische Therapie hat zum Ziel, die Kommunikationsfähigkeit des Kindes zu verbessern. Das Kind soll Freude an der Kommunikation haben und dabei lernen, seine Gefühle und Bedürfnisse durch Gestik, Mimik und Sprache auszudrücken. Die Therapie kann ansetzen bei der Schulung der Mundmotorik (Atmung, Mundöffnen und -schließen, Kauen und Schlucken, Speichelkontrolle und Zungenmotorik). Sie kann akustische Differenzierungshilfen und Sprachanregungen sowie Lautbildungs- und Lautkorrekturhilfen geben. Dabei müssen Logopäden die besondere Symptomatik bei Kindern mit geistiger Behinderung berücksichtigen, wie etwa den Hypotonus bei Kindern mit Down-Syndrom, der dem Kind sowohl beim Kauen und Schlucken als auch beim Sprechenlernen Schwierigkeiten bereitet. „Bei geistig behinderten Kindern mit Hörbehinderung werden Gewöhnung ans Hörgerät und systematische Hörerziehung (z. B. Ablesen vom Mund, rhythmisches Sprechen usw.) neben der Förderung von Sprache (Sprachverständnis, Artikulation usw.) bedeutsam" (Warnke 1999, 300).

Beschäftigungstherapeuten/Ergotherapeuten: Im Vordergrund der Ergotherapie stehen die Entwicklung der Feinmotorik und der Wahrnehmungsfähigkeit des Kindes. Durch Auswahl geeigneter Materialien (Spielzeuge) und durch Gestaltung spielerischer Lernsituationen soll das Kind Anregungen zur motorischen, sensorischen, geistigen, sozialen und emotionalen Entwicklung bekommen. Des Weiteren versuchen Ergotherapeuten, die Selbständigkeit des Kindes zu entwickeln. Sie unterstützen bei der Suche nach geeigneten technischen Hilfsmitteln zur Bewältigung des familiären Alltags.

Pädagogen: Zu den sonder- und heilpädagogischen Aufgaben gehört die ambulante Frühförderung in den Familien sowie die Früherziehung in heilpädagogischen oder integrativen Kindergärten und in Vorschulen. Pädagogische Hilfen zielen darauf ab, „die Entwicklung des behinderten und entwicklungsverzögerten Kindes sowie die Entfaltung seiner Persönlichkeit mit pädagogischen Mitteln anzuregen, seine Erziehung zu unterstützen und zu verbessern. Sie berühren und beeinflussen in hohem Maße den Bereich der Familie und sind bei der Realisation auf diese angewiesen" (Bundesvereinigung Lebenshilfe 1992, 16) (vgl. Kap. 4.1.4).

Psychologen: Ihnen kommen im Rahmen der Frühförderung diagnostische und beratende Aufgaben zu. Sie diagnostizieren die Entwicklungsstörungen in unterschiedlichen Funktionsbereichen und geben Hilfen zum Aufbau spezieller Fähigkeiten, z. B. der Wahrnehmung, Motorik oder Sprache. Bei Verhaltensauffälligkeiten werden sie verhaltens- oder spieltherapeutisch tätig. Des Weiteren geben sie den Eltern Hilfen zur Annahme der Behinderung ihres Kindes und zur Bewältigung von Belastungs- und Krisensituationen.

Sozialpädagogen/Sozialarbeiter: Zu den Aufgaben von Sozialarbeitern und -pädagogen gehört die Unterstützung der Familie in rechtlichen und finanziellen Angelegenheiten, z. B. wenn es um die Beantragung von Pflegegeld oder spezieller Hilfen geht. Des Weiteren vermitteln sie Kontakt zu anderen betroffenen Eltern (Elternverbänden oder Selbsthilfeorganisationen) und dergleichen mehr.

Die Aufgaben der einzelnen Berufsgruppen sind vielfältig. Um für das Kind wirkungsvoll zu sein, müssen die Einzelaufgaben in einem Behandlungs- und Förderplan zusammengeführt werden. Dieser individuell auf die Bedürfnisse jedes Kindes und seiner Familie angepasste Behandlungsplan entsteht erst durch den Dialog der verschiedenen Fachkräfte miteinander. Am Anfang steht immer das Erfassen und Erkennen der geistigen Behinderung. Der Verdacht auf Behinderung führt zur Diagnostik der Störungen und zum Entwurf notwendiger Interventionsmaßnahmen auf unterschiedlichen Gebieten. Frühförderung ist somit ein Sammelbegriff für folgende Aufgabenbereiche:

– Früherfassung	– Frühtherapie	– Beratung der Eltern
– Früherkennung	– Früherziehung	– Psychosoziale Hilfen für
– Frühdiagnose	– Soziale Integration	die Familie

4.1.2 Institutionen der Frühförderung

Das komplexe System der Frühförderung wird von zwei Säulen getragen (Abb. 22), von der interdisziplinären Zusammenarbeit der verschiedenen Fachdisziplinen, *Interdisziplinarität*, einerseits und von der *Regionalisierung* der Förderangebote andererseits.

Unter Regionalisierung der Förderangebote versteht man mobile und ambulante, also wohnort- bzw. familiennahe Angebote zur Unterstützung und Entlastung der Familie, vorwiegend der Mütter. Als Institutionen der Frühförderung sind zu nennen:

Regionale Frühförderung: Diese Einrichtungen, von denen es ca. 500 in der Bunderesrepublik gibt, arbeiten familiennah, d.h. überwiegend mobil, vor Ort in und mit den Familien. Die Mitarbeiter sind überwiegend Pädagogen. Die regionale Frühförderung setzt sich aus eigenständigen Einrichtungen, Beratungsstellen und an Kliniken angegliederten Einrichtungen zusammen.

Sozialpädiatrische Frühförderzentren: Diese Zentren arbeiten überregional und gliedern sich in verschiedene medizinisch-therapeutische Abteilungen, in Beratungsstellen, Kindergarten und Schule. Ein Beispiel für ein solches Zentrum ist das Kinderzentrum München.

Spezialambulanzen in Kinderkliniken: In manchen Kinderkliniken übernehmen entwicklungsneurologische oder neuropädiatrische Abteilungen Aufgaben der Frühförderung und der Beratung von Eltern.

Kinderärzte in freier Praxis: Pädiater, Kinder- und Jugendpsychiater oder Neuropädiater sind in enger Kooperation mit Therapeuten (Krankengymnasten, Logopäden etc.) diagnostisch, therapeutisch und beratend tätig.

Abb. 22:
Säulen der Arbeit in
der Frühförderung

4.1.3 Früherfassung und -erkennung bei Kindern mit geistiger Behinderung

Die Frühförderung wendet sich an Kinder, die beispielsweise „nicht oder nur wenig sprechen, wenig Interesse am Spiel zeigen oder ständig das Gleiche spielen, an Kinder, die Schwierigkeiten mit dem Gleichgewicht haben, die berührungsempfindlich sind, an Kinder, die extrem ängstlich oder sehr unruhig sind, die unsinnig erscheinende Handlungen stereotyp wiederholen; an Kinder, die zum Beispiel aufgrund einer zu frühen Geburt oder einer komplizierten Schwangerschaft von Behinderung bedroht sind und an Kinder, die in ihrer Sinneswahrnehmung beeinträchtigt sind" (Bundesvereinigung Lebenshilfe 1992, 4).

Bevor gezielte Frühfördermaßnahmen eingesetzt werden können, ist eine gründliche Erfassung der Störungen und ihrer Ursachen notwendig. Sie ist Aufgabe des Arztes, eines Kinder- oder anderen Facharztes. Er richtet sein Augenmerk auf die Diagnose der Behinderungen und Störungen. Zu seinen Aufgaben gehört des Weiteren die medizinische Betreuung, wie die medikamentöse Behandlung (z. B. bei Epilepsie), Verordnung von Diäten (z. B. bei Phenylketonurie), bei konservativen oder operativen Maßnahmen in der Behandlung von Seh- und Hörstörungen (vgl. Warnke 1999, 301). „Häufige Begleitstörungen geistiger Behinderung sind Beeinträchtigungen des Sehens, des Hörens und der Motorik. Ihre frühe Erkennung und Behandlung kann vor irreversiblen vermeidbaren Zusatzbehinderungen schützen" (S. 301).

Medizinische Diagnostik

Hörschäden: Faktoren, die eine geistige Behinderung verursachen, können auch zu Hörschäden führen. Solche Risikofaktoren sind z. B. Röteln während der Schwangerschaft, Frühgeburt mit einem Geburtsgewicht unter 1500 g, Meningitis oder Enzephalitis.

Sehstörungen: Bei 30 % der Kinder mit geistiger Behinderung liegt eine Sehstörung vor, und zwar in Form von zentral verursachten Koordinationsstörungen (Schielen) oder Brechungsanomalien (Kurz- oder Weitsichtigkeit).

Motorische Behinderungen: 20 % der Kinder mit geistiger Behinderung sind zusätzlich von einer körperlichen Behinderung betroffen und bedürfen deshalb gezielter physiotherapeutischer Behandlung (Krankengymnastik).

„Im Rahmen von Vorsorgeuntersuchungen bzw. bei regelmäßigen Entwicklungskontrollen werden Abweichungen von der Norm festgestellt. Informationen aus der Vorgeschichte und das Ergebnis der (neuro-)pädiatrischen Befunderhebung werden mit herangezogen bei dem Bemühen, Entwicklungsstörungen genauer nachzuweisen sowie deren Ursachen aufzudecken. Dazu sind im Rahmen einer umfassenden medizinisch-ärztlichen

Diagnostik gegebenenfalls verschiedene apparative Verfahren einzusetzen, zum Beispiel bildgebende Diagnostik mit Computer- oder Magnetresonanztomographie, neurophysiologische Untersuchungen mit Elektroenzephalogramm (EEG, Anm. B. F.) ... Auch Laboruntersuchungen werden oft erforderlich, z. B. biochemische oder serologische Analysen von Blut, Urin, Liquor. Immer ist nach zusätzlichen Behinderungen zu suchen, da Entwicklungsstörungen nicht selten in Kombination vorkommen" (Bundesvereinigung Lebenshilfe 1992, 23).

Grund- und Zusatzbehinderungen eines Kindes müssen erfasst, in Relation zueinander betrachtet und auf die Lebenssituation des Kindes bezogen werden. Erst dann kann der nötige medizinisch-therapeutische und pädagogisch-psychologische Behandlungsplan im Dialog der verschiedenen Fachkräfte entwickelt werden. Die Kooperation der unterschiedlichen Maßnahmen übernimmt oft ein Pädagoge oder eine Pädagogin.

4.1.4 Ziele der Frühförderung

Ziel der Frühförderung ist es, „Auffälligkeiten möglichst früh zu erkennen, das Auftreten von Behinderungen zu verhüten, Behinderungen und ihre Folgen zu mindern oder zu beheben. Dadurch sollen dem Kind bestmögliche Chancen für die Entfaltung seiner Persönlichkeit, für die Entwicklung zu selbstbestimmtem Leben und zu gleichberechtigter gesellschaftlicher Teilhabe geboten werden" (Bundesministerium 1997, 5). Die Zielsetzung der Frühförderung ist sehr komplex. Warnke nennt folgende Einzelzielsetzungen (1998, 298):

- „Behinderungen durch Vorsorgemaßnahmen vermeiden
- bestehende Entwicklungsstörungen normalisieren
- bleibende Behinderungen in ihrem Schweregrad mindern
- Sekundärschäden verhindern oder beseitigen
- bei progressiven Erkrankungen den Zustand von Invalidität und Hilflosigkeit möglichst lange verhindern
- Integration in eine Gleichaltrigengruppe, in den (integrativen) Kindergarten, in die (integrative) Schule erreichen
- frühzeitige Unterstützung der betroffenen Familie geben, so dass sie Verständnis für die Behinderung oder Entwicklungsgefährdung des Kindes gewinnt, Fähigkeiten der Selbsthilfe mobilisieren kann, über sozialrechtliche Hilfsangebote informiert ist und nutzt
- Pflege- oder Adoptionsfamilien bzw. Heimfürsorge vermitteln, wenn dies zum Wohl des Kindes indiziert ist".

Die Aufstellung Warnkes macht deutlich, dass es nicht nur um
das Kind und die Verbesserung seiner Möglichkeiten geht, sondern auch um die Familie. Eltern und Geschwister sollen gestärkt
werden, damit sie zu einer bejahenden Einstellung dem behinderten Kind gegenüber gelangen. Die Eltern sollen darin unterstützt werden, „ihrem Kind trotz vielfältiger besonderer Bela-
stungen Geborgenheit und Sicherheit zu vermitteln" (Bundesministerium 1997, 6). Heute hat man erkannt, dass es wichtig ist,
den Eltern bei ihren Problemen zu helfen, weil hierdurch die Situation für das Kind verbessert werden kann. Diese Sichtweise hat
sich aber erst in den letzten Jahren in der Frühförderung durchgesetzt. Schaut man auf die Anfänge der Frühförderung zurück,
wird deutlich, dass ihr Selbstverständnis zunächst ein anderes,
weniger familienorientiertes war.

Familien-
orientierung

4.1.5 Prinzip „Frühe Hilfen sind wirksame Hilfen" und die pädagogische Aufgabe der Frühförderung

Die Frühförderung entstand, als man erkannte, dass *frühe Hilfen
wirksame Hilfen sind* und heilpädagogische Interventionen nicht
erst mit dem Eintritt in die Schule erfolgen sollten. Schlack
beschreibt die anfängliche Zielsetzung folgendermaßen: „Wenn
wir die Entwicklung der Frühförderung behinderter Kinder
in der Nachkriegszeit betrachten, so war sie gekennzeichnet
durch Aufbruchstimmung, Optimismus und das Bedürfnis nach
Wiedergutmachung an den Behinderten. Die Initiativen kamen aus dem medizinischen und dem pädagogischen Bereich,
und ihre wechselseitige Befruchtung mit der zunehmenden Be-
reitschaft zu interdisziplinärer Denk- und Arbeitsweise haben
zweifellos die Entwicklungsmöglichkeiten behinderter und
von Behinderung bedrohter Kinder wesentlich verbessert. Diese
Erfolge nährten – ausgesprochen oder unbewusst – die Vorstellung von der prinzipiellen Heilbarkeit von Behinderungen, würde nur die richtige Methode mit der nötigen Intensität
und zum frühestmöglichen Zeitpunkt eingesetzt" (1997, 15 f.).
Ihren anfänglichen Optimismus hat die Frühförderung inzwischen aufgegeben, weil viele Behinderungen oder Beeinträchtigungen eben nicht „behebbar" oder kompensierbar
sind. Die geistige Behinderung gehört zum Personsein. Dennoch behält der Leitgedanke „frühe Hilfen sind wirksame Hilfen" seine Gültigkeit. „Je früher in der kindlichen Entwicklung
eine Auffälligkeit oder Beeinträchtigung erkannt wird, desto
besser kann vorgebeugt und geholfen werden, weil gerade die

frühkindlichen Entwicklungsphasen durch eine hohe Beeinflussbarkeit gekennzeichnet sind. Die Hilfe für die Eltern und die gesamte Familie sollen möglichst früh einsetzen, um Angst abzubauen, Hilflosigkeit zu überwinden, Fehlverhalten zu vermeiden und Fähigkeit zur Selbsthilfe zu stärken" (Bundesministerium 1997, 5).

Frühe Hilfen regen die Entwicklungsfähigkeit von Kindern mit geistiger Behinderung an und verringern damit Folgebeeinträchtigungen. Gründe hierfür nennt Speck, wenn er sagt: „Die frühe Lernanregung und gezielte Förderung der Lernfähigkeit bedeutet eine Stimulierung der Hirntätigkeit in der Phase, in der das kindliche Gehirn erst am Beginn seiner Ausdifferenzierung steht und im Falle einer vorausgegangenen Schädigung noch weithin kompensationsfähig ist. Geistig behinderte Kinder können daher durch eine zum frühestmöglichen Zeitpunkt – also schon im ersten Lebensjahr – einsetzende Förderung eine ungleich stärkere Aktivierung und Differenzierung ihrer Entwicklung erfahren, als sie sonst möglich wäre. Die frühen Chancen sind wahrscheinlich ihre größten Chancen" (1999, 217).

Aufgrund der Wirksamkeit früher Hilfen erweiterte der Deutsche Bildungsrat 1973 die Förderung behinderter und von Behinderung bedrohter Kinder auf die Zeit von der Geburt bis zum Schuleintritt und regte die Errichtung von Zentren für pädagogische Frühförderung und von Klinischen Einrichtungen für Frühdiagnostik und Frühtherapie an. Aus den Einzeleinrichtungen der 70er Jahre ist heute ein weitverzweigtes Netz verschiedener Frühfördereinrichtungen geworden.

Pädagogische Frühförderung

Dieses Netz ist regional unterschiedlich stark ausgebildet. „Pädagogische Frühförderung oder Früherziehung geistig behinderter Kinder ist ein integraler Bestandteil der übergreifenden Aufgabe der Frühförderungshilfe. Sie setzt unmittelbar in der Familie an und versteht sich deshalb im Wesentlichen als *Haus-Früherziehungshilfe*. Die *Eltern* werden nicht zu Ko-Therapeuten, sondern bleiben *Primärerzieher* und Adressaten adäquater Förderangebote. Die Familienzentriertheit macht die Früherziehungshilfe zu einem weithin mobilen Dienst und bedingt ein *flächendeckendes Netz regionaler Frühförderstellen,* wie es heute in nahezu allen Bundesländern besteht" (Speck 1999, 216).

Für die Pädagogik steht die *Persönlichkeit* des Kindes im Vordergrund. Die Aufgabe der pädagogischen Fachkräfte ist es, vor dem Hintergrund der individuellen Lebenssituation des geistig behinderten Kindes Ansätze zur Stärkung seiner Eigenentwicklung zu finden. „Pädagogische Hilfen können so Resonanz auf Vorhandenes sein und dem Kind helfen, sich zu entfalten"

(Bundesvereinigung Lebenshilfe 1992, 20). Die pädagogische Frühförderung betrachtet die Behinderung als ein Phänomen, das Teil der Lebenssituation und Lebensperspektive des Kindes ist. Ihre Sichtweise ist deshalb eine *ganzheitliche*, das heißt: „Die kindliche Persönlichkeit lässt sich nicht in einzelne Funktionsbereiche (z. B. Intelligenz, Sprache, Motorik usw.) aufteilen, die dann je nach Art und Umfang ihrer Beeinträchtigung gesondert zu fördern wäre; die Beziehungen des Kindes zu seiner Umwelt lassen sich nicht in formale Kategorien zerlegen und unabhängig von Lebenszusammenhängen trainieren. Ganzheitliche Förderung muss zwar unbedingt solche Einzelaspekte berücksichtigen, sie hat diese jedoch als Komponenten einer Ganzheit zu sehen, welche die kindliche Persönlichkeit als Gesamtorganismus umfasst, in Sinnzusammenhang mit seiner Lebenswirklichkeit" (S. 21).

Ganzheitliche Förderung

In den vergangenen 30 Jahren sind eine Fülle von Förderkonzepten entwickelt worden. Sie richten sich an die Wahrnehmung, die Motorik und die Sprache des Kindes und realisieren die Forderung nach einer ganzheitlichen Förderung in unterschiedlichem Maße. Mühl charakterisiert die Förderung folgendermaßen: „Die Konzepte reichen von programmartig angelegten Sequenzen (Ohlmeier) und funktionsbezogenen Therapien (Pechstein, Schamberger) bis hin zu alltags- und handlungsbezogenen, funktionsübergreifenden Anregungen bzw. Übungen (Jetter, Klein, Straßmeier, Bondzio, Vater, Cunningham und Sloper). Vor allem Klein und Jetter verzichten auf einzelne Übungsaufgaben und zeigen auf, wie im täglichen Leben und Spiel Förderung geschieht" (1999, 255). Pädagoginnen und Pädagogen wählen in der Praxis aus den existierenden Förderkonzepten die aus, die für die Entwicklung des Kindes am geeignetsten erscheinen und passen sie didaktisch der spezifischen Erfahrungswelt und Lebenssituation des Kindes an. Folgende pädagogische Prinzipien sind dabei zu berücksichtigen:

Förderkonzepte

Individualisierung: Anpassung der Förderung an die Möglichkeiten des Kindes und die Sozialisationsbedingungen der Familie.

Pädagogische Prinzipien

Handlungsbezogenheit: Fördermaßnahmen sollten eher Handlungen als einzelne psychische Funktionen üben.

Alltagsbezogenheit: Die vorgenannten Prinzipien lassen sich am ehesten in alltäglichen Lebensvollzügen der Familie realisieren.

Gesamtplan: Da Maßnahmen von Mitarbeitern unterschiedlicher Kompetenz einzubringen sind, müssen diese in ein gemeinsames Konzept integriert werden" (Mühl 1999, 255).

4.1.6 „Das Kind als Akteur seiner Entwicklung" oder: Das veränderte Denken in der Frühförderung

Am pädagogischen Zugang wird deutlich, dass nicht die Defizite und Normabweichungen des Kindes im Vordergrund stehen; eine veränderte Sichtweise, die man als Paradigmenwechsel bezeichnen kann. Das Kind wird als Subjekt, als „Akteur seiner Entwicklung" (Kautter), als mitbestimmender Teil seines Förderprozesses gesehen. Die Entwicklung des Kindes vollzieht sich nicht nach allgemeingültigen Regeln, sondern sie ist immer ein individueller Prozess, in dem das Kind seine Möglichkeiten, seine Eigengesetzlichkeiten ausprägt und aus dem Förderangebot die Impulse auswählt, die es in seine Lebens- und Erfahrenswelt zu integrieren vermag. Die Förderangebote beziehen sich auf:

- Förderung von Wahrnehmung, Bewegung, Interaktion, Kommunikation und Sprache,
- Entwicklung lebenspraktischer Fähigkeiten,
- Anregungen zum Spiel,
- Anregungen zur sozialen Entwicklung/Integration.

Die Ansätze zur Förderung in den verschiedenen Entwicklungsbereichen dürfen nicht „manipulativ-dirigistisch" sein, „sondern unterstützen das Kind in seiner je eigenen Entwicklung, sehen in erster Linie das Kind und erst in zweiter Linie die Beeinträchtigungen" (Straßmeier 1994, 79).

Rolle der Eltern Auch bezüglich der Rolle der Eltern hat sich eine Einstellungsveränderung vollzogen. Eltern werden nicht länger als Gehilfen der Fachleute im Förderprozess gesehen, die zu Hause ungeachtet des familiären Lebens fortwährend Therapien zum Wohle ihres Kindes durchzuführen haben. Mit der Geburt eines behinderten Kindes erfuhren Eltern früher meist eine Abwertung, wurden sie zwangsläufig zu therapiebedürftigen Eltern. Neue Untersuchungen widerlegen aber diese Annahmen. „Die betroffenen Eltern sind vielmehr dadurch gekennzeichnet, dass sie normale Eltern sind, die Zuhören, Verständnis, praktische Ratschläge, Entlastung und konkrete Hilfen erwarten, wenn sie den Fachmann aufsuchen" (Warnke 1999, 303). Aus dem neuen, „ganzheitlich-systemischen Blickwinkel werden innerhalb der Frühförderung die Autonomie und die Kompetenz der Eltern stärker berücksichtigt und die Elternrolle klar von der Rolle der Fachleute getrennt. Auf dieser Basis soll ein partnerschaftliches Zusammenarbeiten ermöglicht werden, bei dem Eltern nicht als Laien oder Kotherapeuten begriffen werden" (Nowicki 1999, 11), sondern Eltern Eltern bleiben dürfen. Die Zusammenarbeit mit den Eltern hat folgende Ziele:

- „Herstellung einer kooperativen Beziehung zwischen Therapeut und Familie
- Austausch von Informationen über das Kind und seine Lebensumstände
- Unterstützung in der Durchführung diagnostischer und therapeutischer Maßnahmen
- Stützung der Familie einschließlich sozialrechtlicher Beratung und entlastender Dienste" (Warnke 1999, 303)

Besondere Erschwernisse kommen auf die Familie zu, wenn ein Kind schwerstbehindert ist oder massive Verhaltensstörungen hat und die Familie aufgrund der Kumulation von Problemen überfordert ist. Hier sind psychologische und vor allem sozialpädagogische Hilfen zur Entlastung der Familie notwendig.

Frühförderung im Kontext von geistiger Behinderung wendet sich an Eltern, deren Kinder während der ersten Lebensjahre, aufgrund hirnorganischer Schädigungen, gravierende kognitive, motorische, sensorische, kommunikative oder emotionale Entwicklungsstörungen haben. Frühförderung ist ein komplexes System diagnostischer, therapeutischer und pädagogischer Maßnahmen, die von Fachkräften unterschiedlicher Disziplinen in Kooperation miteinander ambulant oder in Institutionen durchgeführt werden. Sie will Hilfe zur Selbsthilfe geben sowohl für das Kind mit geistiger Behinderung als auch für seine Familie, seine Eltern und Geschwister. Frühförderstellen sind auch Anlaufstellen für Eltern, die wegen Auffälligkeiten in der Entwicklung ihrer Kinder Rat suchen.

Zusammenfassung

A. Wesemann befragte 1995 im Rahmen ihrer Examensarbeit Mütter schwerstbehinderter Kinder, wie sie die Frühförderung ihrer Kinder erlebt haben. Hier der Auszug aus einem Interview, das die besondere Belastung von Müttern schwerstbehinderter Kinder belegt. Die 38-jährige Ingrid, Mutter des achtjährigen schwerstbehinderten Andreas, beschreibt ihre Erfahrungen folgendermaßen:

„Ja, eigentlich ist das alles schon so lange her, aber ich kann mich noch genau an die Einzelheiten von damals erinnern. Die sind mir geblieben wie Momentaufnahmen aus einem Horrorfilm. Andreas hatte mit 4 Monaten eine Hirnblutung und erhielt ein Ventil. Ja, und zwei Tage nach der Ventiloperation wurde dann ein EEG gemacht und dann stand Frau W. auf der Matte und erklärte uns, dass Andreas BNS-Krämpfe (Ergänzung B. F.) hätte und behindert sein würde. Davon hatte ich noch nie etwas gehört. Kein Mensch hat beim Aufklärungsgespräch von Epilepsie gesprochen. Dann hätte es bei mir Klick gemacht. Dass der Andreas eine Epilepsie hat und was das in seiner ganzen Tragweite bedeutet, das habe ich nicht gleich verstanden" (Wesemann 1995, 116).

Heute ist Andreas geistig behindert, hat massive Sehstörungen, kann weder laufen noch sprechen.

„Dass wir kein normales Kind haben würden, wurde uns gleich nach der Hirnblutung gesagt. Aber irgendwie habe ich das nicht geglaubt, habe gedacht, mit der Ventiloperation wird alles wieder gut. Außerdem war Andreas 4 Monate alt, da sieht man noch nichts von Behinderung … Das war ein Schock. Ich hatte ein ganz anderes Kind in die Klinik gebracht, und einen Tag später wusste ich, dass er niemals das sein würde, was er einmal gewesen war" (S. 116).

Zu ihren Erfahrungen mit der Frühförderung befragt, gibt sie zur Antwort:

„Zur Frühförderung bin ich erst viel später gekommen. Da war Andreas schon fast zwei Jahre. Ich habe natürlich auf Anweisung des Kinderarztes mit Andreas geturnt. Das war schrecklich für mich. Ich habe dann mehr oder weniger zufällig von einer Kindergärtnerin von einem Frühförderzentrum erfahren. Andreas wurde dann da untersucht und bekam da seine Therapie- und Förderstunden. Zu mir nach Hause ist niemand gekommen. Ich habe dann nach einem Gesprächskreis gefragt, weil ich wusste, wie gut und wie wichtig es für mich war. Da gab es zwar einen Gesprächskreis, aber mir wurde abgeraten, da hinzugehen. Die bestünden schon lange, die seien schon eine feste Gruppe und außerdem sei Andreas zu schwer behindert. Die Eltern dort hätten andere Probleme als ich" (S. 117).

Bundesministerium für Arbeit und Sozialordnung (Hrsg.) (1997): Frühförderung. Einrichtungen und Stellen in der BRD – Ein Wegweiser. 4. Aufl. Bonn
Bundesvereinigung Lebenshilfe (Hrsg.) (1992): Frühförderung aus Sicht der Lebenshilfe. Marburg
Leyendecker, Chr., Horstmann, T. (Hrsg.) (1997): Frühförderung und Frühbehandlung. Heidelberg
Peterander, F., Speck, O. (Hrsg.) (1996): Frühförderung in Europa. München
Sarimski, K. (1993): Interaktive Frühförderung: Behinderte Kinder: Diagnostik und Beratung. Weinheim
Warnke, A. (1999): Frühförderung und Zusammenarbeit mit der Familie. In: Neuhäuser, G., Steinhausen, H.-Ch. (Hrsg.): Geistige Behinderung – Grundlagen, Klinische Syndrome, Behandlung und Rehabilitation. 2. Aufl. Stuttgart. 297–308

4.1.7 Übungsaufgaben zu Kapitel 4.1

Aufgabe 23   Was ist Frühförderung?

Aufgabe 24   Aus welchen Bereichen stammen die Fachkräfte, die in der Frühförderung zusammenarbeiten?

Aufgabe 25   Welche Aufgabenbereiche werden unter dem Sammelbegriff der Frühförderung zusammengefasst?

Welche zusätzlichen Beeinträchtigungen oder Behinderungen sind bei Kindern mit geistiger Behinderung zu diagnostizieren?   **Aufgabe 26**

Nennen Sie mindestens vier Zielsetzungen der Frühförderung.   **Aufgabe 27**

Was heißt „Frühe Hilfen – wirksame Hilfen"?   **Aufgabe 28**

Auf welche Lern- und Entwicklungsbereiche beziehen sich die Frühförderangebote?   **Aufgabe 29**

Warum ist die Frühförderung „ganzheitlich"?   **Aufgabe 30**

4.2 Schulische Erziehung und Bildung

Die Früherziehung für Kinder und Jugendliche mit geistiger Behinderung findet ihre Fortführung als schulische Bildung vorwiegend in der *Schule für Geistigbehinderte.*

Sie ist, wie bereits in Kapitel 2.4 dargestellt, die jüngste Sonderschulform, die in ihrer heutigen Struktur erst in den 60er Jahren entstand. Sie hat sich sehr dynamisch zu einer Schulform entwickelt, die sich an den Bedürfnissen ihrer Schüler orientiert. Sie entlastet die Familien und ist für ihre Schüler über viele Jahre ein Lebensraum mit wichtigen Sozialkontakten. Die Lehrkräfte kooperieren mit Frühfördereinrichtungen, mit familienentlastenden Diensten, mit Werkstätten für Behinderte oder anderen möglichen Arbeitgebern, mit Wohnheimen, mit Ärzten und Therapeuten und mehr. Trotz ihrer Stärken gerät die Schule für Geistigbehinderte heute in Kritik, weil sie eine Form der „Sonderbeschulung" ist und von vielen Eltern als Diskriminierung ihrer Kinder aufgefasst wird. In der Bundesrepublik ist deshalb heute eine integrative Beschulung, d. h. eine Erziehung von Kindern mit geistiger Behinderung, in Regelschulen möglich. Die Schule für Geistigbehinderte ist darum heute nicht mehr der einzige Lernort für Kinder und Jugendliche mit geistiger Behinderung.

In den Empfehlungen der Ständigen Konferenz der Kultusminister heißt es dazu: „Die sonderpädagogische Förderung kann in Sonderschulen oder in allgemeinen Schulen erfolgen. Einige Landesgesetze geben dem gemeinsamen Unterricht den Vorzug.

Schule für Geistigbehinderte

Integrations-schulen

In jedem Fall müssen die notwendigen sächlichen, räumlichen und personellen Voraussetzungen gegeben sein. Sie sind im Vorfeld einer Entscheidung der Schulaufsicht im Zusammenwirken mit den Erziehungsberechtigten, ggf. mit anderen Kostenträgern, wie Schulträger, Krankenkasse, Pflegekasse, Sozialhilfe und Jugendhilfeträgern abzuklären und sie beeinflussen die Wahl der geeigneten Schule" (1998, 8).

Kooperations-schulen

Baden-Württemberg bevorzugt anstelle der integrativen die kooperative Förderung, d. h. entweder werden Klassen mit geistig behinderten Schülern an Regelschulen ausgelagert, wobei die Zugehörigkeit zu einer Schule für Geistigbehinderte bestehen bleibt, oder Regelschule und Schule für Geistigbehinderte kooperieren in einzelnen Unterrichtsbereichen miteinander (z. B. gemeinsamer Unterricht in musisch-künstlerischen Fächern oder gemeinsame Gestaltung von Schul- oder Sportfesten o. a.). „Kooperative Formen der Förderung und Unterrichtung erschließen allen Beteiligten Möglichkeiten zur wechselseitigen Annäherung und zur Erfahrung von mehr Selbstverständlichkeit im Umgang miteinander. Die Begegnung von Schülerinnen und Schülern kooperierender Schulen oder Klassen lassen soziale Beziehungen entstehen. Es entwickelt sich Verständnis füreinander" (KMK-Empfehlungen 1998, 17).

Internationaler Vergleich

Internationale vergleichende Studien (Bürli 1997, 85) zeigen, dass die zuvor dargestellten Formen gemeinsamer Unterrichtung von behinderten und nichtbehinderten Schülern in anderen EU-Staaten in ähnlicher Form realisiert werden. Obwohl es bezüglich der integrativen Beschulung in den verschiedenen europäischen Staaten parallele Entwicklungen gibt, unterscheiden sie sich in ihrem Bildungswesen so stark voneinander, dass globale Aussagen zur Beschulungssituation von Kindern und Jugendlichen mit geistiger Behinderung schwierig sind. Bürli charakterisiert die Schwierigkeiten eines internationalen Vergleichs im Kontext integrativer Erziehung und stellt fest (S. 84):

„International unterscheiden sich die Länder, auch jene im OECD- und Europa-Raum, nicht nur in Bezug auf ihre regulären Angebote im Vorschul-, Primar- und Sekundarbereich, sondern auch auf sonderpädagogischem Gebiet. Zudem gibt es viele Unterschiede *innerhalb* der einzelnen Länder selbst, beispielsweise in Staaten wie Großbritannien und der Schweiz, in denen das Schulsystem sehr dezentralisiert ist. Je nach Land gibt es einen bestimmten Aufbau der sonderpädagogischen Angebote; ferner lassen sich überall verschiedene Angebotstypen erkennen. Für die Sonderpädagogik und Integration ergeben sich auch unterschiedliche Ausprägungsformen und Problemstellungen je nach Behinderungsart und je nach Behinderungsstufe."

Aufgrund ihrer Erhebung (1988 – 1991) geht die Europäische Gemeinschaft davon aus, dass von den rund 1 200 000 behinderten

Schülern in den Mitgliedsstaaten ein Viertel (24,7 %) die allgemeine Schule und drei Viertel (74,3 %) verschiedene Sonderschulformen besuchen (Kommission 1992, 19 f.) Bürli merkt hierzu kritisch an:

„Hinter diesen Durchschnittsangaben verbergen sich jedoch ganz massive internationale Unterschiede, die von 0 % (Italien) bis gegen 100 % (Belgien, Deutschland, Griechenland, Niederlande) reichen. Wiederum sind diese Zahlen mit großer Vorsicht zu interpretieren, da nicht sicher feststeht, dass unter Sonderschulung, Sonderschulen, Sonderklassen, individueller bzw. Teilintegration immer exakt das Gleiche verstanden wird" (1997, 75).

Zu den Ländern, die ein stark gegliedertes Sonderschulwesen mit acht und mehr verschiedenen Sonderschulformen haben, gehören Österreich, Belgien, Deutschland und die Niederlande. Bereits in den 70er Jahren wurden in Italien die Sonderschulen aufgelöst und Schüler mit Behinderungen in die Regelschulen integriert; eine Entwicklung, die Signalcharakter für andere europäische Staaten wie Spanien und Deutschland hatte und zur Überprüfung ihrer nationalen Bildungssysteme führte. – Bezogen auf die Schüler mit geistiger Behinderung gibt Bürli folgenden Überblick:

„In den meisten Ländern ist es bisher nicht üblich, *geistig behinderte* Kinder in den Regelschulbereich zu integrieren, doch steht dies vielerorts zur Diskussion. Eine Ausnahme bildet Italien, wo die individuelle Integration aller Kinder, auch der geistig behinderten, die Regel ist. Dies hat zur Folge, dass die Geistigbehinderten nicht von den anderen Behinderten abgesondert werden und in eine Sonderstellung geraten. Die damit gemachten Erfahrungen haben angeblich die öffentliche Meinung und die Schule stark verändert. Diese Praxis wird in Italien als nützlich für die ganze Schule und die Schülerschaft betrachtet.
    Unter einer leichten geistigen Behinderung wird zwar nicht in allen Ländern genau das Gleiche verstanden; dennoch lässt sich tendenziell aussagen, dass Kinder mit leichter geistiger Behinderung bisweilen ganz oder teilweise individuell und mit Stützmaßnahmen integriert werden, sich im allgemeinen jedoch in speziellen Klassen oder Abteilungen befinden, die der Regelschule angegliedert sind" (1997, 91).

In Ländern, in denen wenig integriert wird, sind Schüler mit geistiger Behinderung in Sonderschulen und Heimen untergebracht. Während Schüler mit schwerer geistiger und mehrfacher Behinderung z. B. in Deutschland in Sonderschulen unterrichtet werden, gibt es in den Niederlanden Spezialeinrichtungen für diesen Personenkreis, die so genannten „Day care centres". Die wenigen Beispiele zeigen, wie schwierig ein Ländervergleich schon in Europa, geschweige denn weltweit ist. Da sich die nationalen Bildungssysteme stark voneinander unterscheiden, kommt es nicht nur zu Divergenzen im Beschulungsort (Integration in die Regelschule oder Sonderschule bzw. Spezialeinrichtungen), sondern auch zu Unterschieden in den Erziehungskonzepten und -methoden. In allen Ländern ist aber zu beobachten, dass die Schüler mit geistiger Behinderung eine gewisse Randstellung innerhalb der Gruppe behinderter Menschen einnehmen.

Wendet man den Blick nun wieder auf die Situation der Beschulung in Deutschland, so ist neben der Integration eine weitere Entwicklung zu beschreiben.

Förderzentren

Die Ständige Konferenz der Kultusminister empfiehlt heute zudem die Bildung von sonderpädagogischen Förderzentren, in denen auch Schülerinnen und Schüler mit geistiger Behinderung (hier als „Förderschwerpunkt geistige Entwicklung" bezeichnet) Aufnahme finden sollen:

> „Sonderpädagogische Förderzentren können als regionale und überregionale Einrichtungen entstehen und neben dem Förderschwerpunkt der geistigen Entwicklung andere Förderschwerpunkte einbeziehen. So können sie sonderpädagogische Förderung in präventiven, stationären, kooperativen Formen möglichst wohnortnah und fachgerecht sicherstellen" (KMK-Empfehlungen 1998, 18).

Die aktuelle Diskussion um die Errichtung so genannter „Kompetenz-Zentren" wird u. a. von Entwicklungen in Norwegen beeinflusst. Hier wurden Sonderschulen, mit dem Ziel durch hochqualifiziertes Personal heilpädagogische und therapeutische Dienstleistungen überregional anbieten zu können, in öffentliche Kompetenz-Zentren umgewandelt. Sie verstehen sich als Ressourcen-Zentren, die auch Forschung betreiben. Vergleichbare Forschungs- und Dienstleistungseinrichtungen gibt es auch im asiatischen Raum (Japan und Korea), die hier aber neben den Sonderschulen bestehen und einen Teil der Lehrerweiterbildung übernehmen. Inwieweit sich die deutsche Schule für Geistigbehinderte in den Umwandlungsprozess zum Kompetenz-Zentrum integrieren lässt, bleibt abzuwarten.

**Heimsonder-
schulen**

Ein weiterer Beschulungsort für Kinder und Jugendliche mit geistiger Behinderung ist die Heimsonderschule. Große Behindertenheime haben eine eigene Sonderschule, die sog. Heimsonderschulen, die von den schulpflichtigen Bewohnern des Heimes sowie oft auch von externen Schülern besucht werden. Unterricht nach den Richtlinien der Schule für Geistigbehinderte wird für Schüler mit mehrfachen (schwersten) Behinderungen auch an anderen Sonderschulen, vornehmlich an Schulen für Körperbehinderte oder für Sinnesgeschädigte (Blinden- oder Gehörlosenschulen) durchgeführt. In einigen Bundesländern, wie Hamburg, Berlin oder Nordrhein-Westfalen ist heute auch eine integrative Beschulung, d. h. eine Erziehung von Kindern mit geistiger Behinderung in Regelschulen, möglich.

Die verschiedenen Beschulungsmöglichkeiten verdeutlichen, dass zwar in allen Bundesländern ein Bildungsrecht für Kinder und Jugendliche mit geistiger Behinderung besteht, die Form der Beschulung aber nicht bundeseinheitlich geregelt ist. Die Entscheidung hierüber liegt in der Bildungshoheit eines jeden Bundeslandes. Die Gemeinsamkeiten sind aber größer als die Unterschiede, die sich vorwiegend auf die Organisation der Schule und auf das dort tätige Personal beziehen. „Sonderpädagogische Förderung von Schülerinnen und Schülern mit Beeinträchtigungen im Bereich der geistigen Entwicklung", so heißt es in den KMK-Empfehlungen einleitend, „verwirklicht als Bestandteil der umfassenden Eingliederungsmaßnahmen das Recht auf Bildung für diese Kinder und Jugendlichen" (1998, 1). Da der Bildungsauftrag für alle Beschulungsorte gilt, werde ich in diesem Kapitel die Schule für Geistigbehinderte ungeachtet der Bundesländer-Spezifika beschreiben. Auf die integrative Erziehung werde ich nur am Rande eingehen, weil bislang ein sehr kleiner Anteil (ca. 3 %) von Schülern mit geistiger Behinderung den gemeinsamen Unterricht in Grundschulen besucht. Zur Vertiefung in Fragen der integrativen Beschulung von Schülern mit geistiger Behinderung ist Eberwein (1997) und Schöler (1993) zu empfehlen. Trotz der Intensivierung der Diskussion um Integration Mitte der 90er Jahre bleibt die Schule für Geistigbehinderte bundesweit die bevorzugte Schulform für diesen Personenkreis.

Ausgehend vom Bildungsanspruch wird zunächst die Schule für Geistigbehinderte in ihrem Aufbau und in ihrer Grundstruktur dargestellt. Die Ziele schulischer Erziehung und deren didaktische Umsetzung werden anschließend im Zusammenhang mit der Veränderung der Schülerschaft an Schulen für Geistigbehinderte erörtert.

4.2.1 Bildungsanspruch

Aus der Würde des Menschen ergibt sich sein Anspruch auf Bildung. Das Bildungsrecht gehört bei uns zu den Grundrechten eines jeden Menschen. 1948 verabschiedeten die Vereinten Nationen die „Universal Declaration of Human Rights", die neben der Gleichheit aller Menschen (s. o. S. 20 und 41) auch das Recht auf Bildung (Artikel 26/1 u. 2) betont: „Jeder Mensch hat ein Recht auf Bildung." Im Grundgesetz der Bundesrepublik Deutschland beginnt Artikel 2 mit dem Satz: „Jeder hat das Recht auf die freie Entfaltung seiner Persönlichkeit".

„Sonderpädagogisch besonders relevant ist das *Grundrecht* jedes – auch des behinderten – Menschen *auf Bildung*. Dieses Menschenrecht, das bei weitem noch nicht überall realisiert ist, wurde in den letzten Jahren und Jahrzehnten in mehreren Deklarationen proklamiert… Das Formulieren des Prinzips, dass behinderte Kinder und Jugendliche genauso wie ihre nichtbehinderten Altersgenossen ein Recht auf Bildung haben, ist Voraussetzung und der erste Schritt zu deren Schulung und Integration. Für die Behörden bringt dieser Grundsatz die Verpflichtung mit sich, entweder die nötigen Einrichtungen selbst vorzusehen oder deren Vorhandensein sicherzustellen" (Bürli 1997, 48).

Gerade für Menschen mit geistiger Behinderung war (vgl. Kapitel 2.3) und bleibt es schwer, ihren Bildungsanspruch uneingeschränkt anzuerkennen, wenn er allein an der Fähigkeit des Erlernens klassischer Kulturgüter (Kulturtechniken), wie Lesen, Schreiben, Rechnen u.a.m., festgemacht wird. *Bildung ist mehr* und darf nicht mit „Vernünftigkeit" oder gesellschaftlicher „Nützlichkeit" gleichgesetzt werden.

Bildungsrecht

Für Antor und Bleidick ist das Bildungsrecht ein Anspruch, der sich „aus dem ethischen Grundsatz des unbedingten Lebensrechtes ableiten läßt" (1995, 326). Lebensrecht und Bildungsrecht sind für die beiden Autoren unlösbar miteinander verknüpft:

„Zwischen Recht auf Leben und dem Recht auf Bildung besteht ein wechselseitiger Zusammenhang. Wer ein ungeteiltes Recht auf Leben für alle Menschen, auch für Schwerstbehinderte, einfordert, bejaht ein Bildungsrecht für alle, das Erziehung und Bildung nicht von irgendwie definierten Voraussetzungen wie Sprachfähigkeit, intellektuelle Mindestkompetenz oder dergleichen abhängig macht. Die unverbrüchliche Anerkenntnis des Rechtes auf Leben schließt eine untere Grenze der Bildungsfähigkeit aus. Werden hingegen Bildungsrecht und Bildungsmöglichkeit für alle Menschen anerkannt, so ist das nur vor einem logischen Hintergrund denkbar, der das Recht auf Leben nicht in Frage stellt" (S. 11).

In ihren weiteren ethischen Reflexionen zeigen die beiden Autoren, dass das Bildungsrecht wesensgemäß zum Menschsein gehört, da der Mensch auf Weiterentwicklung im Sinne von Selbstentfaltung und Selbstwerdung angelegt ist, sich also ein Leben lang bildet.

„Dieses Bildungsrecht ist im tieferen Sinne Lebensrecht. Denn der Mensch kann … nur existieren, wenn er den Schritt zur ‚proportionierlichen Weiterentwicklung' seiner Naturanlagen tut, wenn er die Bedingungen dafür zugestanden bekommt. Lebensrecht und Bildungsrecht sind zwei Aspekte ein und derselben normativen Anerkennung des Menschen als Wesen, dessen Leben auf Weiterentwicklung angelegt ist. (…) Pflege und Betreuung von Behinderten genügen nicht zur Einlösung der Grundgesetzforderung. Werden Lebensrecht und Bildungsrecht für alle, auch für Schwerstbehinderte bejaht, muß das Bildungsrecht auch die generelle Schulpflicht für Behinderte unabhängig vom Schweregrad des Behindertsein fordern und für begründet ansehen" (S. 14).

Jeder Mensch besitzt als Mensch einen Anspruch auf Bildung, den es zu realisieren gilt.

„Der Mensch wird als weltoffenes und formbares Wesen geboren. Er ist unmittelbar auf soziale Beziehungen angelegt und von diesen abhängig. Sein Leben lang erfährt er Situationen, die eine Veränderung, eine Anpassung, also Lernen erforderlich machen" (Stracke-Mertes 1995, S. 326).

Bildung ist in diesem Verständnis also ein lebenslanger Prozess, der sich aus dem Wesen des Menschen und nicht länger allein aus einem äußeren, einem kulturell-gesellschaftlichen Anspruch ergibt. „Unser Bildungsbegriff bedient sich dabei einer dynamischen Lernvorstellung, die sich an der humanistischen Tradition des Bildungsideals orientiert, nach dem *Bildung grundsätzlich der Entfaltung der Persönlichkeit dient* (Hervorh. B. F.). Demnach ist der Mensch ein lernfähiges, entwicklungsfähiges und veränderungsfähiges Wesen" (S. 326). Bildung ist damit ein lebenslanger Prozess der Selbstfindung und Selbstgestaltung des Menschen. Die Geistigbehindertenpädagogik vertritt ein offenes Verständnis von Bildung als „Gestaltung des eigenen Lebens" (S. 327) im sozialen und kulturellen Kontext. Es ist ein integrierendes Bildungsverständnis, weil es alle Menschen unabhängig vom Schweregrad der Beeinträchtigung und unabhängig ihres Alters einschließt.

Vor diesem Hintergrund wird Erziehung zu einer Art Unterstützung zur individuellen Lebensgestaltung, indem sie Hilfen bereit stellt, damit das Kind oder der Erwachsene neue Erfahrungen machen und diese lernend in seine eigenen Lebensstrukturen integrieren kann. Wenn jedem Menschen das Recht auf Bildung zusteht, dann müssen besonders den Menschen, die in ihren Voraussetzungen zum Lernen und zur Entwicklung beeinträchtigt sind, durch Erziehung Hilfen zur Selbstfindung und zur Lebensgestaltung gegeben werden. Die Erziehbarkeit eines Menschen zeigt sich für Mühl „vor allem in der Möglichkeit, auf soziale Angebote eines Partners einzugehen, sie aufzunehmen, zu verstehen und auf sie durch motorisch-affektive Äußerungen zu reagieren" (1997, 19). Erziehung ist, wie dies bereits in Kapitel 3.5 dargestellt wurde, ein dialogisches Geschehen zwischen Lehrer und Schüler. Aus der Vorstellung grundsätzlicher Erziehbarkeit schließt Mühl keinen Menschen aus. Alle Kinder und Jugendliche sind unabhängig von der Schwere ihrer Behinderung prinzipiell erziehungsfähig. Deshalb muss ihr Recht auf Bildung umgesetzt werden.

Jeder Mensch besitzt Können, sonst existierte er nicht. Von diesem Grundsatz sind auch Menschen mit schwersten Behinderungen nicht auszuschließen. Lediglich die anzuwendenden er-

Bildungsbegriff

zieherischen Maßnahmen haben die Schwere der Beeinträchtigungen zu berücksichtigen, damit sie angemessene Hilfen zur individuellen Lebensgestaltung werden.

Die Schule als Institution hat die Aufgabe, den Bildungs- und
Erziehungsanspruch von Kindern und Jugendlichen einzulösen.
In den Richtlinien für die Schule für Geistigbehinderte Nord-
rhein-Westfalens heißt es darum einleitend: „Geistigbehinderte
sind nicht vorrangig von ihren Beeinträchtigungen und Mängeln
her zu verstehen. Trotz ihrer begrenzten Möglichkeiten unterscheiden sie sich als Persönlichkeiten in ihren Rechten nicht von
ihren Mitbürgern. Geistigbehinderte brauchen aber besondere
Hilfen, um ihre Ansprüche auf Erziehung und Unterricht, soziale und berufliche Eingliederung in angemessener Weise verwirklichen zu können" (Ministerium 1980, 7).

4.2.2 Die Schule für Geistigbehinderte – Aufbau und Organisation

„Die Schule für Geistigbehinderte ist eingerichtet für Schüler, deren Lernverhalten und Entwicklungsstand erheblich unter der
altersgemäßen Erwartungsnorm liegen, so dass sie in der Schule
für Lernbehinderte nicht gefördert werden können" (Ministerium
1980, 7). Diese Feststellung trifft zwar immer noch zu, erscheint
aber heute, nach gut 25 Jahren der Etablierung dieser Schulform,
veraltet. Viel hat sich seit dem Entwurf von Richtlinien Ende der
70er, Anfang der 80er Jahren verändert, vor allem im Hinblick
auf die Schülerschaft.

Veränderung der Schülerschaft
Der Anteil der leistungsstärkeren Schüler, die so genannten
Grenzfälle zur Lernbehinderung, die heute in Schulen für Lernbehinderte (Förderschulen) verbleiben oder in die Regelschule
integriert werden, hat abgenommen, während sich die Zahl der
Kinder und Jugendlichen mit schweren Lern- und Verhaltens-
beeinträchtigungen bis hin zur Schwerstbehinderung stark ver-
größerte. Die damit entstandene extreme Heterogenität der
Schülerschaft stellt geänderte praktische wie theoretische Anforderungen an die Geistigbehindertenpädagogik und -didaktik.
Die Veränderungen in der Schülerschaft haben auch das Selbstverständnis der Schulform verwandelt. Das heißt, die Schule für
Geistigbehinderte entwickelt ihre Aufgaben und Zielsetzung
schon lange nicht mehr aus der Abgrenzung von der Lernbe-
hindertenschule, sondern betont ihre Eigenständigkeit im Bildungsangebot und in der Unterrichtsgestaltung. Sie versteht sich
heute als ein „pädagogisches System zur planmäßigen Förderung
der Lernfähigkeit" (Speck 1999, 232).

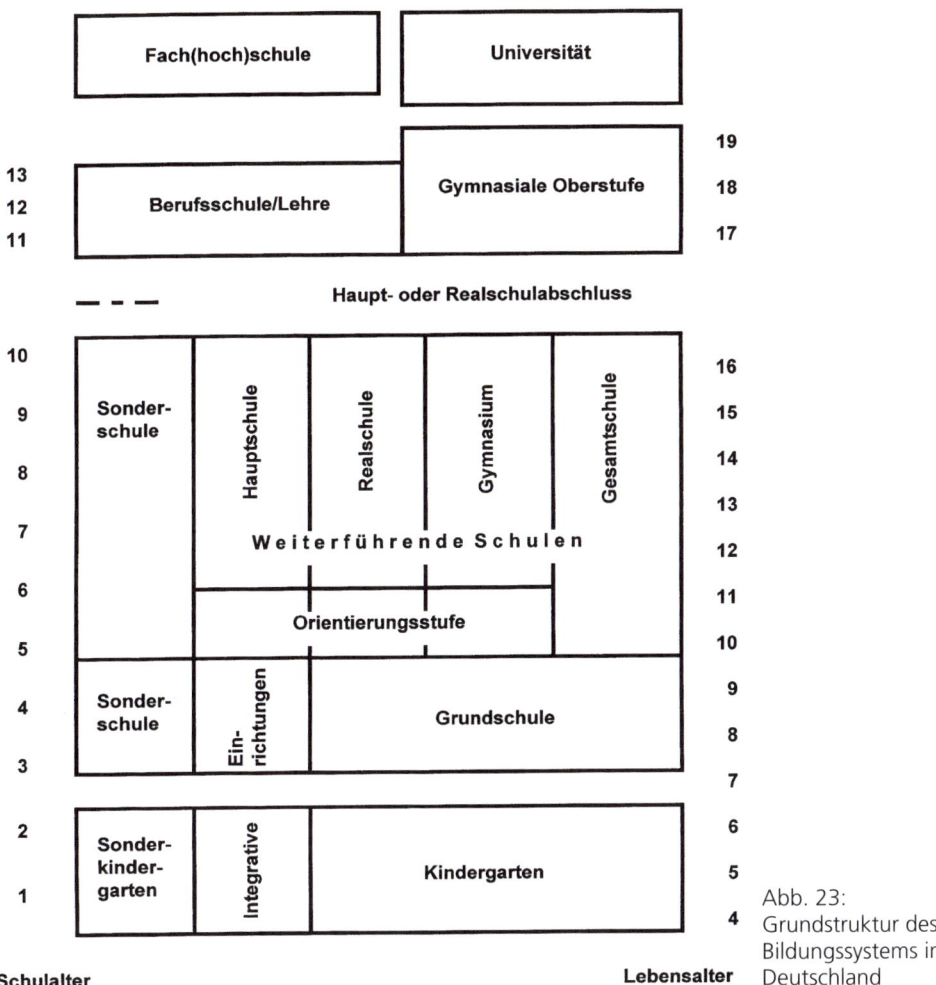

Abb. 23:
Grundstruktur des
Bildungssystems in
Deutschland

Die Schule für Geistigbehinderte unterscheidet sich in ihrem Aufbau von anderen Schulformen. Abbildung 23 gibt einen Überblick über das Bildungssystem in Deutschland. Es gliedert sich je nach Alter oder Leistungsvermögen von Kindern und Jugendlichen in unterschiedliche Schulformen: auf die Grundschule bauen verschiedene weiterführende Schulen auf, wie Haupt-, Realschule oder Gymnasium. Über verschiedene Wege (Fachschulen, Berufsschulen, Fachhochschulen, Universitäten) ist es möglich, sich für das Erwachsenen- und Berufsleben zu qualifizieren.

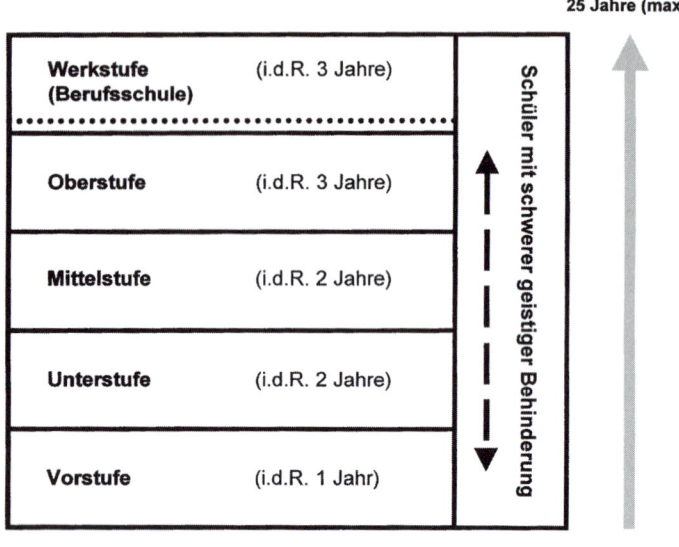

Abb. 24:
Gliederung der
Schule für Geistig-
behinderte

Die Schule für Geistigbehinderte existiert parallel zu diesem Bildungssystem, weil keine wirkliche Verzahnung mit den anderen Bildungsgängen geschieht. Zwar ist eine Integration von Menschen mit geistiger Behinderung in andere Schulformen grundsätzlich möglich, aber keine andere Schulform baut auf der Schule für Geistigbehinderte auf oder sie auf andere. Sie realisiert einen eigenen Bildungsgang für Menschen mit geistiger Behinderung vom Grundschul- bis ins Berufsschulalter. Die Schulpflicht umfasst elf Jahre, kann aber bis zum 25. Lebensjahr verlängert werden, wenn zu erwarten ist, dass ein Schüler nach Beendigung der Schulpflicht dem Bildungsziel der Schule näher gebracht werden kann. Die Schule für Geistigbehinderte bereitet durch die Konzeption der Werkstufe als Berufsschule ihre Schüler auf das Berufsleben vor (Abb. 24).

Schulstufen
Die Schule für Geistigbehinderte gliedert sich in folgende Stufen, die jeweils drei Jahrgänge umfasst.

1. Vor-, Unter- bzw. Grundstufe: In dieser Eingangsstufe werden grundlegende Verhaltensweisen durch spielerisches Lernen vermittelt. Im Vordergrund steht das Kennenlernen der eigenen Person, die Förderung der Selbständigkeit bei täglich wiederkehrenden Verrichtungen und der Kommunikation. Der anfängliche notwendige Einzelunterricht wandelt sich langsam über den Kleingruppen zum Klassenunterricht.

2. Mittelstufe: Hier werden die eingeübten Verhaltensweisen und Fertigkeiten gefestigt. Die Schüler lernen, einfachen Zeichen und Symbolen Informationen zu entnehmen und sachgerecht mit Materialien und Gegenständen aus ihrem unmittelbaren Erfahrungsraum umzugehen. Die sprachliche Kommunikation wird erweitert.

3. Ober- bzw. Hauptstufe: Die Schüler werden jetzt stärker in die Planung und Gestaltung des Unterrichtes einbezogen. Arbeit wird zu einem wichtigen Element des Unterrichtes, deshalb wird verstärkt der Umgang mit einfachen Werkzeugen und verschiedenen Arbeitsmaterialien geübt. Neben der Erziehung zu größerer Selbständigkeit in der Selbstversorgung wird das Denken in komplexeren und abstrakteren Zusammenhängen angeregt.

4. Werk- bzw. Abschlussstufe: Die Werkstufe führt die Lerninhalte der früheren Stufen kontinuierlich fort und schafft Grundlagen für eine spätere berufliche Tätigkeit, meist in der Werkstatt für Behinderte. Im Bereich der „Arbeitslehre" werden Arbeitsprojekte und Betriebspraktika durchgeführt. „Die eigentliche berufliche Ausbildung erfolgt in der Regel im Arbeitstrainingsbereich der Werkstatt für Behinderte" (Mühl 1997, 40). Der Unterricht in der Werkstufe bereitet die Schüler auch auf das Erwachsenenleben in unterschiedlichen Bereichen vor, z. B. auf das Wohnen außerhalb der Familie oder das Leben in Partnerschaft.

Grundsätzlich sollten alle Schüler alle Schulstufen durchlaufen. Größere Schulen führen in den einzelnen Schulstufen parallele Klassen. Die Schülerzahl pro Klasse richtet sich nach dem Alter der Schüler und dem Schweregrad der Behinderungen. Während anfänglich eine Zuordnung zu den einzelnen Schulstufen nach Entwicklungsstand bzw. Leistungsniveau des jeweiligen Schülers erfolgte, d. h. schwerstbehinderte Schüler ungeachtet ihres Lebensalters in der Unter- oder Mittelstufe verblieben, ist heute das Lebensalter entscheidend für die Einstufung. Schwerstbehindertenklassen, in denen nur Schüler mit schweren Behinderungen verschiedenen Alters zusammengefasst werden, gibt es nur noch an vereinzelten Schulen, weil sich gezeigt hat, dass es hierdurch zu einer weiteren Isolation kommt.

Die Schule für Geistigbehinderte wurde in den 60er Jahren auf Wunsch der Eltern und zur Entlastung der Familien als Ganztagseinrichtung konzipiert. Da der Einzugsbereich der Schulen meist groß ist, haben die Schüler lange Anfahrtswege. Der schulische Tagesablauf ist dynamisch gestaltet. Lern- und Unterrichtsphasen wechseln sich mit gemeinsamen Essens- und Ruhezeiten oder Freizeitangeboten ab. Die Schulform bietet damit ein breites Spektrum an Lernmöglichkeiten auch außerhalb von Unterricht an. Durch die „Entschulung der Lernprozesse" (Mühl 1997, 43) wird die Schule zu einem wichtigen „erfahrungs- und handlungsbezogenen Lernort"(S. 43), der Kindern und Jugendlichen soziale Kontakte ermöglicht.

Ganztagsschule

Nachteil der Ganztagsbeschulung und der langen Schulwege ist die Isolation der Kinder im häuslichen Umfeld: Sie gehen nicht mit den Geschwistern oder Nachbarskindern in die gleiche Schule, am Spätnachmittag bleibt keine Zeit für Spiele mit anderen Kindern aus der Umgebung oder zum Besuch örtlicher Vereine usw. Deshalb wünschen sich manche Eltern die integrative und wohnortnahe Beschulung ihres Kindes.

Personal an Schulen für Geistigbehinderte

An der Schule für Geistigbehinderte sind neben den ausgebildeten Sonderschullehrern und Lehrerinnen verschiedene andere pädagogische Fachkräfte tätig und erfüllen unterschiedliche Aufgabenbereiche:

* unterrichtliche Aufgaben
* therapeutische Aufgaben
* pflegerische Aufgaben

Die pädagogischen Fachkräfte, z. B. Erzieher, haben meist eine heilpädagogische Zusatzausbildung. Therapeutische Aufgaben werden vielerorts von Krankengymnasten, Beschäftigungstherapeuten oder Logopäden übernommen. Sie gehören oft nicht zum festen Personal einer Schule, sondern sind dort ambulant tätig. Schulen mit einem hohen Anteil an Schülern mit schwersten Behinderungen beschäftigen häufig Krankenschwestern oder -pfleger. Pflegerische Tätigkeiten übernehmen oftmals auch Zivildienstleistende. Alle an einer Schule beschäftigten Mitarbeiter orientieren sich an einem gemeinsamen pädagogischen Konzept (Schulkonzept), in dem pädagogische Grundlinien und übergeordnete Erziehungsziele in Absprache miteinander festgelegt sind. Da immer mehrere Lehrkräfte in einer Klasse tätig sind, ist Teamarbeit notwendig.

4.2.3 Ziele und Aufgaben schulischer Erziehung

„Die Schule für Geistigbehinderte", so heißt es in den Richtlinien NRWs, „soll in ihrer Arbeit sowohl die individuellen Ansprüche des Behinderten als auch die Ansprüche der Gesellschaft berücksichtigen. Die Bedürfnisse des Geistigbehinderten bestimmen jedoch vorrangig Aufgaben und Ziele der Schule" (Ministerium 1980, 7). Vor dem Hintergrund der Analyse der individuellen Fähigkeiten sowie unter Berücksichtigung der speziellen Interessen und Neigungen sollen die Schüler zum Leben in der Gemeinschaft mit Menschen ohne Behinderung befähigt werden. Es geht dabei ausdrücklich nicht um Anpassung *an* die Gesellschaft, sondern um Selbstverwirklichung *in* ihr. In den KMK-Empfehlungen von 1998 wird die Zielsetzung schulischer Erziehung,

Selbstverwirklichung
in sozialer
Integration

Abb. 25:
Die pädagogische
Leitidee der Schule für
Geistigbehinderte

die hier als sonderpädagogische Förderung bezeichnet wird, folgendermaßen gekennzeichnet: „Sonderpädagogische Förderung
unterstützt und begleitet die Schülerinnen und Schüler, unabhängig von Schweregrad und Umfang der Beeinträchtigungen,
durch individuelle Hilfen beim Erkennen eigener Handlungsmöglichkeiten und bei der Erweiterung der Fähigkeit zum Handeln" (1). Aufgabe von Erziehung ist, „diesen Schülerinnen und
Schülern zu unmittelbarer Begegnung und Auseinandersetzung
mit sich selbst, mit eigenen Wünschen und Vorstellungen in Familie, Schule, Freizeit, Beschäftigung und Arbeit sowie in der Gesellschaft zu verhelfen" (1998, 1). Die Schüler mit geistiger Behinderung „sollen erfahren, dass sowohl in der menschlichen Begegnung als auch im Eingebettetsein in Natur, Kultur und
Weltanschauung Werte für ein sinnvolles Leben zu finden sind.
Die Förderung soll, je nach den individuellen Voraussetzungen,
zu einer selbstbestimmten Gestaltung des Lebens und zur Wahrnehmung von Rechten und Pflichten in der Gesellschaft beitragen" (S. 1).

Dieser Erziehungsauftrag verbindet sich mit einem komplexen Aufgabenfeld, das vor dem Hintergrund der besonderen Lern- und Entwicklungsbeeinträchtigungen von Schülern mit geistiger Behinderung folgende Bereiche umschließt:

– „Förderung in den Bereichen der Motorik und der Wahrnehmung, der Kommunikation, der Emotionalität und des Sozialverhaltens,
– Entwicklung von Merkfähigkeit, Aufbau von Transferkompetenz, vorausschauendem Denken und Problemlöseverhalten,
– Entwicklung der Kommunikationsfähigkeit durch Lautsprache, Gebärden, Bildsymbole und andere Formen,
– Aufbau und Gestaltung des Sprachverständnisses, des sprachlichen Ausdrucksvermögens und des Sprechvermögens,
– Begriffsbildung und Anwendung von Begriffen,
– Ermöglichung von Erfahrungen zur alters- und geschlechtsspezifischen Entwicklung, zu Ich-Identität und Sinnfindung,
– Entwicklung einer selbstbestimmten Handlungsfähigkeit,
– Orientierung im Umfeld, Erarbeiten von Kenntnissen in den Bereichen Gesundheit, Umwelt, Natur und Technik,
– Vermittlung grundlegender Fähigkeiten und Handlungsmöglichkeiten in den Bereichen des Lesens, Schreibens und Rechnens,
– Begegnung mit Musik, Rhythmik, bildnerischen und bewegungsbetonten Möglichkeiten sowie Religion, Sport und Hauswirtschaft,
– Aufbau von Selbständigkeit in Bereichen von Selbstversorgung, von Spiel und Freizeit, von sozialen Beziehungen und sozialem Umfeld sowie von Arbeit und Beschäftigung,
– Gebrauch von Hilfsmitteln sowie Annehmen und Beachten von Lernhilfen, Pflege und Beratung,
– Unterstützung des familiären und sozialen Lebensfeldes" (KMK-Empfehlungen 1998, 4 f.).

Diese Aufgabenbereiche gelten grundsätzlich für alle Schüler mit geistiger Behinderung in allen Lernorten, also auch im gemeinsamen Unterricht bzw. in Integrationsschulen.

4.2.4 Ziele für Schüler mit schwersten Behinderungen

Basale Förderung

Kinder und Jugendliche mit schwersten Behinderungen benötigen eine weitere Elementarisierung dieser Ziele. Sie bedürfen zur Sicherung ihrer existenziellen Grundbedürfnisse basaler Erfahrungen, die die Voraussetzung für Lernen auf einer komplexeren Stufe bilden. Sie brauchen „körperliche Nähe, um andere Menschen und Dinge wahrnehmen und mit ihnen in Beziehung treten zu können. Dafür müssen alle Sinne angesprochen werden. Durch sonderpädagogische Hilfe werden alle Sinne wie die Tiefensinne, die Sinne der Haut, der Geruch, des Gehörs und des Tastens angesprochen. Die Kinder und Jugendlichen sollen Sinnesreize bemerken und beantworten, Handlungen wiederholen, dabei Gewohnheiten ausbilden und selbst durch Sinneswahrnehmung aktiv werden" (KMK-Empfehlungen 1998, 5). Anregungen für eine basale Förderung sind dem Konzept der „Basalen Stimulation" von Andreas Fröhlich (1998) zu entnehmen. „Schülerinnen und Schüler mit schwerer Mehrfachbehinderung benötigen Menschen, die ihnen die Umwelt auf elementare Weise vermitteln … Sie brauchen Bezugspersonen, die ihre individuellen Ausdrucksformen auch ohne Lautsprache verstehen und die durch die Vermittlung der Kommunikationsformen wie Mimik, Gestik, Gebärden, Symbole und Bilder eine kommunikative Beziehung aufbauen können" (S. 5). Der „beziehungsorientierte Unterricht" (Fornefeld 1997) trägt dieser Forderung Rechnung und zeigt anhand von Beispielen, wie kommunikative Beziehung im Unterricht mit schwerstbehinderten Schülern realisiert werden kann.

Durch die Zunahme von Schülern mit schwersten Behinderungen hat sich auch das didaktische Denken der Schulform verändert. Unterricht hat auch pflegerische und therapeutische Maßnahmen zu integrieren. „Die Schule für Geistigbehinderte arbeitet heute mit Verfahren der aktivierenden Pflege und der Förderpflege, die aus medizinischen Tätigkeitsbereichen übernommen sind, mit körperorientierten und körperzentrierten Verfahren, die zunächst als psychologische Interventionsverfahren entwickelt worden sind, mit verhaltenstherapeutischen Techniken, deren Ursprung ebenfalls klinisch ist, bis hin zu Unterrichtsverfahren" (Pitsch 1998, 143), die auch im Regelschulbereich Anwendung finden. Vor dem Hintergrund der individuellen Bedürfnisse ihrer sehr heterogenen Schülerschaft hat sich innerhalb der Geistigbehindertenpädagogik eine sehr differenzierte Didaktik entwickelt. Die Spezifizierung der Methoden hat dazu geführt, dass sowohl Schüler mit schwersten Behinderungen als auch leichter behinderte im gemeinsamen Unterricht erreicht werden. Ganz gleich wo der Unterricht stattfindet und wie schwer ein Schüler im Lernen beeinträchtigt ist, Ziele und Inhalte des Unterrichtes müssen „im Blick auf die Lernvoraussetzungen und den Sonderpädagogischen Förderbedarf der Schülerinnen und Schüler modifiziert werden. Sie sind in eigenen Lehrplänen dargestellt und münden in individuellen Förderplänen ein" (KMK-Empfehlungen 1998, 10). Die Erstellung von Lehr- und individuellen Förderplänen (Unterrichtsplanung und -vorbereitung) ist Aufgabe von Lehrerinnen und Lehrern in der Schule für Geistigbehinderte wie in der integrativen Schule und setzt bei ihnen didaktische Kenntnisse und methodische Kompetenzen voraus.

Komplexe Maßnahmen

4.2.5 Didaktische Aspekte schulischer Erziehung

Didaktik

Der Begriff der Didaktik kommt aus dem Griechischen (didaktiké téchne) und bedeutet „Lehrkunst", „Lehre vom Lehren" bzw. „Unterrichten". In der Fachliteratur gibt es eine Fülle von einander zum Teil widersprechenden Definitionen. Die verschiedenen Positionen stimmen aber darin überein, dass sich Didaktik auf die Praxis und Theorie des Lehrens und Lernens bezieht.

Straßmeier definiert sie folgendermaßen: *„Didaktik ist die Theorie und Praxis des unterrichtlichen Handelns"* (2000, 10).

Dieses umfassende Didaktikverständnis beinhaltet folgende Erklärungs-, Analyse- und Planungsbereiche (Meyer/Jank 1994, 16):

Lernsubjekt (Wer soll lernen?)

Ziele (Wozu soll gelernt werden?)

Begründung (Warum soll gelernt werden?)

Inhalte (Was soll gelernt werden?)

Methoden (Wie soll gelernt werden?)

Medien (Womit soll gelernt werden?)

Lernort (Wo soll gelernt werden?)

Die Didaktik hat diese Elemente in Relation zueinander zu betrachten, zu gewichten und in der Praxis, im konkreten Unterricht zu realisieren.

Unterrichts-planung

In der didaktischen Analyse, der Unterrichtsplanung, haben Lehrer diese verschiedenen Aspekte, die Entscheidungsfelder, zu berücksichtigen. Das heißt, vor dem Hintergrund der individuellen Lernmöglichkeiten jeden Schülers einer Klasse muss der Lehrer oder die Lehrerin Erziehungsziele formulieren und diese begründen. Es müssen adäquate Inhalte gesucht werden, mit denen die Ziele zu erreichen sind. Anschließend sind Methoden und Medien auszuwählen, die die beste Vermittlung des Inhaltes gewährleisten. Die Unterrichtsvorbereitung ist also eine komplexe Aufgabe, weil der Lehrer dazu verschiedene Planungselemente gleichzeitig betrachten und entsprechend den individuellen Lernvoraussetzungen der Schüler sowie der strukturellen Bedingungen der Klasse (Rahmenbedingungen von Unterricht, z. B. Personalbesetzung, Raum- oder Materialausstattung usw.) gewichten muss.

In der schulischen Erziehung von Menschen mit geistiger Behinderung sind drei didaktische Vorgehensweisen wichtig: der entwicklungsorientierte Ansatz, der handlungsorientierte Ansatz und der fachorientierte Unterricht. Sie sollen hier kurz skizziert werden.

„Mit dem normativen Entwicklungsmodell ist ein Unterrichts- Entwicklungs-
ansatz gemeint, bei dem die normalen Entwicklungsverläufe als orientierte
Zielsetzung der pädagogischen Förderung maßgeblich werden" Didaktik
(Speck 1999, 245). Das normative Entwicklungsmodell geht von
der Grundannahme aus, dass menschliche Entwicklung immer nach allgemeingültigen (biologischen) Gesetzmäßigkeiten
verläuft, sich bei Kindern mit geistiger Behinderung lediglich in
Geschwindigkeit und Gewichtung der einzelnen Funktionsbereiche unterscheidet. „Die theoretische Position des normativen
Entwicklungsmodells lässt sich in folgenden Punkten grob
skizzieren:

1. Reifung und Änderung des Verhaltens folgen einer Entwick-
   lungshierarchie, z. B. lernen Kinder das Ergreifen eines Ge-
   genstandes eher als das Loslassen, das Produzieren von Lauten eher als das Sprechen von Wörtern u. a.
2. Die Aneignung von Verhalten schreitet vom Erlernen einfa-
   cher zum Erlernen mehr komplexer Leistungen fort, z. B. lernen Kinder zunächst, ihre Augen für einfachere Wahrnehmungen zu gebrauchen, bevor sie lesen lernen können.
3. Komplexeres Verhalten ist das Resultat der Koordinierung
   und Modifizierung von Verhaltensweisen mit einfacheren Be-
   standteilen; man denke etwa an die Hand-Auge-Koordination,
   der das Erlernen des gezielten Sehens und des Greifens vo-
   rausgeht" (S. 246).

Die theoretischen Überlegungen münden in ein Entwicklungs-
konzept, das vorwiegend in der Frühförderung und bei Schülern
mit schwersten Behinderungen Anwendung findet und durch
folgende Merkmale charakterisiert ist:

- systematisches Lernen (Präzisions-Lernen)
- Lernen in kleinen Schritten
- kontrollierbares Lernen
- klare Planungsgliederung nach Funktionsbereichen und Sequenzen
- überprüfbare Berücksichtigung des individuellen Entwicklungsstandes
- Vermeiden von Überforderungen
- basales Lernen, „Lernen des Lernens"
- Lernmöglichkeiten für Schüler mit schwersten Behinderungen (vgl. S. 247).

„Während der entwicklungsbezogene Unterrichtsansatz im Be- Handlungs-
sonderen durch die Gebundenheit der Lernziele und Lernpro- orientierte
zesse gekennzeichnet ist, zielt der handlungsorientierte Ansatz Didaktik
auf *relativ offenes Agieren in realen Lebenssituationen*. Es geht um den
Erwerb von *Handlungskompetenz* über eigene Aktivität und Erfahrung" (Speck 1999, 253). Der handlungsbezogene Unterricht be-

zieht sich immer auf ganz reale Lebenssituationen, in denen der Schüler mit geistiger Behinderung selbständig zu entscheiden und zu handeln lernen soll. Ziel ist es, über die Herausforderung der Selbsttätigkeit, über eigene Aktivitäten und Erfahrungen, möglichst viele Handlungskompetenzen zu erwerben. Handeln wird durch Handeln gelernt. Da Menschen mit geistiger Behinderung Schwierigkeiten im Erlernen abstrakter Sachverhalte haben, ist für sie handlungsbezogenes Lernen wichtig. Der realitätsnahe Unterricht bietet ihnen situationsgerechte und individuellen Fähigkeiten entsprechende Handlungsmöglichkeiten. Handlungsbezogener Unterricht ermöglicht:

- Lernen in Sinnzusammenhängen (Situationen)
- Tätigwerden in sozialen Bezügen
- Erfahren von Sachzusammenhängen
- Ausbildung von Selbstbewusstsein
- lebenspraktische Aufgabenbewältigung und Orientierung
- Einsicht und Kreativität (vgl. S. 254).

Für Speck greifen entwicklungs- und handlungsorientierter Ansatz ineinander. Das Entwicklungsmodell setzt entwicklungsmäßig früher an und bildet die Voraussetzung für das Erlernen von Handlungskompetenzen.

Fachorientierter Unterricht

Der Fachorientierte Unterricht bezieht sich auf einzelne Fächer, wie etwa die religiöse Erziehung, Sport, Musik oder das Lesen. Hier steht das Fach mit seiner spezifischen Didaktik im Vordergrund. Während der handlungsorientierte Unterricht fächerübergreifend ist, steht im Fachunterricht die Sachstruktur eines Faches im Vordergrund. Der Unterricht erfolgt in Form eines Lehrgangs. „Als fachspezifische Vorgehensweisen sind natürlich Ziel- und Methodenkonzepte für den Bereich der Kulturtechniken zu sehen", sagt Straßmeier (2000, 39). Ebenfalls stark fachdidaktisch orientiert seien das Werken, die rhythmisch-musikalische Erziehung, Hauswirtschaft und Textilgestaltung (vgl. S. 40). Handlungsorientierter Unterricht und fachorientierte Lehrgänge ergänzen einander.

Für die Unterrichtsgestaltung gelten folgende Grundsätze als durchgängige, das heißt alle Lernbereiche und Unterrichtsfächer betreffende Prinzipien:

Handlungsorientierung: Es sollten keine isolierten Funktionen geübt werden, sondern sie sollen für den Schüler in einem sinnvollen Sinn- und Handlungszusammenhang stehen.

Bewegungsförderung: „Bewegungsförderung soll zu Körpererleben und Interesse an der Bewegung führen, die Wahrnehmung unterstützen und Freude am Gemeinschaftsleben vermitteln" (KMK-Empfehlungen 1998, 11).

Förderung der Wahrnehmung: Sie soll den gesamten Unterricht begleiten, weil sie wichtige Voraussetzung für Lernen an sich ist. „Wahrnehmungsförderung unterstützt die Herausbildung von kognitiven Fähigkeiten, dazu Konzentrations- und Anstrengungsbereitschaft, Belastbarkeit und Ausdauer, vor allem aber auch Phantasie und Kreativität" (S. 11).

Förderung kommunikativen Handelns: Die Entfaltung kommunikativer Fähigkeiten hat bei Menschen mit geistiger Behinderung einen besonderen Stellenwert und muss darum den gesamten Unterricht durchziehen. „Mit dem Erwerb der Fähigkeit zum intentionalen Zeichengebrauch gewinnen die Kinder und Jugendlichen Möglichkeiten, Bedürfnisse und Gefühle auszudrücken sowie Mitmenschen zu verstehen und auch anzusprechen, ggf. auch mit Gebärden, Bildern und anderen Formen. Kommunikationsförderung erwirkt Möglichkeiten, die Umwelt zu erschließen, zu ordnen und schließlich zu begreifen" (S. 11).

Förderung des Denkens: In den verschiedenen Unterrichtssituationen und -anlässen ist immer mitzubedenken, wie Merkfähigkeit, vorausschauendes Denken, Begriffe sowie das Beurteilen und Bewerten von Zusammenhängen (S. 11) angebahnt werden können.

Förderung sozialer Kompetenz: Unterricht soll Schüler befähigen, soziale Beziehungen innerhalb und außerhalb der Schule eingehen und beurteilen zu können. Miteinander Lernen ist darum ein wichtiges Prinzip des Unterrichtes. Der Unterricht bedarf „der Zielsetzung, personale Zuwendung zu erleben, sich anderen zuzuwenden und Zuwendung zu beantworten, sich mitzuteilen, Beziehungen zu gestalten sowie Umgangsformen und Regeln zu beachten" (S. 12).

Anhand der dargestellten Prinzipien wird deutlich, dass die schulische Erziehung nicht nur die Aufgabe hat, Schülern mit geistiger Behinderung Fach- bzw. Sachinhalte (Lesen, Schreiben, Rechnen oder Sport, Religion u. a. m.) zu vermitteln, sondern sie gibt auch Hilfen, „zu einem Leben zu finden, das als sinnerfüllt erfahren werden kann" (S. 12). Erziehung und Unterricht schaffen „Lebensraum, in dem Schülerinnen und Schüler lernen, zu spielen, zu arbeiten, sich zu versorgen, Freizeit zu gestalten, zu wohnen, aber auch sich unabhängig von anderen zu beschäftigen" (S. 12). Insofern tragen Erziehung und Unterricht auch zur Lebensbewältigung bei.

Zusammenfassung

Zum Bildungsrecht:
Antor, G., Bleidick, U. (Hrsg.) (1995): Recht auf Leben – Recht auf Bildung. Aktuelle Fragen zur Behindertenpädagogik. Heidelberg

Zur Integration:
Eberwein, H. (Hrsg.) (1997[4]): Behinderte und Nichtbehinderte lernen gemeinsam. Handbuch der Integrationspädagogik. Weinheim/Basel
Pitsch, H.-J. (1998): Zur Didaktik und Methodik des Unterrichts mit Geistigbehinderten. Oberhausen

Schöler, J. (1993): Integrative Schule – Integrativer Unterricht. Ratgeber für Eltern und Lehrer. Hamburg

Zur Didaktik:
Schulte-Peschel, D., Tödter, R. (1996): Einladung zum Lernen. Geistig behinderte Schüler entwickeln Handlungsfähigkeit in einem offenen Unterrichtskonzept. Dortmund
Straßmeier, W. (2000): Didaktik für den Unterricht mit geistig behinderten Schülern. 2. Aufl. München/Basel

4.2.6 Übungsaufgaben zu Kapitel 4.2

Aufgabe 31

Welche Beschulungsorte für Kinder und Jugendliche mit geistiger Behinderung gibt es in der BRD?

Aufgabe 32

In welchem Verhältnis stehen Lebens- und Bildungsrecht zueinander?

Aufgabe 33

Warum vertritt die Geistigbehindertenpädagogik ein weites Verständnis von Bildung und wie lautet es?

Aufgabe 34

Wodurch unterscheidet sich die Schule für Geistigbehinderte von anderen Schulformen?

Aufgabe 35

Nennen Sie die verschiedenen Schulstufen der Schule für Geistigbehinderte.

Aufgabe 36

Welches übergeordnete Erziehungs- und Bildungsziel verfolgt die Schule für Geistigbehinderte?

Aufgabe 37

Nennen Sie mindestens fünf Erziehungsbereiche für Schüler mit geistiger Behinderung.

Aufgabe 38

Welche didaktischen Ansätze kommen im Unterricht mit geistig behinderten Schülern zum Tragen?

4.3 Erwachsenenbildung

Pädagogische Grundsätze und erzieherische Angebote, wie sie in Frühförderung und schulischer Erziehung von Kindern und Jugendlichen mit geistiger Behinderung Gültigkeit haben, finden seit Anfang der 70er Jahre ihre Fortführung in der Erwachsenenbildung. Zu dieser Zeit erkannte man, dass zum Erhalt erworbener Fähigkeiten eine Weiterbildung über die Schulzeit hinaus notwendig ist. Während Menschen ohne Behinderung zunehmend unabhängiger von pädagogischer Anleitung werden, ihr Leben selbstverantwortlich gestalten, ihren Bildungsbedarf einfordern und selbständig organisieren können, benötigen Menschen mit geistiger Behinderung auch im Erwachsenenalter Unterstützung und Förderung von außen. „Die eintretende relative Selbständigkeit reicht nicht aus, um die Befriedigung der eigenen, weiterreichenden Lern- und Erfahrungsbedürfnisse zu reflektieren und in Programme umzusetzen. Erwachsene mit geistiger Behinderung können ihre eigene Weiterbildung nicht selbst in die Hand nehmen und organisieren. Sie brauchen eine *subsidiäre Weiterbildung*" (Speck 1999, 337). Bildung dient bei Erwachsenen mit geistiger Behinderung dem Erhalt von Fähigkeiten und der Weiterentwicklung von Selbstbestimmungsmöglichkeiten in unterschiedlichen Lebensbereichen. In der Empfehlung zur „Erwachsenenbildung bei geistiger Behinderung", die vom Pädagogischen Ausschuss der Lebenshilfe 1972 herausgegeben wurde, heißt es darum: „Nicht mehr lebenslange Führung (im Sinne von Bevormundung) war Prämisse, sondern eine altersgemäße Anregung, Anleitung und Hilfe zu einer weitgehenden Selbständigkeit, innerer Erfüllheit und Eingliederung in das Leben unserer Gesellschaft" (Niermann 1999, 5).

Erwachsenenbildung ist heute *Hilfe zur Selbstbestimmung* und *Lebensgestaltung*. Sie gehört neben Frühförderung und schulischer Bildung zu den zentralen Säulen des Bildungsangebotes für Menschen mit geistiger Behinderung. Die Erwachsenenbildung findet in unterschiedlichen Institutionen statt und umschließt ein differenziertes Bildungsangebot, das heute von der beruflichen Weiterqualifizierung über Kurse zur Konfliktlösung bis zu Freizeitaktivitäten reicht. Die nachfolgende Darstellung der Zielsetzung und Organisationsstruktur soll einen ersten Einblick in das komplexe System der Erwachsenenbildung vermitteln.

Erwachsenenbildung
bei geistiger
Behinderung

4.3.1 Zielgruppe und Institutionen der Erwachsenenbildung

Die Angebote der Erwachsenenbildung richten sich an Menschen mit geistiger Behinderung ab dem 16. Lebensjahr, von denen Erwachsene mit schwersten Behinderungen und alte Menschen mit geistiger Behinderung grundsätzlich nicht ausgeschlossen sind. Da die Bildungsangebote nicht nur der Selbstbestimmung und -entfaltung, sondern vor allem auch der Integration dienen, sollten sie für Kursteilnehmer ohne Behinderung geöffnet werden bzw. Menschen mit geistiger Behinderung die Teilnahme an allgemeinen Angeboten ermöglichen. Die gemeinsame, integrative Erwachsenenbildung bildet derzeit aber eher noch eine Ausnahme. Was das konkret heißt, sollen zwei Praxis-Beispiele zeigen:

Frau A. arbeitet neben ihrem Studium in einem Wohnheim für Menschen mit geistiger Behinderung in der Nähe von Köln. An einem Abend in der Woche begleitet sie einen Bewohner in die örtliche Volkshochschule, wo er den Kochkurs „Arabische Küche" besucht. Er ist der einzige Teilnehmer mit Behinderung und benötigt Hilfen beim Lesen des Rezeptes und beim Aussuchen der teilweise unbekannten Zutaten. Es hat eine Weile gedauert, bis die anderen Teilnehmer sich an ihn gewöhnt und ihn akzeptiert haben. Hier musste Frau A. erklärend und unterstützend tätig sein.

Herr S. lebt in einer Außenwohngruppe eines Behindertenheimes im Rheinland. Einmal in der Woche wird er nach der Rückkehr aus der Werkstatt für Behinderte mit dem Bus abgeholt und in den Kreativbereich des Stammhauses gebracht, wo er mit anderen Bewohnern an einem Bastelkurs teilnimmt. Geleitet wird der Kurs von einem Mitarbeiter des Heimes.

Erwachsenenbildung für Menschen mit geistiger Behinderung kann, wie die Beispiele zeigen, an unterschiedlichen Orten stattfinden, d.h. von verschiedenen Institutionen angeboten und organisiert werden. Wobei das Personal von ehrenamtlich Tätigen bis zu pädagogischem Fachpersonal reicht. Spezielle oder integrative Kurse für Erwachsene mit geistiger Behinderung bieten an:

- öffentliche Volkshochschulen
- kirchliche Erwachsenenbildungseinrichtungen (kirchliche Akademien)
- eigenständige Träger (z.B. Theodor-Heckel-Bildungswerk, München)
- Einrichtungen der Rehabilitation (z.B. Ev. Heimvolkshochschule Lindenhof der v. Bodelschwinghschen Anstalten Bethel, Bielefeld)
- Werkstätten für Behinderte
- Wohnheime

Trotz der Verschiedenheit der Bildungsorte verfolgen sie in der Erwachsenenbildung doch gemeinsame Zielsetzungen, bieten vergleichbare Inhalte an und bedienen sich gleicher Vermittlungsmethoden.

4.3.2 Ziele und Inhalte der Erwachsenenbildung

Erwachsenenbildung hat die Aufgabe, Menschen mit geistiger Behinderung fortzubilden und Hilfestellungen zur Selbstbestimmung und Lebensgestaltung zu geben. Um diese Funktionen erfüllen zu können, muss sie sich an den Bedürfnissen von Menschen mit geistiger Behinderung orientieren und gezielte Angebote entwickeln.

Aufgaben der Erwachsenen-bildung

Erwachsenenbildung bei geistiger Behinderung beinhaltet „ein *umfassendes* Angebot, das sich auf all die Lebensbereiche zu erstrecken hat, die für den Einzelnen in seiner sozialen Situation existentiell bedeutsam sind" (Speck 1999, 338). Solche Bereiche sind:

- Arbeit, berufliche Bildung
- Freizeit
- Alltagsbedürfnisse
- Ablösung vom Elternhaus
- Wohnen
- Partnerschaft
- Geselligkeit
- Individuelle Interessen und Vorlieben
- Bewältigung von Lebenskrisen

An der Aufzählung wird deutlich, dass die Erwachsenenbildung alle Lebensbereiche berücksichtigt. Dabei geht es ihr aber ausdrücklich nicht um eine „totale Pädagogisierung des Erwachsenenlebens bei geistiger Behinderung" (S. 338). Bildung hat hier eine weitreichendere Bedeutung. Sie unterstützt den Menschen mit Behinderung bei der *Verwirklichung seines Lebenssinns* und bei der *Gestaltung der eigenen Lebenswelt.* Sie gibt Hilfen zur *Identitätsentwicklung* (Persönlichkeitsbildung), zur *Ausbildung von Beziehungen* zur Umwelt und zur *Partizipation* und *Integration* (vgl. auch Speck 1990, 5). Niemann konkretisiert diese Zielsetzungen in einem unveröffentlichten Merkblatt der Heimvolkshochschule Lindenhof, Bethel 1999, indem er sie in drei Zielbereiche gliedert und diesen inhaltliche Schwerpunkte zuordnet:

1. Personalisationshilfe
- Kenntnisse und Fähigkeiten zur Bewältigung des Alltags (einschließlich Wohnen)
- Hilfe zur Überwindung persönlicher Probleme (Selbstbehauptung)
- Vermittlung von Inhalten und Werten zu einer selbstbestimmten Lebensführung
- Gelegenheit schaffen, um Entscheidungen und selbstverantwortetes Handeln einzuüben und zu erproben

2. Hilfe zur sozialen Partizipation
- Kommunikative Fähigkeiten
- Soziale Regeln des Zusammenlebens
- Hilfen zur Verarbeitung sozialer Konflikte
- partnerschaftlicher, zwischengeschlechtlicher Kontakt
- Erweiterung der Umfeldorientierung, des kulturellen Erfahrungsraums, Zeitgeschehens usw.

3. Lebensnahe Handlungsfelder
- Alltag im Wohnbereich
- Musisch-kreativer Bereich (Sport, Spiel, Musik, Theater ...)
- Technischer Bereich (Foto, Video, Computer ...)
- Partnerschaft und Gruppe (Tanz, Feiern ...)
- Unsere Stadt/unsere Region
- Exkursionen und Reisen

Die Aufzählung möglicher Inhalte zeigt, dass Erwachsenenbildung bei Menschen mit geistiger Behinderung Zielgruppenarbeit (Schwarte 1991) ist. Das heißt, die inhaltliche Schwerpunktsetzung erfolgt adressatenbezogen und zielgruppenspezifisch (Frauen, Senioren, integrative Gruppen usw.). Sie orientiert sich nicht an den Defiziten der bisherigen Erziehung, sondern an den individuellen Möglichkeiten eines lebenslangen Lernens. Bildungsarbeit mit Erwachsenen umfasst für Schwarte darum nicht nur die Bereiche Freizeit, Umwelt, Alltag und Lebenspraxis, sondern auch die Arbeitswelt, Ablösung vom Elternhaus oder die Bewältigung von Lebenskrisen. Wie die Geistigbehindertenpädagogik insgesamt nimmt auch die Erwachsenenbildung den behinderten Menschen mit seiner Lebenswelt in den Blick.

4.3.3 Grundprinzipien der Erwachsenenbildung

„Erwachsene müssen als Erwachsene angesprochen werden, auch wenn sie geistig behindert sind", fordert Speck (1999, 340). Obwohl diese Forderung so selbstverständlich klingt, wird sie selten erfüllt, weil Menschen mit geistiger Behinderung häufig auch als Erwachsene wie Kinder angesprochen und behandelt werden. Diese Infantilisierung hindert sie daran, ein selbstbestimmtes Leben, ein Leben nach ihren Vorstellungen und Bedürfnissen zu führen. Die Erwachsenenbildung hat die Aufgabe, der Entmündigung entgegenzuwirken „Erwachsenenbildung für Teilnehmer mit geistiger Behinderung muss vielmehr und klar von Prinzipien der allgemeinen Erwachsenenbildung geprägt sein. Dies bedeutet u. a.

- das Berücksichtigen der persönlichen Wünsche der Teilnehmer, z. B. bei der Auswahl von Kursen
- das Respektieren eigener Entscheidungen
- das bewusste Einbeziehen von Mitbestimmung für den Ablauf bestimmter Kurse" (S. 340).

Bildungsangebote für Erwachsene sind *freiwillige* Angebote, bei denen sich Sachbezogenheit und Personenbezogenheit ergänzen. „Auf der einen Seite sind deshalb Kurse notwendig, die um eines im einzelnen definierten Lernergebnisses willen und auf Grund eines der Sache her einzuhaltenden Lehr- und Lernablaufs inhaltlich und sequentiell näher strukturiert, also mehr geschlossen sind, z. B. ‚Wir bereiten eine Mahlzeit' oder ein ‚Nähkurs'. Auf der anderen Seite sind Angebote gefragt, die mehr offen gehalten bleiben für momentane und interaktionale Bedürfnisse nach Interessen der Teilnehmer. Soziale und emotionale Aspekte kommen stärker zum Tragen" (S. 340). Solche eher offenen Angebote sind z. B. Kurse im kreativen Bereich, wie Theaterspiel oder Musizieren, aber auch Spiel- und Sportangebote.

Sachbezogenheit – Personenbezogenheit

Ein Beispiel aus Köln:

In Kooperation mit dem Seminar für Geistigbehindertenpädagogik der Universität zu Köln arbeiten Heil- und Sonderpädagogen in der Theatergruppe „Erlebnistheater SinnFlut e. V.". Diese Theatergruppe hat eine Form von Theater entwickelt, die auch Menschen mit schweren Behinderungen vielfältige Erlebnismöglichkeiten bietet, und wendet sich mit Aufführungen an Menschen mit und ohne Behinderungen jeglichen Alters. (Kontaktadresse s. Anhang)

Abb. 26:
Szenenfoto aus einer Aufführung des „Werther" (Goethe), SinnFlut e.V.

Didaktik

Die didaktisch-methodische Vorgehensweise bei Erwachsenen mit geistiger Behinderung unterscheidet sich von der üblichen Erwachsenenbildung, weil bei ihnen eine stärkere Orientierung „an konkretem Handeln in realen Situationen" (Speck 199, 340) erforderlich ist. Darum haben didaktische Konzepte wie die Handlungsorientierung, Vorhaben- und Projektmethode in der Kursgestaltung Vorrang. Die ersten Modelle zur Erwachsenenbildung, wie etwa das Theodor-Heckel-Bildungswerk für Menschen mit geistiger Behinderung in München oder das „Heidelberger Modell" haben inzwischen bundesweit zur Bildung ähnlicher Einrichtungen und Angebote geführt. Durch diese ist das Leben für Erwachsene mit geistiger Behinderung „bunter" geworden. Neben der Arbeit in der Werkstatt und dem meist gleichförmigen Leben in der Familie oder im Wohnheim, haben sie jetzt die Möglichkeit, ihre Freizeit selbstbestimmter und kreativer zu gestalten und sich ein Leben lang weiterzubilden.

Nachfolgend werde ich exemplarisch einige Aufgabenfelder der Geistigbehindertenpädagogik im Rahmen von Erwachsenenbildung skizzieren: die Bereiche Arbeit und Wohnen.

Schwarte, N. (1991): Erwachsenenbildung für Menschen mit geistiger Behinderung. Marburg

Speck, O. (1990): Standortbestimmung und Perspektiven der Erwachsenenbildung bei Menschen mit geistiger Behinderung. Erwachsenenbildung und Behinderung. 1, 3–7

4.3.4 Übungsaufgaben zu Kapitel 4.3

Aufgabe 39

Weshalb benötigen Menschen mit geistiger Behinderung im Erwachsenenalter Bildung?

Aufgabe 40

Welche Bereiche umschließt die Erwachsenenbildung für Menschen mit geistiger Behinderung?

Aufgabe 41

Nennen Sie die wichtigsten Ziele von Erwachsenenbildung bei Menschen mit geistiger Behinderung.

4.4 Arbeit – Die Werkstatt für Behinderte

In das Thema der Berufstätigkeit von Menschen mit geistiger Behinderung einführen möchte ich mit einem Praxisbeispiel, das die Bedeutung der Arbeit für den Erwachsenen zeigt und zudem verdeutlicht, welche Rolle der Geistigbehindertenpädagogik im Bereich der Arbeit zukommt.

Frau S. arbeitet in einer Werkstatt für Behinderte. Als sie vor 56 Jahren mit Down-Syndrom geboren wurde, gab es weder Frühförderung noch Sonderschulen für Kinder mit geistiger Behinderung. Als Frau S. ins Schulalter kam, erhielt sie auf Initiative der Eltern Hausunterricht. Dieser Unterricht bestand hauptsächlich aus Schreibübungen und Handarbeitsunterricht. Frau S. hat immer in der Familie gelebt. Sie half ihrer Mutter bei Arbeiten in Haus und Garten. Mit gehäkelten Topflappen, die an Bekannte verkauft wurden, verdiente sie sich ein wenig Taschengeld. Ihre sozialen Kontakte beschränkten sich auf Familie und Nachbarschaft. Gelegentliche Ausflüge mit den Eltern waren die einzige Abwechslung im Alltag.

Dies änderte sich, als Frau S. im Alter von 40 Jahren dem Leiter einer Werkstatt für Behinderte vorgestellt wurde und dort einen Arbeitsplatz bekam. Seitdem fährt sie morgens mit Kolleginnen und Kollegen im Werkstattbus von zu Hause zur Arbeitsstelle. Sie hat Freundschaft zu einer Frau ihres Alters geschlossen, wird von Kollegen zu Feiern eingeladen und fährt einmal im Jahr mit ihnen in den Urlaub.

Bei einem Besuch in der Werkstatt zeigte mir Frau S. ihren Arbeitsplatz. Für einen Spielzeughersteller fügt sie gemeinsam mit vier behinderten Mitarbeitern die Einzelteile eines Kreativitätsspiels zusammen. Knetgummirollen und Plastikschablonen sind in vorgestanzte Felder des Kartons einzulegen. Anschließend wird dieser mit einem bunten Deckel verschlossen und in einer anderen Abteilung der Werkstatt mit Plastikfolie und Firmenaufkleber versehen. Stolz erklärt mir Frau S., dass sie für das Einlegen der roten und gelben Knetgummirollen zuständig sei und dass sie mit den Kollegen Hand in Hand arbeiten müsse, damit das Weiterreichen des Plastiktabletts nicht ins Stocken geriete. Es sei wichtig, am Ende des Arbeitstages eine bestimmte Stückzahl zu erreichen. „Ohne mich geht hier gar nichts." „Wenn ich mich nicht beeile und träume, werden wir nicht fertig. Dann gibt es Ärger." Schwierig würde es, wenn einer mal „keinen guten Tag" hätte, was bei Frau M. öfter der Fall sei, weil sie Anfälle habe. Dann müsse Herr F. (der Gruppenleiter) einspringen, damit sie mit dem Auftrag rechtzeitig fertig würden. Besonders gerne ginge sie freitags in die Werkstatt. An diesem Tag besuche sie mit ihren Kollegen und Frau M., einer Heilpädagogin, das werkstatteigene Schwimmbad. Schön fände sie auch die Feste, Sommerfest oder Tag der offenen Tür, die in regelmäßigen Abständen gefeiert würden. Für die Organisation solcher Feste sei Frau M. und die anderen Beschäftigten des begleitenden Dienstes zuständig, nicht der Gruppenleiter.

Der Arbeitsalltag von Frau S. und ihren Kolleginnen und Kollegen vollzieht sich im Spannungsbogen von Wirtschaftlichkeit (Arbeitsmarktorientierung) der Werkstatt für Behinderte einerseits und ihren pädagogisch-therapeutischen (rehabilitativen) Aufgaben andererseits. Menschen mit geistiger Behinderung müssen das Arbeiten in der Werkstatt für Behinderte erst lernen. Sie benötigen individuelle Unterstützung ihrer Arbeit sowie Hilfen zur Persönlichkeitsentfaltung (Selbstbestimmung) und zur sozialen Eingliederung. Die im vorausgegangenen Kapitel dargestellten Grundprinzipien der Erwachsenenbildung sind also in der Werkstatt für Behinderte von Belang und finden hier in vielfältiger Weise Berücksichtigung. Die Verbindung von ökonomischen Anforderungen und heilpädagogischen wie rehabilitativen Aufgaben soll nachfolgend genauer dargestellt werden. Hierbei sollen auch Struktur, Organisation und Zielsetzung der Werkstatt für Behinderte deutlich werden. Um den Stellenwert der Arbeit im Leben von Menschen mit geistiger Behinderung erkennen zu können, ist zu klären, was Arbeit für den Menschen überhaupt bedeutet und warum es wichtig ist, adäquate Arbeitsorte für Menschen mit geistiger Behinderung zu schaffen.

4.4.1 Funktion der Arbeit

Der Alltag des Erwachsenen ist in unserem Kulturraum wesentlich durch Arbeit bestimmt. Arbeit dient zur Sicherung des Lebensunterhaltes, ist Möglichkeit zur Selbstbestätigung, zu sozialer Anerkennung und zum Leben in der Gemeinschaft. Arbeit ist für den Menschen mehr als nur wirtschaftliche Sicherheit und finanzielle Unabhängigkeit. Sie wirkt persönlichkeitsprägend und ist darum von existentieller Bedeutung. „Das Erlernen und Ausüben einer angemessenen Berufsarbeit gehört zum Grundbedürfnis des Menschen", sagt Speck (1999, 344). Die Befriedigung dieses Grundbedürfnisses darf Menschen mit geistiger Behinderung nicht vorenthalten werden. Die Äußerungen von Frau S. verdeutlichen, wie wichtig für sie ihre Arbeit geworden ist und wie sehr sich ihr Leben durch die Arbeit verändert hat. Die Tätigkeit in der Werkstatt gibt ihr das Gefühl, gebraucht zu werden, selbst Geld zu verdienen. Arbeit ist Selbstbestätigung, die wiederum zu mehr Selbstsicherheit führt. Die Werkstatt für Behinderte ist, wie das Beispiel von Frau S. zeigt, ein hochmotivierender Arbeitsort, weil sie auch ein Ort sozialer Kontakte ist. Die Berufstätigkeit ermöglichte Frau S., die beschützende Familie tagsüber zu verlassen, neue Menschen kennenzulernen, Freundschaften zu knüpfen und vielfältige Anregungen zu bekommen. Sie geht gerne in die Werkstatt, „weil da die Leute so sind wie ich".

Die Arbeit ermöglicht dem Menschen mit geistiger Behinderung „in aller Regel ein sinnvolles Entfalten seiner Aktivität, das Erleben von Leistung und Nützlichsein und damit eine Stärkung seines Selbst- und Lebensgefühls und schließlich das Mittun als Teilhaben an einem größeren Lebensbereich, dem man sich zugehörig fühlen darf" (Speck 1999, 344).

4.4.2 Arbeitsort: Werkstatt für Behinderte – Aufgaben und Ziele

In der Regel finden Menschen mit geistiger Behinderung nach Vollendung ihrer Schulpflicht keinen Arbeitsplatz auf dem freien Arbeitsmarkt. Deshalb wurden ab Mitte der 60er Jahre Werkstätten für Behinderte in größerer Zahl geschaffen. „Neben den in der Bundesvereinigung Lebenshilfe zusammengeschlossenen Elternvereinigungen sind Organisationen der freien Wohlfahrtspflege (Diakonisches Werk, Deutscher Caritas-Verband, Arbeiterwohlfahrt, Deutscher Paritätischer Wohlfahrtsverband usw.) Träger der heute als ‚Werkstatt für Behinderte' (WfB) bezeichneten Einrichtungen" (Dieterich 1999, 285). Anfänglich stand in den Werkstätten, die man „beschützende Werkstätten" nannte, das Bewahren und Beschäftigen im Vordergrund. Nach Ablauf der Schulpflicht mussten Erwachsene mit geistiger Behinderung aufgefangen bzw. beschäftigt werden, egal ob sie noch bei ihren Eltern oder in Heimen lebten. (Frau S. ist ein Beispiel für die Lebenssituation von Erwachsenen mit geistiger Behinderung vor Etablierung der Werkstätten für Behinderte.) Das Augenmerk war zunächst auf die Versorgung und Möglichkeiten der Beschäftigung gerichtet. Die Bedeutung der Arbeit für die Entfaltung der Persönlichkeit von Menschen mit geistiger Behinderung wurde zunächst nicht gesehen.

Mit dem Ausbau der Werkstätten änderte sich ihr Konzept und ihr Selbstverständnis. Diesen Aufbau- und Veränderungsprozess beschreibt Dieterich folgendermaßen: „Die zügige Entwicklung der WfB ist durch eine Reihe gesetzgeberischer Maßnahmen erklärbar. Mit dem Bundessozialhilfegesetz (BSHG) vom 30. 6. 1961 wurde es möglich, die Werkstätten entsprechend den Heimen und Anstalten zu unterstützen. Dies trug zu einer Verzehnfachung der behinderten Mitarbeiter bei (1962: 17 Werkstätten mit 5000 behinderten Mitarbeitern; 1976: 140 Werkstätten mit 53 000 behinderten Mitarbeitern)" (1999, 286). Von ihrer Konzeption her seien die Werkstätten in der „Pionierzeit der Werkstattarbeit (bis 1968)" (S. 286) unterschiedlich gewesen. Sie reichten von sozialpädagogisch bzw. „musisch" orientierten Werkstätten bis zu Großbetrieben mit Industrieproduktion; eine strukturelle Vielfalt, die sich bis heute erhalten habe (vgl. S. 286). Durch die Neufassung des Schwerbehindertengesetzes (SchwbG) vom 1.5.1974 wurde das heutige Selbstverständnis der Werkstätten zugrundegelegt.

Werkstatt für Behinderte

Heute begreift sich die Werkstatt für Behinderte als *Einrichtung zur Eingliederung von Menschen mit Behinderung in das Arbeitsleben,* in ein Arbeitsleben innerhalb und außerhalb der Werkstatt. Sie wird u. a. von der Bundesanstalt für Arbeit finanziert.

80 % der in Werkstätten Tätigen gelten als geistig behindert, 20 % als körperbehindert, sinnesgeschädigt, lernbehindert oder psychisch behindert. 1994 gab es bundesweit 590 Werkstätten für Behinderte mit etwa 160 000 Arbeitsplätzen (Stadler 1998, 185). Bei nur etwa 1 % der behinderten Mitarbeiter gelingt die Integration in den allgemeinen Arbeitsmarkt. Die Ursache für die geringe Zahl der Eingliederung liegt nicht nur in der Behinderung, sondern vordringlich auch an der Struktur unserer komplexen und technisierten Arbeitswelt, in der menschliche Arbeitskraft zunehmend durch maschinelle ersetzt wird. Bei Menschen, die aufgrund ihrer physischen oder psychischen Beeinträchtigungen die Komplexität der Arbeitswelt nicht erfassen können, wird die Integration schwierig. Für sie bleibt die Arbeit in der Werkstatt für Behinderte.

Personenkreis und Zielsetzung der WfB

Das Schwerbehindertengesetz umschreibt Personenkreis und Zielsetzung der Werkstatt für Behinderte: „Sie bietet denjenigen Behinderten, die wegen Art oder Schwere der Behinderung nicht, noch nicht oder noch nicht wieder auf dem allgemeinen Arbeitsmarkt tätig sein können, einen Arbeitsplatz oder Gelegenheit zur Ausübung einer geeigneten Tätigkeit (§52 SchwbG)" (Stadler 1998, 184). Auch wenn die Werkstatt für Behinderte ein spezieller Arbeitsort für Menschen mit Behinderung ist, finden nicht alle Aufnahme. Schwerstgeschädigte Menschen, die nicht ein Mindestmaß an Produktionsfähigkeit („Mindestmaß wirtschaftlich verwertbarer Arbeitsleistung" gem. §52 [3] SchwbG) besitzen, gelten auch hier als nicht integrierbar. Für sie wurden spezifische Beschäftigungsstätten, die sog. „Tagesförderstätten" geschaffen. Sie sind meist an Werkstätten angegliedert und werden in Kapitel 4.4.4 genauer dargestellt.

Wie bereits angedeutet, hat sich die Werkstatt für Behinderte konzeptionell verändert. Sie versteht sich heute nicht mehr als Betreuungsort, sondern als Wirtschaftsbetrieb mit speziellen heilpädagogisch-andragogischen Aufgaben und Zielsetzungen. „Durch die Werkstattverordnung von 1980 wurde ihre Aufgabe rechtlich fixiert. In der Folge kam es zu Bestrebungen, das Personal besser zu qualifizieren, sich neue Technologien nutzbar zu machen und ein eigenes Qualitätsverständnis zu entwickeln. Aufgabe der Werkstatt ist es (§ 54 SchwbG), die Leistungsfähigkeit des Behinderten zu entwickeln, zu erhöhen oder wiederzugewinnen und ein dem Leistungsvermögen angemessenes Arbeitsentgelt zu erreichen" (Stadler 1998, 185).

Arbeit, egal an welchem Ort sie stattfindet, heißt immer, Leistungsanforderungen zu stellen. „Dies entspricht durchaus auch Bedürfnissen geistig behinderter Personen. Die individuellen Leistungsmöglichkeiten sind freilich zu beachten, und dies bedeutet, daß eine Werkstatt für geistig Behinderte eigenen Normen zu folgen hat, die nicht nur vom Kosten-Nutzen-Prinzip bestimmt sind" (Speck 1999, 346). Die Werkstatt für Behinderte versteht sich als ein Lernort, ein Ort der Bildung, der zur Entfaltung der Persönlichkeit von Menschen mit Behinderung dient, zugleich ist sie aber auch ein Ort von Leistung und Produktivität; ein Betrieb, in dem u. a. industrielle Fertigungsweisen zum Einsatz kommen. Die verschiedenen Funktionen der Werkstatt für Behinderte lassen sich folgendermaßen charakterisieren:

- Realisation des gesellschaftlichen Auftrags der Eingliederungshilfe für Menschen mit Behinderung,
- Dienstleistungsbetrieb und Lernort für Menschen mit Behinderung,
- Fertigungsbetrieb für Kunden mit allen Anforderungen, die diese an einen Wirtschaftsbetrieb stellen.

Die Aufgabe der Werkstatt für Behinderte ist schwierig, weil sie verschiedene, z. T. polare Interessen miteinander verbinden muss. Auf der Zielebene muss sie sowohl ein hohes Maß an finanzieller Unabhängigkeit des behinderten Menschen als auch seine Integration in normale Arbeitsprozesse der Nichtbehinderten anstreben; auf der anderen Seite will die Werkstatt für Behinderte auch die individuelle Förderung der Persönlichkeit durch professionelle pädagogische Angebote in schützender Umgebung gewährleisten (Dieterich 1999, 293). Als Fertigungsbetrieb muss sie ökonomische mit individuellen, personengebundenen Interessen und Bedürfnissen verbinden. Das heißt, auf der einen Seite steht „die Durchführung von (oft monotonen und monatelang andauernden) Industrieaufträgen und auf der anderen Seite die ,kreative Einzelarbeit', die häufig ohne feste Produktionsaufträge und Verkaufsabsichten hergestellt werden" (S. 293). Aber gerade die „kreative Einzelarbeit" ist unter heilpädagogischen Gesichtspunkten für den Menschen mit Behinderung wichtig. Hierbei lernt er z. B. bestimmte Fertigkeiten, die für andere Arbeitsprozesse Voraussetzung, aber unter ökonomischen Gesichtspunkten unrentabel sind.

Die Verbindung beider Ebenen, die der Wirtschaftlichkeitsinteressen einerseits und die der Rehabilitation behinderter Menschen andererseits werden von den Werkstätten unterschiedlich realisiert. Heute existieren verschiedene Formen von Werkstätten:

Industriewerkstatt (im Sinne eines Industriebetriebs geführte WfB)

Verbundwerkstatt (Zusammenschluss verschiedener Werkstätten zu einem Verbund, in dem Industrieaufträge den einzelnen Werkstätten je nach Ausrüstungs- und Arbeitskapazität zugewiesen werden)

Anthroposophisch geleitete Werkstätten (Werkstätten mit speziell weltanschaulichem Konzept)

Spezialwerkstätten (Spezialisierung hinsichtlich Behinderungsart, z. B. Werkstätten für psychisch Kranke, oder bezüglich der Arbeitsaufgabe, z. B. Spezialisierung auf bestimmte Arbeitsaufträge)

Arbeitspädagogische Werkstätten (Hier steht die individuelle Förderung des behinderten Mitarbeiters im Vordergrund)

4.4.3 Struktur der Werkstatt für Behinderte

Aufgenommen in Werkstätten für Behinderte werden Jugendliche und Erwachsene:

– nach Abschluss einer Sonderschule oder Tagesbildungsstätte o. Ä.
– ohne Schulausbildung
– Erwachsene, die trotz mehrfacher Vermittlungs- und Arbeitsversuche wegen ihrer Behinderung auf dem allgemeinen Arbeitsmarkt keinen Arbeitsplatz finden
– Erwachsene mit Schul- und Berufsausbildung, die wegen ihrer starken Beeinträchtigung nicht, noch nicht oder noch nicht wieder auf dem allgemeinen Arbeitsmarkt tätig sein oder in anderen beruflichen Rehabilitationsstätten keine geeignete Förderung erhalten können.

Die Werkstatt für Behinderte gliedert sich in verschiedene Bereiche, die aufeinander aufbauen bzw. miteinander verzahnt sind.

Eingangsverfahren: Nach Aufnahme wird in den ersten vier Wochen (Verlängerung bis zu drei Monaten möglich) geklärt, „ob die Werkstatt die geeignete Einrichtung zur beruflichen Eingliederung ist und inwieweit eine Beschäftigung im Arbeitsbereich oder auf dem allgemeinen Arbeitsmarkt möglich erscheint" (Stadler 1998, 186).

Arbeitstrainingsbereich: Die Eingliederung in diesen Bereich dauert zwei Jahre, in denen ein Grund- und ein Aufbaukurs absolviert wird. Aufgabe dieser Kurse ist die Vermittlung von Fertigkeiten, die für bestimmte Arbeitsabläufe notwendig sind. „Daneben sollen aber auch das Sozial- und Arbeitsverhalten gefördert und lebenspraktische Fertigkeiten trainiert werden (Körper- und Gesundheitspflege, Verkehrserziehung, Umgang mit Geld)" (S. 186).

Arbeitsbereich: Dieser Bereich umschließt die Arbeitsplätze, die den Leistungsmöglichkeiten der Behinderten entsprechen (in Bereichen industrieller Fertigung oder Hauswirtschaft, Land- und Gartenbau).

„Teilweise bieten die Werkstätten für Behinderte auch ausgelagerte Beschäftigungen an (Außenarbeitsplätze). Sie sollen ein Überwechseln auf den allgemeinen Arbeitsmarkt ermöglichen" (S. 186). Die Arbeitsplätze innerhalb oder außerhalb der Werkstatt sind häufig auch durch ihre technische bzw. ergonomische Ausstattung auf die individuellen Belange behinderter Menschen angepasst. Dieterich nennt Gestaltungskriterien für einen „humanen Arbeitsplatz" (1999, 289 f.). „Was das inhaltliche Arbeits- und Beschäftigungsangebot betrifft", meint Speck, „so

Abb. 27: Struktur der Werkstatt für Behinderte hinsichtlich der Eingliederung von Erwachsenen mit geistiger und schwerer geistiger Behinderung

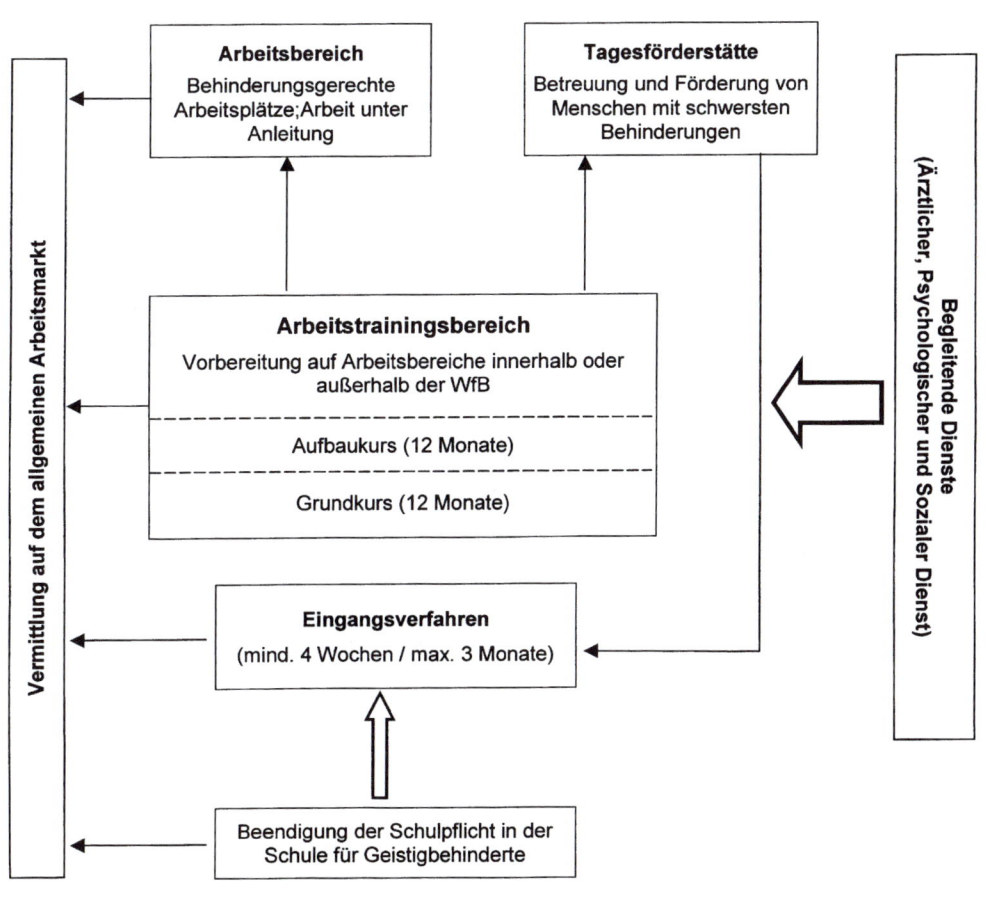

haben sich im Zuge des vermehrten Einsatzes von Maschinen als Arbeitsprothesen vor allem industrielle Fertigungsweisen durchgesetzt. Es gibt aber auch gute Erfahrungen im Bereich von Gärtnerei, Land- und Forstwirtschaft. Der Umgang mit Natur scheint für geistig Behinderte besondere Chancen zu erschließen" (1999, 347).

Probleme der WfB

Die Werkstatt für Behinderte arbeitet nach betriebswirtschaftlichen Grundsätzen. Sie sollen Produktionserlöse (Gewinne) erwirtschaften und eine leistungsgerechte Entlohnung der Mitarbeiter ermöglichen. „Nach wie vor ist der durchschnittliche Monatslohn der behinderten Mitarbeiter", wie Stadler kritisch anmerkt, „aber unbefriedigend; er liegt bei etwa 250 DM, wobei zwischen den Werkstätten erhebliche Unterschiede auftreten" (1998, 186). Die Gleichförmigkeit der Arbeitsabläufe gerade im Bereich der Serienfertigung hat zu Kritik an den Werkstätten für Behinderte geführt. Dieterich (1987) stellte aber in Einzelbefragungen fest, dass die Art der Arbeit für die Zufriedenheit der behinderten Mitarbeiter weniger wichtig ist und Menschen mit geistiger Behinderung selbst Serienarbeiten nicht ablehnen.

Fachkräfte der WfB

Um die vielfältigen betriebswirtschaftlichen, technischen, pädagogischen, sozial-rehabilitativen Aufgaben der Werkstatt für Behinderte erfüllen zu können, ist ein qualifiziertes Personal nötig:

Werkstatt-Leitung: Während die Leitung von Werkstätten bis vor wenigen Jahren meist Diplompädagogen vorbehalten blieb, teilen sich heute Betriebswirte und Pädagogen die verschiedenen Leitungsfunktionen. Im Dialog miteinander führen sie wirtschaftliche und rehabilitative (pädagogisch-therapeutische) Aufgaben und Zielsetzungen in einem Werkstattkonzept zusammen.

Arbeits- und Förderbereich: Hier sind die so genannten Gruppenleiter, meist Facharbeiter oder Meister mit einer sonderpädagogischen Zusatzausbildung, tätig. Ihnen kommt eine zentrale Stellung zu, weil von ihren fachlichen wie pädagogischen Kompetenzen die Arbeitszufriedenheit und damit die Produktivität der behinderten Mitarbeiter abhängt. „Die Bedeutung der Gruppenleiter ist überhaupt nicht zu überschätzen", meint Wildner. „Sie haben nicht nur industrielle oder andere Aufträge zu vergeben und zu kontrollieren, sie sind – besonders in einer gemischten Gruppe – das stabilisierende und integrative Moment" (1990, 11). Gruppenleiter müssen nicht nur technisches Know-how besitzen, sondern auch die Fähigkeit zur Motivation und zur Schaffung eines positiven Arbeitsklimas haben.

Begleitende Dienste: Sie sind für die pädagogische und therapeutische Betreuung der behinderten Mitarbeiter zuständig. „Tätig sind hier vor allem Sozialarbeiter als Gesprächspartner für die Behinderten, ihre Eltern und Angehörigen, aber auch für die nichtbehinderten Mitarbeiter. Neben ihren administrativen

Aufgaben als Teil des Sozialdienstes organisieren sie auch Sport-, Hobby-, und Freizeitgruppen (Gymnastik, Schwimmen, Turnen, Fußball, Malen, Batiken, Töpfern)" (Stadler 1998, 186).

Das pädagogisch-therapeutische Personal wendet sich zudem den Menschen zu, die aufgrund der Schwere ihrer Behinderung nicht in Arbeitsprozesse der Werkstatt integriert werden können. Da dieser Personenkreis wächst und derzeit für die Werkstätten eine Herausforderung darstellt, soll er nachfolgend thematisiert werden.

4.4.4 Menschen mit schwersten Behinderungen in der Werkstatt für Behinderte

Erwachsene, die wegen der Schwere ihrer Behinderung nicht in den Arbeitsbereich der Werkstatt für Behinderte zu integrieren sind, werden in angelagerten Abteilungen, den *Tagesförderstätten,* betreut und gefördert, „um ihnen eine Teilhabe am Leben der Gesellschaft zu ermöglichen" (Stadler 1998, 186). In den Tagesförderstätten hat pädagogisch-therapeutische Arbeit Vorrang. Es gibt zwar in einzelnen Werkstätten pädagogisch gestaltete Arbeitsplätze, „an denen Schwerstbehinderte am Herstellungsprozess von Produkten beteiligt werden, wobei es auf die erbrachte Leistung weniger ankommt als auf die Teilhabe am Arbeitsleben" (S. 186). Eine derartige Eingliederung bleibt aber noch die Ausnahme.

Die soziale Eingliederung steht in den Tagesförderstätten im Vordergrund. Um soziale Eingliederung bzw. Teilhabe am Arbeitsleben zu erreichen, finden in den Tagesförderstätten pädagogisch-therapeutische Förderkonzepte der Schwerstbehindertenpädagogik Anwendung. Fachkräfte sichern die Förderung „im therapeutisch-pflegerischen, sozialen und pädagogischen Bereich (Förderpflege, Leben außerhalb der Familie, Fortführung schulischen Lernens). Die lebenspraktische Förderung dient der Entwicklung größtmöglicher Selbständigkeit bei den Alltagsverrichtungen. Beschäftigungs- und Arbeitstherapeuten trainieren mit ihnen einfache Arbeitsabläufe. Sozialpädagogen und Erzieher arbeiten nach pädagogischen Konzepten mit Einzel- und Kleingruppen, um eine soziale Teilhabe zu ermöglichen" (S. 186). Diese Maßnahmen sollen dem Menschen mit schwerster Behinderung langfristig den Wechsel in den Arbeitstrainingsbereich und schließlich in den Arbeitsbereich der Werkstatt für Behinderte ermöglichen.

Aufgabe der Tagesförderstätten

Zusammenfassung   Die Werkstatt für Behinderte ist heute ein wichtiger Lebensort für Menschen mit geistiger und schwerer geistiger Behinderung. Sie ist Arbeits- und Lernort und Raum für soziale Kontakte und ist darum für Menschen, die in unserer Gesellschaft isoliert leben, von besonderer Bedeutung. „Die in einer Werkstatt Tätigen sind nicht ‚Arbeitskräfte' schlechthin, sondern Menschen, Personen. Die Werkstatt muss ein Ort sein, an dem der Mensch mit einer geistigen Behinderung sich in seinem Personwert bestätigt findet, indem er erlebt, dass seine Bedürfnisse Beachtung finden, dass auch seinen Urteilen und Entscheidungen Rechnung getragen wird, dass er nicht als lediglich abhängiges Rollenobjekt behandelt wird, dass ihm vielmehr auch Autonomie zugesprochen wird" (Speck 1999, 345). Heute muss aber kritisch gesehen werden, dass mit wachsendem ökonomischen Denken und zunehmender Dominanz wirtschaftlicher Interessen in den Werkstätten für Behinderte die Bedürfnisse der behinderten Mitarbeiter in den Hintergrund gedrängt werden. Es besteht die Gefahr, dass der Mensch mit Behinderung (wieder) aus dem Blick gerät. Arbeit gehört jedoch, wie eingangs gezeigt, zu den Grundbedürfnissen eines jeden Menschen – ob diese Arbeit nun ökonomische Standards erfüllt oder nicht.

Dieterich, M. (1999): Berufliche Rehabilitation. In: : Neuhäuser, G., Steinhausen, H.-Ch.: Geistige Behinderung – Grundlagen, Klinische Syndrome, Behandlung und Rehabilitation. 2. Aufl. Stuttgart. 282–296
Speck, O. (1999): Lebensbereich Arbeit. In: ders.: Menschen mit geistiger Behinderung und ihre Erziehung. Ein heilpädagogisches Lehrbuch. 9. Aufl. München/Basel. 344–348

4.4.5 Übungsaufgaben zu Kapitel 4.4

Aufgabe 42   Was ist Arbeit und warum ist es wichtig, dem Menschen mit geistiger Behinderung Arbeit zu ermöglichen?

Aufgabe 43   Welche Intention verfolgt die Werkstatt für Behinderte?

Aufgabe 44   In welche Bereiche gliedert sich die Werkstatt für Behinderte?

Aufgabe 45   Welche Angebote gibt es für Menschen mit schwersten Behinderungen?

4.5 Wohnräume für Menschen mit geistiger Behinderung

In den 60er Jahren erkannte man, dass Menschen mit geistiger Behinderung nicht nur der schulischen Erziehung und beruflichen Beschäftigung, sondern auch der angemessenen Wohnmöglichkeiten außerhalb der Familien bedurften. Seinerzeit wurden Kinder, Jugendliche und Erwachsene mit geistiger Behinderung, die nicht mehr bei den Eltern leben konnten, in Anstalten und Psychiatrischen Landeskrankenhäusern untergebracht. Diese Großeinrichtungen mit ihrer Gleichförmigkeit im Tagesablauf, ihrem Mindestmaß an Förderung und individueller Ansprache, mit ihren Schlafsälen ohne Privatsphäre, verstärkten die Isolation der behinderten Bewohner, führten zum Rückgang erworbener Fähigkeiten und zu massiven Verhaltensproblemen. Es waren vor allem die Eltern, die Kritik an der Anstalts- und Klinikunterbringung übten. Sie wünschten sich für ihre Kinder familiennahe und humanere Lebensräume, entsprechend den Modellen gemeindeintegrierter kleinerer Wohnheime, wie sie in der Nachkriegszeit in den skandinavischen Ländern entstanden. Angeregt durch die internationale Diskussion um die Normalisierung der Lebensbedingungen von Menschen mit geistiger Behinderung wurden in den Folgejahren in Deutschland Großeinrichtungen durch Auslagern von Wohngruppen verkleinert oder ganz aufgelöst und neue Wohnräume für diesen Personenkreis geschaffen. Trotz gravierender Veränderung in der Wohnsituation für Menschen mit geistiger Behinderung ist das Ziel des gemeinsamen (nachbarschaftlichen) Zusammenlebens von Menschen mit und ohne Behinderung noch nicht erreicht. Monika Seifert (1997a, 1) beschreibt die Entwicklung bis heute zusammenfassend wie folgt:

Großeinrichtungen

Wohngruppen

„Die Wohnsituation von Menschen mit geistiger Behinderung hat sich in den letzten 30 Jahren kontinuierlich verändert. Während traditionell die Betreuung der nicht mehr zu Hause lebenden Personen mit geistiger Behinderung vor allem von zentralen großen Behindertenanstalten in konfessioneller Trägerschaft oder von Psychiatrischen Landeskliniken getragen wurde, entstanden in den 60er Jahren als Folge des in Skandinavien formulierten und praktizierten Normalisierungsprinzips überwiegend auf Initiative von Elternvereinen zunehmend kleinere Wohneinrichtungen mit eher wohnortbezogenem Einzugsgebiet. Im Zuge der Integrationsbewegung in den 80er Jahren wurden – vor allem für selbständigere Bewohner – mehr und mehr gemeindeintegrierte Wohngruppen (z. B. Wohngemeinschaften) eingerichtet, die dem Anspruch auf größtmögliche Normalisierung der Lebensbedingungen und auf Autonomie in der Lebensgestaltung sehr nahe kommen."

Obschon sich die Wohnsituation für Menschen mit geistiger Behinderung verbessert hat, gilt dies nicht für den gesamten Personenkreis. Menschen mit schwersten Behinderungen oder alte Menschen leben häufig noch in stationären Einrichtungen. Ihre Herausführung, die Enthospitalisierung, gestaltet sich immer noch schwierig. Zwar wurden aus vielen Großeinrichtungen kleinere humanere Wohneinheiten, doch ist der Umwandlungsprozess, die Dezentralisierung, lange noch nicht abgeschlossen und das integrierte Leben in der Gemeinde nicht flächendeckend realisiert. Die aktuelle Situation soll nachfolgend anhand der verschiedenen Wohnformen für Menschen mit geistiger Behinderung dargestellt werden. Es sollen zudem die wichtigsten Ziele des Enthospitalisierungsprozesses aufgezeigt werden, um zu verdeutlichen, welche Bedeutung die Entwicklungen im Wohnbereich für das aktuelle Denken der Geistigbehindertenpädagogik haben. Es sind vor allem zwei Leitgedanken, die als Paradigmen auch andere geistigbehindertenpädagogische Aufgaben- und Handlungsfelder nachhaltig beeinflussen: *Normalisierung* und *Selbstbestimmung*.

Beginnen werde ich mit Überlegungen zum Wert des Wohnens, weil sich von hier aus die Notwendigkeit einer Normalisierung der Wohnsituation für Menschen mit geistiger Behinderung ableiten lässt.

4.5.1 Die Bedeutung des Wohnens für Menschen mit geistiger Behinderung

Wohnen als Grundbedürfnis

Speck fasst *Wohnen als Wert für ein menschenwürdiges Dasein* auf (1998 b). Wohnen bedeutet mehr als nur einen Platz zum Leben oder ein Dach über dem Kopf zu haben. Zu einem menschenwürdigen Leben gehört auch ein den individuellen Bedürfnissen entsprechendes Wohnen. Die zentrale Bedeutung des Wohnens für den Menschen wird schon deutlich, wenn man nach der ursprünglichen Bedeutung des Wortes fragt. „Wohnen" hat „mit ‚gewöhnt' und ‚Gewohnheit' zu tun und wurde ursprünglich im ganz allgemeinen Sinne von ‚zufrieden sein', ‚etwas gern haben', ‚Wohlbehagen empfinden' gebraucht. Erst später wurde es auf die heutige Bedeutung von ‚sich aufhalten' und ‚wohnhaft sein' eingeengt" (S. 19). Die etymologischen Wurzeln weisen auf die psychologische Bedeutung des Wohnens, die sich bis heute nicht verändert hat. Das Wohnen ist auf das Grundbedürfnis des Menschen gerichtet, „einen ruhenden und ordnenden Eigenbereich in der immer wieder chaotischen Umwelt als *Ort zum Leben* zu haben, einen Ort, von dem aus die Welt überschaubar wird, wo man *wieder zu sich selbst kommt,* wo man sich in den *eigenen vier Wänden* sicher fühlen kann, wo sich Leben nach eigenen Maßstäben leben und ordnen lässt, wo man ein hohes Maß an Möglichkeiten für selbstbestimmtes Leben vorfindet, ohne dieses gegenüber anderen verteidigen zu müssen, wo man nicht hilflos anderen ausgeliefert ist" (Speck 1998 b, 22). Die Wohnumgebung bestimmt unser Leben wesentlich mit, weil sie dem Menschen Wohlbehagen und Geborgenheit vermittelt. Das eigene Zuhause gibt emotionale Sicherheit, lässt Alltagsbelastungen vergessen und ein „Heimatgefühl" (Verwurzelung) entstehen. Dabei hat jeder Mensch ein ganz individuelles Wohnbedürfnis, fühlt sich in einer anderen Umgebung wohl, was in der Gestaltung des Zuhauses seinen Ausdruck findet. „Es liegt auf der Hand, dass durch ein derartiges dauerhaftes Erleben von Heimat, also von Zufriedenheit, Wohlbefinden und Behaglichkeit (Gemütlichkeit) in der eigenen Wohnumwelt, auch das *Verhalten* mitbestimmt wird. Im umgekehrten Falle, bei dominanter Unzufriedenheit, bei Unbehagen und Unwohlbefinden, kann es zu erheblichen Verhaltensstörungen kommen" (S. 29 f.).

Überträgt man die genannten psychologischen Aspekte des Wohnens auf Menschen mit geistiger Behinderung, wird erkennbar, dass eine Veränderung ihrer Wohnsituation und ein respektvollerer Umgang mit ihnen erforderlich wird. Diesem Personenkreis wurde ein menschenwürdiges Zuhause Jahrhunderte lang vorenthalten. Selbst das Wort „Wohnen" kam nicht vor, „wenn davon die Rede war und ist, wo sie ihr Leben verbringen. Da hatten sich andere Worte eingebürgert, wie *Unterbringung, Hospital* (für Fremde, Nichtansässige), *Asyl, Armenhaus, Anstaltsfürsorge.* Selbst das neuere Wort ‚Wohnheim' hat immer noch etwas an sich, was auf diese Herkunft hindeutet. Man ‚wird' im Wohnheim ‚untergebracht', und dieses wird u. U. von Größenordnungen und Regelungen bestimmt, die nicht unbedingt das meinen, was mit Privatautonomie, Unverletzlichkeit der Wohnung oder dauerndem Wohlbefinden zu tun hat, eher aber mit ‚Wohnraumbewirtschaftung'„(S. 30).

Um Menschen mit geistiger Behinderung aus den Anstalten und Psychiatrischen Kliniken herauszuholen, war ein Umdenkungsprozess notwendig. Durch ein Leben in Vollzeiteinrichtungen mit klinikähnlichen Strukturen, ohne räumliche Trennung von Wohnen, Arbeit und Freizeit, mit Mehrbettzimmern ohne Privatsphäre, persönlichem Eigentum und häufig wechselnden Bezugspersonen entwickeln viele Bewohner Hospitalismus- oder Deprivationssyndrome und aggressive bzw. selbstverletzende Verhaltensweisen. Wendeler sieht in den mangelnden persönlichen Bezügen und dem häufigen Erleben von Trennungen die Ursachen für aggressives Verhalten von Bewohnern (1993, 100). Obwohl diese Auswirkungen bekannt sind, ist die Umwandlung der Großeinrichtungen und die Umsiedlung der Bewohner, vor allem der mit schwerer geistiger Behinderung in kleinere, gemeindenahe Wohnhäuser ein schwieriger und langwieriger Prozess. Die Grundlage für den umfassenden Perspektivenwechsel bildete der Gedanke der *Normalisierung,* der ab den 60er Jahren international die Behindertenhilfe verändert hat.

4.5.2 Das Normalisierungsprinzip

Der Normalisierungsgedanke geht auf den Dänen Bank-Mikkelsen zurück. Er forderte 1959, dass man Menschen mit geistiger Behinderung dazu verhelfen solle, ein Dasein so normal wie möglich zu führen: „Weg von der Verwahrung, hin zu normalen Lebensbedingungen, die ein Eingehen auf individuelle Bedürfnisse zulassen" (Seifert 1997b, 27). Diese Forderung wurde in das dänische Fürsorgegesetz aufgenommen und gilt bis heute als Leitgedanke der Betreuung von Menschen mit geistiger Behinderung.

Nirje hat in Schweden den Normalisierungsgedanken aufgegriffen und Anfang der 70er Jahre durch acht Grundforderungen oder -prinzipien konkretisiert.

Normalisierungs-
prinzip

„Das Normalisierungsprinzip beinhaltet, allen Menschen mit geistiger Behinderung Lebensmuster und Alltagsbedingungen zugänglich zu machen, die den üblichen Bedingungen und Lebensarten der Gesellschaft soweit als möglich entsprechen …

Die Bestandteile des Normalisierungsprinzips

Ein normaler Tagesrhythmus: Normalisierung bedeutet, Gelegenheit zu einem normalen Tagesablauf zu haben …

Ein normaler Wochenablauf: Das Normalisierungsprinzip bedeutet auch, Gelegenheit zu haben, einen normalen Wochenablauf zu erleben …

Ein normaler Jahresablauf: Das Normalisierungsprinzip bedeutet, den Jahresablauf durch Einhaltung von Feiertagen, Ferien und Familientagen von persönlicher Bedeutung erleben zu können …

Die normalen Erfahrungen eines Lebenszyklus: Normalisierung ist auch eine Gelegenheit, die normalen Entwicklungserfahrungen eines Lebenszyklus machen zu können …

Normaler Respekt: Das Normalisierungsprinzip bedeutet auch, dass die Entscheidungen, Wünsche und Bitten geistig behinderter Menschen respektiert und stets berücksichtigt werden müssen …

In einer zweigeschlechtlichen Welt leben: Normalisierung bedeutet auch, in einer zweigeschlechtlichen Welt zu leben …

Normaler Lebensstandard: Normalisierung bedeutet, einen normalen materiellen Lebensstandard als Voraussetzung anzuwenden, um Menschen mit geistiger Behinderung ein möglichst normales Leben zu gewähren …

Normale Umweltbedingungen: Das Normalisierungsprinzip beinhaltet, dass der Standard für Einrichtungen, wie Schulen, Arbeitsstätten, Wohnstätten und Wohnheimen, sich am Maßstab dessen messen soll, was dem gewöhnlichen Bürger der Gesellschaft geboten wird …" (Nirje o. J. nach Hahn 1999, 3 f.).

Ziel des Normalisierungsprinzips war nicht nur die Humanisierung der Lebensbedingungen, sondern vor allem „die Integration dieses bislang weitgehend ausgesonderten Personenkreises in die Gesellschaft" (Seifert 1997 b, 27).

Unterschiedliche Ebenen sind, bezogen auf die Integration im Wohnalltag, zu berücksichtigen:

Räumliche Integration: Wohneinrichtungen sind in normalen Wohngegenden anzusiedeln.

Funktionale Integration: Menschen mit geistiger Behinderung sollen allgemeine Dienstleistungen (z. B. öffentliche Verkehrsmittel oder andere öffentliche Einrichtungen, Restaurants (etc.) in Anspruch nehmen können.

Soziale Integration: Soziale Beziehungen in der Nachbarschaft sollen durch gegenseitige Achtung und Respekt getragen sein.

Personale Integration: „Das Privatleben wird, durch dem Lebensalter entsprechende persönliche Beziehungen zu nahestehenden Menschen, als emotional befriedigend erlebt. Im Erwachsenenalter beinhaltet dies ein möglichst selbstbestimmtes Leben außerhalb des Elternhauses" (S. 28).

Gesellschaftliche Integration: „Menschen mit geistiger Behinderung werden in Bezug auf gesetzliche Ansprüche als Mitbürger akzeptiert. Sie können bei Entscheidungen, die ihr Leben und ihren Alltag betreffen, mitbestimmen – sowohl als Einzelperson als auch als Mitglied von Selbsthilfegruppen" (S. 28).

Organisatorische Integration: Die Strukturen einer Gemeinde sind so zu ändern, dass sie der Integration von Menschen mit geistiger Behinderung dienen.

Das Normalisierungsprinzip hat in Skandinavien zur Auflösung der Großeinrichtungen, der traditionellen Anstalten, und zu größerer Akzeptanz behinderter Menschen in der Gesellschaft geführt.

Eine zentrale Erweiterung erhielt der Normalisierungsgedanke 1972 durch Wolfensberger in den USA. Während bei Bank-Mikkelsen und Nirje die juristischen und institutionellen Rahmenbedingungen von Normalisierung im Vordergrund standen, richtete Wolfensberger seinen Blick stärker auf den Menschen mit Behinderung und seine Rolle in der Gesellschaft. Damit ver-

(Marginalien)
Normalisierung und Integration

Aufwertung der sozialen Rolle

band er auch die Frage nach den Kompetenzen, die dieser erwerben muss, damit Normalisierung und Integration möglich wird. Für Wolfensberger ist es wichtig, die *soziale Rolle des Menschen mit Behinderung aufzuwerten*, sein soziales Image zu verbessern, was wiederum zu einer Kompetenzerweiterung führt. „Indem das Image eines Menschen aufgewertet wird, bekommt er üblicherweise von der Umwelt mehr Unterstützung, Ermutigung und Gelegenheiten, noch eigenständiger zu werden; mit wachsender Kompetenz wiederum wächst im allgemeinen auch sein soziales Ansehen. Diese Spirale wirkt aber ebenso auch in negativer Richtung: Ein Verlust an Kompetenz führt sehr oft zu geringerem Ansehen, und mit sinkendem sozialen Image werden dem Betreffenden immer mehr Chancen genommen, die ein eigenständiges Verhalten erst ermöglichen und fördern" (Wolfensberger 1986 nach Seifert 1997b, 30).

Wolfensberger ersetzte den Begriff der Normalisierung durch den der „Aufwertung der sozialen Rolle". Um das zu erreichen, müssen die Veränderungen auf drei Ebenen erfolgen:

Personale Ebene: Beim Menschen mit Behinderung selbst, an seinem äußeren Erscheinungsbild und an seinen Verhaltensweisen

Soziale Ebene: z. B. Unterstützung der Familien, architektonische Verbesserung von Fördereinrichtungen, dezentrale Unterbringung in Heimen (Bildung kleinerer Wohneinheiten), Verbesserung und Individualisierung von Förderprogrammen, Qualifizierung des Betreuungspersonals u. a. m.

Gesellschaftliche Ebene: z. B. Änderung der Gesetzgebung oder des Sprachgebrauchs

Auch bei Wolfensberger war die Auflösung von Großeinrichtungen wichtige Voraussetzung zur Normalisierung des Lebens von Menschen mit Behinderung.

Der Normalisierungsgedanke, wie er in Skandinavien und den USA entstand, beeinflusste das deutsche Behindertenwesen seit den 70er Jahren. Er führte zum kritischen Überdenken der tradierten Einstellungen gegenüber Menschen mit geistiger Behinderung und bildete die Grundlage für sozialpolitische Veränderungen (Gesetzesänderungen), die dem Personenkreis den Zugang zu Schulen oder Werkstätten ermöglichten. *Das Normalisierungsprinzip wurde zum neuen Leitgedanken, zum Paradigma der Heilpädagogik.* Bächthold charakterisiert es als „allgemeines Prinzip zur menschen-würdigen Gestaltung der Lebensbedingungen geistig behinderter Menschen. Es erstreckt sich sowohl auf eine differenzierte Angebotsstruktur (Wohn-, Beschäftigungs- und Freizeitangebote), auf eine Reform der Betreuungskonzepte (Lebensgestaltung, Hilfe und Unterstützung, Förderung und Bildung)

Der Normalisierungsgedanke in Deutschland

als auch auf den sozialpolitischen Bereich (rechtliche, finanzielle und administrative Absicherung der Reformbemühungen)" (1992, 452).

Das Normalisierungsprinzip wurde häufig als einseitige Anpassung des Menschen mit geistiger Behinderung an die Normalität, als „normal machen" fehlinterpretiert und kritisiert. Dem hält Seifert (1997b, 37f.) entgegen:

– „Das Normalisierungsprinzip meint nicht die Normalisierung von Menschen mit einer geistigen Behinderung im Sinne der unkritischen Anpassung an gesellschaftliche Standards des alltäglichen Lebens und Verhaltens.
– Normalisierung schließt nicht spezielle Hilfen, Dienste und Einrichtungen aus, kontrolliert diese aber immer wieder unter dem Aspekt, dass sie nicht die lebenslange Abhängigkeit des Hilfeempfängers von vornherein unterstellen und dadurch verfestigen, sondern die Verselbständigung fördern.
– Normalisierung bedeutet nicht die totale physische Integration geistig behinderter Menschen, sondern zielt unterschiedliche Plateaus der sozialen Integration an, die mit dem jeweiligen Entwicklungsstand eines geistig behinderten Menschen korrespondieren."

Durch die Anwendung des Normalisierungsprinzips in den verschiedenen Bereichen der Erziehung, Arbeit und Betreuung von Menschen mit geistiger Behinderung soll ihre Lebensqualität verbessert sowie „eine reichere Lebensgestaltung und die Entwicklung der Persönlichkeit erreicht werden" (Bächthold 1992, 453). Im Kontext von Wohnen hat der Normalisierungsgedanke dazu geführt, dass sich in den letzten 30 Jahren, alternativ zu den großen Anstalten und Psychiatrischen Landeskliniken, eine Vielzahl von kleinen und gemeindeintegrierten Wohnformen entwickelt hat. Die flächendeckende Versorgung ist aber noch nicht erreicht.

„Eine oberflächliche Betrachtung der Wohnsituation von Menschen mit geistiger Behinderung in der Bundesrepublik genügt, um im vierten Jahrzehnt nach den ersten Formulierungen des Normalisierungsprinzips zu folgender Feststellung zu gelangen: Es gibt Entwicklungen im Sinne des Normalisierungsprinzips: Gemeinweseintegrierte Wohnformen sind entstanden, die dokumentieren, dass Menschen mit geistiger Behinderung auch außerhalb von Anstalten und Großwohnheimen leben können; Anstalten haben sich – in Anlehnung an Merkmale des Normalisierungsprinzips – nach innen und durch Schaffung kleinerer Wohneinheiten auch nach außen verändert. Es darf angenommen werden, dass allen Personenkreisen und Stellen, die für die Wohnsituation der Menschen mit geistiger Behinderung in der BRD in der Sozialpolitik, in Verbänden und Einrichtungen ‚vor Ort' Verantwortung tragen, das Normalisierungsprinzip, seine Konsequenzen und seine Realisierbarkeit bekannt sind. Eine Einschränkung darf dabei für den Personenkreis der Menschen mit schwerer geistiger Behinderung angenommen werden" (Hahn 1999, 4f.)

4.5.3 Wohnformen für Menschen mit geistiger Behinderung

Auch wenn in diesem Kapitel die institutionellen Wohnformen einen breiten Raum einnehmen, darf dadurch nicht der Eindruck entstehen, als lebte der überwiegende Teil der Menschen mit geistiger Behinderung in Einrichtungen der Behindertenhilfe.

Familie

„Laut Aussage des vom Bundesministerium für Arbeit und Sozialordnung herausgegebenen Dritten Behindertenberichts (1994) wird über die Hälfte aller geistig behinderten Menschen in der Bundesrepublik Deutschland von ihren Angehörigen betreut" (Seifert 1997 b, 56). Die Familie ist somit ein wichtiger Wohnort für diesen Personenkreis. Meist erst nach dem Tod der Eltern oder der betreuenden Familienangehörigen siedeln viele Menschen mit geistiger Behinderung im höheren Lebensalter in ein Wohnheim über. Dann haben sie häufig Schwierigkeiten, sich einzugewöhnen und in der neuen Umgebung zurecht zufinden. Darum fordert Seifert, dass junge Erwachsene mit geistiger Behinderung etwa in dem Alter ausziehen sollten, „in dem es altersgleiche junge Leute ohne Behinderung tun, d. h. zwischen 20 und 25 Jahren. In diesem Alter sind sie besonders lernfähig und können Veränderungen ihres Lebensumfeldes gut verarbeiten" (S. 57). Um die Trennung von Elternhaus und das Führen eines eigenen Lebens in einer betreuten Wohnumgebung zu erleichtern, sollten Menschen mit geistiger Behinderung möglichst frühzeitig, schon im Jugendalter und nicht erst beim Tod naher Verwandter, auf das Wohnen und auf ein selbstbestimmtes Leben außerhalb der Familie (was nicht ohne Familie heißt) vorbereitet werden. Wie bereits erwähnt, ist „Wohnen" ein wichtiges Thema der Werkstufen (vgl. Kapitel 4.2) und der Erwachsenenbildung (vgl. 4.3).

Seifert nennt zwei Gründe für das lange Verbleiben im Elternhaus: „Dies liegt zum einen an fehlenden Wohnheimplätzen außerhalb der Familie, zum anderen an Ablösungsproblemen. Viele Eltern verdrängen den Gedanken an die Zukunft ihrer Kinder. Sie glauben, dass sie nirgendwo so gut betreut werden wie zu Hause, weil sie ihre Bedürfnisse am besten kennen. Die Sorge für das Kind wird zur Lebensaufgabe. Besonders in größeren Familienverbänden wird es noch häufig als selbstverständlich angesehen, dass sich die Geschwister um den behinderten Bruder oder die behinderte Schwester kümmern, wenn die Eltern dazu nicht in der Lage sind" (S. 57). Seifert geht zudem davon aus, dass die finanzielle Situation der Familie eine nicht unbedeutende Rolle spielt, d. h. das Pflegegeld, das bei Betreuung eines behinderten Familienmitglieds gezahlt wird, dient zur Verbesserung des Familienbudgets. Die Betreuung von behinderten Familienmitgliedern wird häufig als Belastung empfunden und eine stärkere Unterstützung durch soziale Dienste gewünscht, z. B. in Form von Hilfe auf Abruf, Ferienunterbringung (Kurzzeitpflege oder -betreuung), Wochenendbetreuung sowie Gesprächs- oder Informationskreise für Eltern und Familienangehörige. Neben der entlastenden Funktion erleichtern diese Maßnahmen auch die Trennung und den Übergang in ein Leben außerhalb der Familie.

„Das Spektrum der Wohnmöglichkeiten für Menschen mit geistiger Behinderung in der Bundesrepublik Deutschland", so charakterisiert Seifert die aktuelle Situation, „reicht von stationären Großeinrichtungen bis hin zu ambulant betreutem Wohnen in einer eigenen Wohnung und schließt als Konsequenz der Lücken im System der Behindertenhilfe auch Fehlplazierung in klinischen und pflegerischen Einrichtungen mit ein. Die unterschiedlichen Wohnformen sind nicht in allen Bundesländern vertreten" (S. 60). Rund 94 000 Menschen mit geistiger Behinderung (überwiegend Erwachsene) leben in Wohneinrichtungen der Behindertenhilfe:

Komplex-
einrichtungen

- 90 % und mehr in Heimeinrichtungen mit Rundumversorgung
- 6 % gemeindeintegriert in Gruppen- oder Einzelwohnungen
- 1 % in Dorfgemeinschaften
- 2 % in sonstigen Wohnformen (vgl. Seifert 1997 b, 56)

Der überwiegende Teil der außerhalb der Familie lebenden Erwachsenen mit geistiger Behinderung wohnen in großen Behindertenheimen (Anstalten) mit integriertem Arbeits- und Freizeitangebot sowie mit medizinischer, therapeutischer und sozialpädagogischer Versorgung.

Wenn man noch einmal auf die Bedeutung des Wohnens für die Selbstbestimmung und Persönlichkeitsentfaltung des Menschen zurückschaut, wird deutlich, dass es in Großeinrichtungen viel schwieriger ist, dem Wohnbedürfnis des einzelnen Bewohners gerecht zu werden. Man wirft den Anstalten deshalb häufig vor, sie würden die individuellen Bedürfnisse vernachlässigen und zu wenig Kontakt zu den Angehörigen ermöglichen. Durch die Massenunterbringung von Menschen mit Behinderung käme es zu einer Kumulation von Problemen, vor allem im Verhalten der Bewohner. Die zentrale Verwaltung und Versorgung (Zentralküche, Wäscherei) führe zur Unselbständigkeit und die klinikähnlichen Strukturen zur Fremdbestimmung der behinderten Bewohner. Die Folge wäre ein erhöhtes Gesundheitsrisiko. In Großeinrichtungen fehlt oft die Öffnung nach außen, sind Organisationsstrukturen des Heimes und die Dienstpläne der Mitarbeiter wichtiger als die individuellen Bedürfnisse der Bewohner. Sie werden deshalb auch als „totale Institutionen" bezeichnet.

Es ist jedoch wichtig, diese Kritik nicht zu verallgemeinern, denn viele Vollzeiteinrichtungen bemühen sich, „immer weniger totale Institution, immer weniger Anstalt, immer mehr Ort zum Leben zu sein" (S. 62). Viele Anstalten verfügen heute über Außenwohngruppen, ein differenziertes Freizeitangebot und haben die zentrale Versorgung zugunsten einer stärkeren Mitbeteiligung der Bewohner reduziert.

Dorfgemeinschaften

Zu den Großeinrichtungen mit integriertem Wohn-, Arbeits- und Freizeitbereich gehören auch die Dorfgemeinschaften. Auf der Grundlage einer bestimmten Weltanschauung, wie z. B. die Anthroposophie Steiners, leben hier Menschen mit und ohne Behinderung zusammen. „Sie verstehen sich als alternative soziale Lebensform zur bestehenden Gesellschaft mit heilpädagogischer und therapeutischer Funktion. Jeweils vier bis neun Dorfbewohner mit geistiger Behinderung leben in sog. Hausgemeinschaften mit einer Mitarbeiterfamilie zusammen. Sie arbeiten in handwerklichen Betrieben des Dorfes, in der Landwirtschaft oder Gärtnerei und bieten ihre Produkte zum Verkauf an" (S. 65).

Gemeindenahe Wohnformen

Seit Anfang der 70er Jahre entstanden auf Initiative der Bundesvereinigung Lebenshilfe kleinere Wohnheime. Sie unterscheiden sich „in ihrer Gemeindenähe und in Bezug auf die Konzeption (teilstationär statt vollstationär) von den traditionellen Großeinrichtungen" (S. 66). Sie verstehen sich als Orte des Wohnens, das heißt, die Bewohner verlassen am Morgen das Wohnheim, um außerhalb einer Beschäftigung, meist in einer Werkstatt für Behinderte, nachzugehen. Freizeit- und Bildungsangebote sowie Therapien werden von den Bewohnern außerhalb des Heims wahrgenommen. Obwohl der wesentliche Unterschied zwischen Wohnheim und Komplexeinrichtung die Trennung von Wohnen, Arbeit und Freizeit ist, gibt es in beiden Institutionen Ausnahmen von dieser Regel. Beispielsweise bieten Wohnheime mit alten oder schwerstbehinderten Bewohnern, die die Werkstatt nicht oder nicht mehr besuchen können, ein ganztägiges Betreuungs- und Beschäftigungsangebot. In großen stationären Einrichtungen leben auch Menschen, die außerhalb der Einrichtung ihrer Beschäftigung oder ihrer Freizeit nachgehen. Für einzelne Bewohner wird also auch hier eine Trennung von Wohnen, Arbeit und Freizeit ermöglicht. Komplexeinrichtungen haben ein überregionales Einzugsgebiet und weniger Anbindung an die Gemeinde als Wohnheime. „Neben der bedürfnisorientierten Gestaltung des Wohnalltags und der Förderung der Kompetenzen zur möglichst selbständigen Bewältigung des täglichen Lebens hat die Unterstützung der Bewohner bei der Teilnahme am allgemeinen Leben einen besonderen Stellenwert. Dies gelingt am besten, wenn die Wohneinrichtungen in ein normales Wohngebiet integriert sind, in der Nähe von Geschäften, Kinos, Kneipen, Cafés und anderen allgemein zugänglichen Begegnungsmöglichkeiten mit nichtbehinderten Bürgern" (S. 66).

Nur sehr wenige Menschen mit geistiger Behinderung leben alleine oder als Paar in einer Einzelwohnung. Sie benötigen eine gezielte Vorbereitung auf das selbständige Wohnen und Unterstützung bei der Haushaltsführung sowie bei der sozialen Integration in die Wohnumgebung.

Einzelwohnungen, Betreutes Wohnen

Wollte man alle Menschen mit geistiger Behinderung derzeit in Wohnheime integrieren, gäbe es massive Probleme, denn der Mangel an gemeindenahen bzw. -integrierten Wohnplätzen ist groß. Die Bundesvereinigung Lebenshilfe spricht von einem Fehlbedarf von 45 000 bis 50 000 Plätzen. Einen besonderen Wohnplatzbedarf haben Menschen mit schwerer geistiger und mehrfacher Behinderung; ebenso Menschen mit stark aggressivem und autoaggressivem Verhalten und alte Menschen mit geistiger Behinderung. Gerade für den Personenkreis der schwerbehinderten und alten Menschen bleibt heute oft nur die Großeinrichtung, die Anstalt oder heute, nach Einführung der Pflegeversicherung, das Pflegeheim.

Die Großeinrichtungen sind heute „Sammelbecken von Problemfällen: für ältere Menschen mit Behinderung, für behinderte Menschen mit schwierigen Verhaltensweisen und für schwer und mehrfach behinderte Menschen. Sie werden – unter mancherorts noch immer unwürdigen Bedingungen – medizinisch versorgt und gepflegt und erhalten in der Regel keine oder nur unzureichende Förderung" (Seifert 1997b, 70). In Ermangelung adäquater Wohneinrichtungen bleibt den Eltern häufig nur der Weg, ihr Kind in eine Psychiatrische Klinik zu geben. „Die Unterbringung von Menschen mit geistiger Behinderung in diesen Einrichtungen gilt als *Fehlplatzierung,* wenn sie nicht krankenhausbehandlungsbedürftig oder wegen chronischer Krankheiten oder Altersgebrechlichkeit intensiv pflegebedürftig sind" (S. 71). Obwohl die Probleme der Fehlplatzierung von Menschen mit geistiger Behinderung bekannt sind, ist die Umsiedlung des Personenkreises in Wohnheime noch nicht in allen Bundesländern realisiert. *„Aus der Anstalt in die Gemeinde* – diese Leitformel war in den 70er und 80er Jahren Programm; in ihr spiegelte sich ein grundlegender Wechsel der Perspektiven in Psychiatrie und Behindertenarbeit wider. Und dies hieß vor allem: heraus aus psychiatrischen und anderen Anstalten; Enthospitalisierung; Normalisierung der Lebensbedingungen; gemeindeintegrierte Wohnformen; mehr ambulante Hilfen; keine Aussonderung in Kindergarten und Schule" (Bradl, Steinhart 1996, 7).

Fehlplatzierung – Enthospitalisierung

1971 gab das Bundesministerium für Jugend, Familie und Gesundheit einen „Bericht zur Lage der Psychiatrie" in Auftrag, der
1975 als Psychiatrie-Enquete veröffentlicht wurde. Hierin wurde
auf die Fehlplatzierung von Menschen mit geistiger Behinderung
hingewiesen und eine umfassende Enthospitalisierung empfohlen. Auch schwerstbehinderte und alte Menschen mit geistiger
Behinderung sollten in gemeindeintegrierenden Wohnformen
Aufnahme finden.

Enthospitalisierung

Enthospitalisierung bezeichnet den Prozess des Ortwechsels, der
Umsiedlung von Menschen mit Behinderung in kleinere Wohnheime. Die Forderungen nach Enthospitalisierung wurden in den
einzelnen Bundesländern unterschiedlich umgesetzt. In den
neuen Bundesländern begann die Ausgliederung geistig behinderter Menschen z. B. erst nach der Wende, Mitte der 90er Jahre. Schwierig war der Prozess überall, weil es mit der bloßen Um-
quartierung nicht getan war. Es mussten erst neue Wohnräume
geschaffen, entsprechend pädagogisches Personal ausgebildet
und die Menschen mit Behinderung auf den Wechsel in eine neue
Umgebung vorbereitet werden. Bradl und Steinhart fassen die
Entwicklungen in den verschiedenen Bundesländern zusammen
und kommen zu folgender Bewertung (1996, 9 f.):

„Alle Enthospitalisierungsansätze haben eines besonders deutlich gemacht:
Ein Leben in der Gemeinde für alle geistig behinderten Menschen, d. h. ohne
Ausgrenzung bestimmter Personenkreise, erfordert *mehrere Bausteine in einem
gemeindeintegrierten Verbund:* Die Wohnangebote müssen baulich, personell
und konzeptionell so gestaltet sein, dass schwer- und mehrfachbehinderte sowie
verhaltensschwierige geistig Behinderte einbezogen werden können. Und
neben differenzierten Wohnformen sind auch weitere Dienste erforderlich, vor
allem

– tagesstrukturierende Angebote
– begleitende Dienste (Beratung, heilpädagogische Dienste, Therapie)
– Strategien zur Krisenintervention."

Neben allen konzeptionellen und strukturellen Veränderungen
in Großwohnheimen ist ein weiterer wichtiger Aspekt zu beden-
ken: Enthospitalisierung von Menschen mit Behinderung und Integration in ein gemeindenahes Wohnheim sind nur möglich,
wenn die Gemeinde dies zulässt. Ohne die Integrationsbereit-
schaft der Umgebung, der Nichtbehinderten kann Integration
nicht gelingen.

Um die Komplexität des Problems, die Schwierigkeiten der Integration von Menschen mit geistiger und vor allem schwerer
geistiger Behinderung aus Großwohnheimen in die Gemeinschaft der Nichtbehinderten zu veranschaulichen, füge ich den
Bericht einer Nachbarschafts-Klage ein. Er dient als Beispiel und

soll zum Nachdenken, zur Bildung einer eigenen Meinung anregen. Zu den Quellen dieses Beispiels gehört ein Artikel der Zeitschrift *Stern* (Ausgabe vom 26. 2. 1998), Auszüge aus dem Urteil des Kölner Oberlandesgerichtes (vom 8. 1. 1998) und persönliche Erfahrungen mit den Bewohnern der genannten Wohngruppe. Einleitend heißt es im *Stern:*

> „Stockheim in der Gemeinde Kreuzau bei Düren ist ein unscheinbarer Ort. Knapp 2000 Einwohner, zwei Bäckereien, zwei Gaststätten, eine katholische Kirche, die Wohnhäuser in Gelb- und Rotklinker, Straßen und Gehwege besenrein.
>
>
> Seit fünf Jahren wohnen hier in der Kreuzauer Straße 49 sieben geistig schwerstbehinderte Männer mit ihren Betreuern in einer familienähnlichen Gemeinschaft. 240 qm Wohnraum, hinter dem Haus ein ebenso großes Rasengrundstück samt Birnbaum und Plastik-Sitzgruppe – derzeit Deutschlands umstrittenster Garten. Seit das Kölner Oberlandesgericht am 8. Januar der Klage eines Nachbarn wegen Lärmbelästigung stattgab und die Gartennutzung der Wohngruppe einschränkte, ist es mit der Ruhe im Dorf vorbei. Waren es zuvor nur die unmittelbaren Anlieger, die sich von den Artikulationsversuchen der Bewohner mehr oder weniger oder aber gar nicht bedrängt fühlten, teilt sich der Ort seit dem Urteil auf in die ‚Guten' und in die ‚Bösen' „ (1998, 174).

Den Nachbarn, den Kläger, störten die Menschen mit geistiger Behinderung im Nebenhaus, vor allem die „Geräusche", die sie machten, wenn sie im Garten waren. Schon seit längerem hatte er sich vergeblich bemüht, ihre Rückführung in die Großeinrichtung, zu der diese Außenwohngruppe gehört, zu erreichen. Um seiner Klage Nachdruck zu verleihen hatte er die ihn störenden Äußerungen der schwerstbehinderten Heimbewohner auf Tonband aufgezeichnet und dem Gericht zur Verfügung gestellt. Im Urteil heißt es hierzu: Die „aufgezeichneten Äußerungen der Heimbewohner sind durchgehend stimmliche Laute nichtverbaler Art, in denen für das ungeübte Ohr weder Gedanken noch Gefühle zum Ausdruck gelangen. Der Kläger hat die Äußerungen als 'unartikuliertes Schreien, Rufen, Gurgeln, Stöhnen, Lachen und Lallen' beschrieben, während der Angeklagte sie als 'Artikulationsversuche' interpretiert hat" (S. 7). Im Weiteren werden diese vom Kläger als Störung empfundenen „Äußerungen" als „Lautentwicklung" bezeichnet. „Diese Lautäußerungen braucht der Kläger in der schrankenlosen Form, in der sie nach der Vorstellung des Beklagten auch in Zukunft möglich sein sollen, nicht zu dulden, da sie die Nutzung seines Grundstückes so sehr beeinträchtigen, dass sie unzumutbar sind" (1998, S. 8).

Bei seiner Urteilsfindung ist das Oberlandesgericht in Köln davon ausgegangen, dass bei den Lauten, die die geistig schwerstbehinderten Heimbewohner von sich geben, der „Lästigkeitsfaktor" besonders hoch ist. Petra Schmitt kommentiert diese Tatsache im genannten *Stern*-Artikel folgendermaßen:

„Der Landschaftsverband (Träger der Einrichtung, Anm. B. F.) hätte sicher mehr Entgegenkommen zeigen müssen, was die Situation der Nachbarn angeht. Andererseits ist es auch sehr problematisch, wenn das Gericht nicht die Lautstärke, sondern die Art der Laute von Behinderten bewertet. Vielleicht sind die Wogen noch zu glätten, was zu bezweifeln ist. Der Landschaftsverband, gestützt von allen Gutmenschen der Nation, hat jetzt gegen das Urteil Verfassungsbeschwerde eingelegt.

Czeslaw Glyk (der Kläger, Anm. B. F.) leidet daran, als der böse Mensch von Stockheim zu gelten. Noch mehr leidet er allerdings unter den Anrufen der braven Kämpfer: An einem Freitag, morgens um 2.38 Uhr, sprach ihm einer auf's Band: ‚Hallo, du Drecksau, du Wichser, du Nazisau, Heil Hitler!' Es war einer von den über 50 Drohanrufen seit dem 8. Januar" (1998, S. 77).

Ich habe diese Außenwohngruppe besucht, um mir selbst ein Urteil in dieser Sache bilden zu können. Dort habe ich folgende Szene beobachtet: Herr S. sitzt im Sessel und beobachtet das Geschehen um sich herum: Der Redakteur eines Radiosenders, der gerade zu Besuch ist, kommt mit einem Mikrofon auf ihn zu. Herr S. hält den Kopf in Richtung des Mikrofons und sagt: „I Dieter." Da der Redakteur ihn nicht gleich versteht, wiederholt er noch einmal etwas lauter: „I hei Dieter." – „Und ich heiße Bernd", lautet die Antwort.

Diese Szene spricht für sich und macht deutlich, dass es sich bei den „Äußerungen" oder „unartikulierten Lauten" der Bewohner eindeutig um menschliche Kommunikation handelt. Kommunikation gehört wesensgemäß zur Selbstverwirklichung und zur Selbstbestimmung des Menschen. Wenn den Äußerungen von Menschen mit Behinderung die Qualität menschlicher Kommunikation abgesprochen wird, und dies geschieht, wenn man sie als „Geräusche" und dergleichen bezeichnet, verwehrt man ihnen ihr Recht auf Selbstbestimmung und damit ein menschliches Grundrecht.

Wie ich beim Landschaftsverband erfahren habe, ist der „Fall von Düren" kein Einzelfall. Die Nachbarschaftsklagen nehmen zu, wobei die Gerichte deutlich mehr dem Begehren der Kläger nachgeben. Ziel dieser Klagen ist es, die Bildung von gemeindeintegrierten Wohnheimen oder Wohngruppen zu verhindern. Da Träger von Behinderteneinrichtungen immer häufiger derartige Prozesse verlieren, sind heute Dezentralisierungsmaßnahmen, die weitere Bildung von Außenwohngruppen, bedroht. Die Änderung der Sozial- und Pflegegesetzgebung tut ihr übriges dazu. Und wieder sind es Menschen mit geistiger und schwerer Behinderung, die es zuerst trifft. Der Gedanke der Normalisierung mit seinen Folgen der Dezentralisierung von Großeinrichtungen und der Enthospitalisierung von fehlplatziert lebenden Bewohnern, hat zweifelsohne eine Veränderung der Wohnsituation für Menschen mit geistiger Behinderung bewirkt. Dass die neu geschaffenen Institutionen wirklich Orte des Wohnens, des sich Wohl- und Zuhausefühlens werden, hängt wesentlich davon ab, wie *selbstbestimmt* die Bewohner in ihnen leben können. Wohlbefinden und Selbstbestimmung stehen in Wechselwirkung zueinander und sind abhängig von der Einstellung und den Kompetenzen des betreuenden Personals.

4.5.4 Der Leitgedanke der Selbstbestimmung

Wie sieht es mit der Selbstbestimmung von Menschen aus, die aufgrund ihrer Beeinträchtigung in besonderem Maße von der Unterstützung ihrer Betreuer und Erzieher abhängig sind? Zur ersten Beantwortung dieser Frage zwei praktische Beispiele:

Beispiel 1: In einer gemeindeintegrierten Wohngruppe leben acht Männer mit geistiger Behinderung im Alter zwischen 30 und 58 Jahren. Eine Studentin, Frau M., arbeitet hier mit dem 35jährigen Herrn B. Ziel ihrer Arbeit ist es, Herrn B., der über keine Verbalsprache verfügt, neue Ausdrucksmöglichkeiten zu erschließen. Mittlerweile kann Frau M. seine Äußerungen und Wünsche verstehen und hat mit ihm neue Gesten entwickelt. Er hat aufgehört, sich zu beißen und die Kleidung zu zerreißen. Während meines Besuches sind wir spazieren gegangen, wobei Frau M. Herrn B. an jeder Kreuzung nach dem Weg fragte. Der auf mich eher orientierungslos wirkende Mann konnte entscheiden, wohin er gehen wollte und fand schließlich den Weg heim.

Als wir das Haus betraten, sah ich in der Küche das von den Pädagoginnen zubereitete Abendbrot stehen: Teller mit belegten und in Stückchen geschnittenen Broten mit einer handvoll Trauben verziert. Alle Teller gleich, für jeden Bewohner dasselbe. Warum lässt man Herrn B., der ja Entscheidungen treffen kann, nicht selbst aussuchen, was er essen möchte? Dasselbe gilt für seine Mitbewohner. Wäre ein von den Bewohnern selbst zubereitetes Abendbrot wirklich zu aufwendig für das betreuende Personal?

Beispiel 2: Bei der Besichtigung einer Abteilung eines Landeskrankenhauses, in der lang hospitalisierte, mittelgradig geistig behinderte Menschen leben, machte ich folgende Beobachtungen. Ein Mann, vielleicht Mitte 20, freute sich wohl über unseren Besuch. Er zog einen Besucher am Arm und deutete in Richtung seines Zimmers. Als beide dort ankamen, war die Türe verschlossen. Daraufhin wandte er sich an die Pädagogin und zeigte auf den Schlüssel in der Kitteltasche. „Nein, du weißt, dass du tagsüber nicht in dein Zimmer darfst", war ihre Antwort. Er versuchte es ein zweites Mal, wieder ohne Erfolg. Für mich ist es normal, Besuchern das eigene Zuhause zeigen zu wollen. Wozu das Verbot? Und warum nicht einmal eine Ausnahme vom Verbot?

Die Beispiele verdeutlichen, wie sehr Menschen mit geistiger Behinderung in ihren Selbstbestimmungsmöglichkeiten gerade durch Pädagogen und Pädagoginnen beschnitten werden. Sie zeigen zudem, dass Fremdbestimmung sowohl im Wohnheim als auch in der Komplexeinrichtung den Alltag von Bewohnern, vor allem denen mit schwersten Behinderungen prägt. Dieses Problem wird heute gesehen und hat im Entwurf des Leitgedankens der Selbstbestimmung Anfang der 90er Jahre seinen Niederschlag gefunden.

Indipendent living Das Prinzip der Selbstbestimmung geht auf die Independent-Living-Bewegung körperbehinderter Menschen in den USA zurück, die in den 60er Jahren gegen die entmündigenden und bevormundenden Lebensbedingungen in den Großanstalten protestierten und mehr Selbstbestimmungsmöglichkeiten forderten. Mittlerweile hat dieser Appell behinderte Menschen in vielen Ländern erreicht und ermutigt, ihre eigenen Interessen stärker zu vertreten. Sie „beanspruchen (mehr) Regiekompetenz für ihren und in ihrem Alltag sowie das Recht, ihre Interessen auch gesellschaftlich selbst zu vertreten. Dieser Emanzipationsprozess von Nutzern im System der Behindertenhilfe hat auch Menschen mit geistiger Behinderung erreicht" (Frühauf 1994, 51). Betroffene, die sich in der Liga von Vereinigungen für Menschen mit geisti-

ILSMH ger Behinderung (ILSMH) zusammengeschlossen haben, forderten 1993 in Utrecht mehr Entscheidungskompetenz und begründeten dies wie folgt:

„Zu oft entscheiden andere für uns in Dingen, die unser eigenes Leben betreffen. Manchmal sogar, ohne uns in den Entscheidungsprozess miteinzubeziehen. Eltern und Helfer meinen oft, wir müssten beschützt werden. Sie wagen es nicht, ein Risiko einzugehen oder uns etwas riskieren zu lassen. Sie meinen, sie seien dafür verantwortlich. Deshalb nehmen sie oft selbst die Sache in die Hand. Auf diese Weise halten sie uns davon ab, Dinge selbst zu tun. Sie erlauben uns nicht, etwas zu versuchen, zu scheitern und wieder von vorne zu beginnen. Wir bekommen keine Gelegenheit zum Lernen. Das behindert die Entwicklung. Wir selbst wissen, was das Beste für uns ist und wir können selbst auswählen. Wir sind bereit, etwas zu Lernen. Selbst wenn das bedeutet, dass etwas schiefläuft. Niemand ist vollkommen. Indem wir Fehler machen und unsere Fähigkeiten verbessern, entwickeln wir uns weiter" (nach Frühauf 1994, 51 f.).

Die internationale Diskussion um mehr Selbstbestimmung griff die Bundesvereinigung Lebenshilfe auf, indem sie unter aktiver Mitwirkung von Menschen mit geistiger Behinderung 1994 in Duisburg einen Kongress zum Thema „Ich weiß doch selbst, was ich will" veranstaltete. Seitdem ist die Realisation von Selbstbestimmung ein wichtiges Thema in allen Bereichen der Geistigbehindertenpädagogik.

Die Forderung nach Selbstbestimmung ist von dem Grundgedanken bestimmt, dass jeder Mensch nach Freiheit und eigenverantwortlichem Handeln strebt. Wird dem Menschen Autonomie vorenthalten, entsteht das Gefühl von Unwohlsein und Unzufriedenheit. Martin Hahn, der die Diskussion um mehr Selbstbestimmung in der deutschen Geistigbehindertenpädagogik maßgeblich geprägt hat, kennzeichnet den Zusammenhang von Wohlbefinden und Selbstbestimmung, wenn er sagt: „Zustände menschlichen Wohlbefindens gründen auf einem Ausgewogensein – im Sinne einer oszillierenden Balance – zwischen größtmöglicher verantwortbarer Unabhängigkeit und bedürfnisbezogener Abhängigkeit. Als realisierte Unabhängigkeit im o. g. Sinne ist Selbstbestimmung eine unabdingbare Voraussetzung für menschliches Wohlbefinden" (1994, 86). Vollkommene Autonomie gibt es nicht, d. h. jeder Mensch lebt in Abhängigkeit von anderen, sonst wäre menschliches Zusammenleben gar nicht möglich. Menschen begeben sich freiwillig in Abhängigkeiten beruflicher oder privater Art, ohne sich hierdurch zwangsläufig fremdbestimmt zu fühlen.

Menschen mit geistiger Behinderung leben aber in einem besonderen Abhängigkeitsverhältnis zu anderen, da sie auf die lebenslange Unterstützung durch Eltern oder Betreuer angewiesen sind. Hahn kennzeichnet dieses Verhältnis als ein „Mehr an sozialer Abhängigkeit" (1981). Bei behinderten Menschen ist die Balance zwischen größtmöglicher Unabhängigkeit und bedürfnisbezogener Abhängigkeit zugunsten der Letzteren verschoben. Dies machen die eingangs genannten Beispiele sowie die Grundsatzaussagen der ILSMH deutlich. Aufgrund ihrer sozialen Abhängigkeit wird Menschen mit geistiger und vor allem mit schwerer geistiger Behinderung Freiheit vorenthalten, sind sie besonders der Gefahr der Fremdbestimmung ausgesetzt.

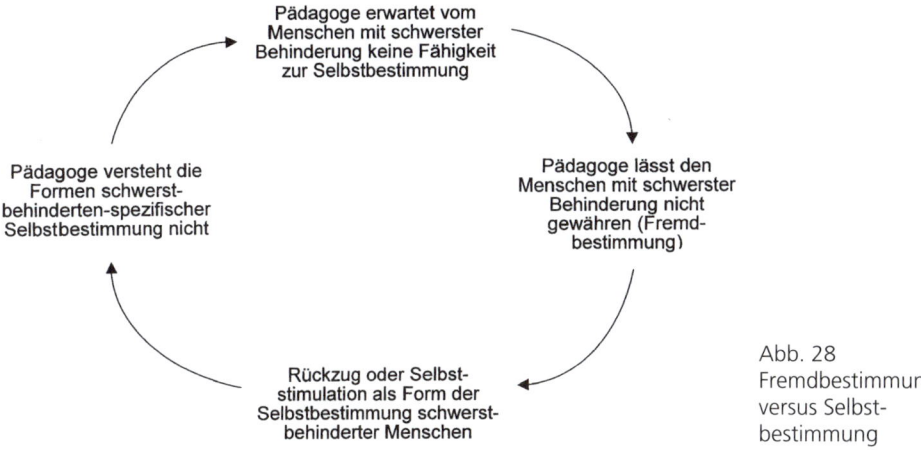

Abb. 28
Fremdbestimmung
versus Selbstbestimmung

Der Entzug von Freiheit und damit Wohlbefinden, mit anderen Worten, das Ausgeliefertsein an den Betreuer und das Vorenthalten von Selbstbestimmungsmöglichkeiten führt beim behinderten Menschen häufig zu Resignation und Apathie. Um diesem Personenkreis mehr Entscheidungskompetenzen in Bezug auf ihre eigenen Belange einzuräumen, ist zunächst eine Einstellungsveränderung seitens der Umwelt notwendig.

Menschenbild

„In unserer Gesellschaft besteht ein Negativbild von Menschen mit geistiger Behinderung. Dieses Menschenbild hat Auswirkungen auf ihre Lebens-, Lern- und Arbeitsbedingungen, die gekennzeichnet sind von Stigmatisierung, Infantilisierung, individueller und institutioneller Abhängigkeit, erschwerter Teilnahme an allen Bereichen der Gesellschaft, Diskriminierung und Isolation. Menschen mit geistiger Behinderung gelten als nichterwachsen, nicht-selbständig, nicht-mündig, nicht-verantwortungsfähig, nicht sozial leistungsfähig etc. Selbstbestimmung wird ihnen weitgehend aberkannt und ausgeschlossen. Für Menschen, die als Arbeitskraft minderer Güte, Kostenfaktoren oder unwerten Lebens betrachtet werden, scheint eine schulische, berufliche und gesamtgesellschaftliche Integration nur schwer verwirklichbar" (Harnack 1996, 49). Solange man Menschen mit Behinderung nicht für entscheidungsfähig hält, wird man ihnen auch keine Freiräume zur Entscheidung geben und ihnen Selbstbestimmung vorenthalten. Voraussetzungen zur Selbstbestimmung, zur Verwirklichung eigener Bedürfnisse sind kommunikative Lebensbedingungen, die Raum zu partnerschaftlich geprägten Beziehungen bieten.

Vom Betreuer zum Assistenten

„Das Leitprinzip ,Mehr Selbstbestimmung für Menschen mit geistiger Behinderung' erfordert sowohl eine Veränderung der gegenwärtigen Versorgungsstruktur als auch eine Neugestaltung der Rolle des Betreuers, assistierende Hilfe statt Befürsorgung. Das heißt: Umdenken, Auflösen von Machtstrukturen mit dem Ziel, den Alltag nicht länger für geistig behinderte Menschen oder bestenfalls mit ihnen zu gestalten, sondern Wünsche der Betreuten zum Orientierungspunkt pädagogischen Handels zu machen und sie zu befähigen, selbst für ihre eigenen Interessen einzutreten" (Seifert 1997b, 46).

Selbstbestimmt im Wohnheim leben zu können setzt voraus:

Sicherung der Grundbedürfnisse nach Wertschätzung, Vertrauen und Kommunikation

Selbstbestimmung im Alltag, Respektieren der Wünsche und Interessen

Aktives Anbieten von Wahlmöglichkeiten von Speisen, Kleidung, Wohnraumgestaltung usw.

Mitsprache bei der Regelung von Arbeits- und Wohnbedingungen, z. B. Mitsprache bei der Auswahl eines Mitbewohners, Veränderungen des Wohnortes, nicht unbegründete Umsiedlung in ein anderes Wohnheim

Größtmögliche Beteiligung am Alltagsleben, z. B. bei hauswirtschaftlichen Tätigkeiten

Sicherung des Privatbereichs, z. B. privates Zimmer, Kleidung, Möblierung, persönliches Eigentum, eigener Zimmerschlüssel, Betreten eines Raumes durch Personal erst nach Klopfen und Hereinbitten, Recht auf Einladung anderer Personen, auch anderen Geschlechts usw.

Sicherung von Rechten, z. B. Schutz vor Diskriminierung, Schutz vor Gewalt und menschenunwürdigen Lebensbedingungen

Recht auf Meinungsäußerung, Recht auf Klage und Aussprache

Je schwerer ein Mensch behindert ist, desto größer ist seine soziale Abhängigkeit und desto größer ist die Wahrscheinlichkeit, dass ihm in seinem Leben Selbstbestimmung nicht zugestanden bzw. vorenthalten wird. Das Prinzip „Entscheidenlassen" ist ein Weg, „ihnen Selbstbestimmung auf der Ebene ihrer Entwicklung zu ermöglichen" (Seifert 1997 b, 50). Hahn fordert, dass Bezugspersonen nicht nur ihr Bewusstsein, ihr Menschenbild ändern, „sondern auch lernen müssen, unter erschwerten Bedingungen zu kommunizieren, Bedürfnisse aufzuspüren und zu respektieren, Überbefürsorgung abzubauen, Handlungs- und Entscheidungsalternativen bereitzustellen, Verantwortlichkeiten auszuloten und kalkulierbare Risiken einzugehen sowie als Helfer umzulernen" (S. 50).

Zusammenfassung

4.5.5 Umdenken: Wohnen ist mehr …

Die Ausführungen dieses Kapitels haben gezeigt, dass *Wohnen mehr ist als nur Untergebracht- und Bewahrtsein.* Nicht isoliert, sondern in der Gemeinschaft mit anderen, gemeindeintegriert zu wohnen ist ein humanes Recht, dies einzulösen gesellschaftliche Pflicht. Wohnen bestimmt die Lebensqualität und das Wohlbefinden eines Menschen entscheidend mit. Auf der Grundlage des Normalisierungsprinzips änderten sich die Wohnverhältnisse, die Rahmenbedingungen für das Wohnen von Menschen mit geistiger Behinderung. Ob die jeweilige Einrichtung aber ein Ort des Wohnens und des sich Wohlfühlens ist, hängt wesentlich davon ab, wie selbstbestimmt die Bewohner in ihr leben können. Wesentlich für die Realisation von Selbstbestimmung und die Gewährung von Entscheidungsfreiräumen sind die Einstellungen des betreuenden Personals den behinderten Menschen gegenüber. Aufgrund ihrer besonderen sozialen Abhängigkeit werden Personen mit schwersten Behinderungen und alte Menschen in hohem Maße fremdbestimmt. Hier ist ein Umdenkungsprozess zwingend notwendig. Diesem stehen aber heute unter dem Einfluss sinkender Ressourcen Tendenzen gegenüber, die eher eine Verschärfung der ohnehin erschwerten Lebenssituation dieser Menschen erwarten lässt. Mit der Einführung der Pflegeversicherung hat nämlich eine Umwandlung von Behinderteneinrichtungen in reine Pflegeheime mit klinikähnlichen Strukturen begonnen. Ihr Auftrag sind Pflege und Versorgung, nicht Förderung und Unterstützung zu Selbstverwirklichung und Wohlbefinden der behinderten Bewohner. Pflegeheime sind somit häufig Orte der Isolation und nicht der Integration, nicht des Wohnens und auch nicht des Sich-Zuhause-fühlen-Könnens.

Eisenberger, J., Hahn, M., Hall, C., Koepp, A., Krüger, C. (Hrsg.) (1999): Das Normalisierungsprinzip – vier Jahrzehnte danach. Veränderungsprozesse stationärer Einrichtungen für Menschen mit geistiger Behinderung. Reutlingen
Seifert, M. (1997 a): Wohnalltag von Erwachsenen mit schwerer geistiger Behinderung. Eine Studie zur Lebensqualität. Reutlingen
– (1997 b): Lebensqualität und Wohnen bei schwerer geistiger Behinderung. Theorie und Praxis, Reutlingen
Speck, O. (1998 b): Wohnen als Wert für ein menschenwürdiges Dasein. In: Hahn, M. (Hrsg.): Wohlbefinden und Wohnen von Menschen mit schwerer geistiger Behinderung. Reutlingen. 19 – 42
Bundesvereinigung Lebenshilfe für geistig Behinderte e.V. (Hrsg.) (1996): Selbstbestimmung. Kongressbeiträge. Dokumentation des Kongresses „Ich weiß doch selbst, was ich will!" Menschen mit geistiger Behinderung auf dem Weg zu mehr Selbstbestimmung. Marburg

4.5.6 Übungsaufgaben zu Kapitel 4.5

Aufgabe 46   Welche Bedeutung hat das Wohnen für den Menschen?

Aufgabe 47   Welche Bedeutung hat das Wohnen für Menschen mit geistiger Behinderung?

Aufgabe 48   Worauf geht das Normalisierungsprinzip zurück und was intendiert es?

Warum heißt Normalisierung nicht „normal machen"?   **Aufgabe 49**

Warum lebt in Deutschland mehr als die Hälfte der Erwachsenen   **Aufgabe 50**
mit geistiger Behinderung in ihren Familien?

Nennen Sie die unterschiedlichen Wohnformen, in denen Men-   **Aufgabe 51**
schen mit geistiger Behinderung leben.

Wodurch unterscheiden sich Groß- oder Vollzeiteinrichtungen   **Aufgabe 52**
von Wohnheimen?

Erläutern Sie die Begriffe „Fehlplatzierung" und „Enthospitali-   **Aufgabe 53**
sierung".

Was ist Selbstbestimmung?   **Aufgabe 54**

Wogegen richtet sich das Prinzip der Selbstbestimmung?   **Aufgabe 55**

Warum sind Menschen mit (schwerer) geistiger Behinderung der   **Aufgabe 56**
Gefahr der Fremdbestimmung ausgesetzt?

Wie ist mehr Selbstbestimmung für Menschen mit geistiger Be-   **Aufgabe 57**
hinderung erreichbar?

5 Geistigbehindertenpädagogik als Wissenschaft

> *„Erkenne Dich selbst bevor Du Kinder zu erkennen trachtest. Es ist einer der größten Fehler anzunehmen, die Pädagogik sei die Wissenschaft vom Kinde und nicht zuerst die Wissenschaft vom Menschen."*
>
> (Janusz Korczak 1878–1942)

In den vorausgehenden Kapiteln wurde gezeigt, dass die Pädagogik, und besonders die Geistigbehindertenpädagogik, eine Wissenschaft nicht nur „vom Kinde", sondern „vom Menschen" ist, weil sie sich auf alle Lebensphasen und Lebensräume (Frühförderung, Familie, Schule, Erwachsenenbildung, Freizeit, Arbeit und Wohnen u. a.) bezieht. Sie wird wesentlich von den Vorerfahrungen und Erwartungen der Pädagogen und Pädagoginnen geprägt. Einstellungen bzw. persönliche Haltungen beeinflussen pädagogisches Handeln. Ich habe das Zitat des polnischen Arztes und Pädagogen Korczak, „Erkenne Dich selbst bevor Du Kinder zu erkennen trachtest", an den Anfang des letzten Kapitels gestellt, weil es den Zusammenhang von persönlicher Einstellung und pädagogischem Handeln wiedergibt und das Nachdenken hierüber eine wichtige Aufgabe der wissenschaftlichen Pädagogik ist. Korczak fordert auf, über sich selbst und sein eigenes Denken zu reflektieren, weil Pädagogik mehr ist als die bloße Anwendung von Erziehungstechniken, von Lehr- und Lernmethoden, von Rezepten. Pädagogik ist gelebte Wirklichkeit, ist Begegnung von Menschen mit Behinderung und ihren Erziehern sowie *gemeinsame* Gestaltung des Erziehungsprozesses. Der behinderte Mensch ist nicht Objekt von Erziehung, sondern Subjekt, d. h. aktiv mitbestimmender Teil im Erziehungsgeschehen.

Geistigbehindertenpädagogik ist nicht nur Erziehungspraxis mit behinderten Menschen, sondern auch Nachdenken hierüber, also Erziehungstheorie und Erziehungswissenschaft. Sie hat die Aufgabe der Erforschung von Erziehungsprozessen und der Entwicklung von Theorien und Methoden. Geistigbehindertenpädagogik bezieht sich auf drei Ebenen:

- Praxis (die konkrete, die gelebte Erziehungswirklichkeit in unterschiedlichen Handlungsfeldern)
- Theorie (das Nachdenken über die Erziehungspraxis und der Entwurf von Erziehungskonzepten)
- Metatheorie (das Nachdenken über die Erziehungstheorien und Entwurf von Erziehungskonzeptionen)

Als Erziehungs*wissenschaft* betrachtet die Geistigbehindertenpädagogik zunächst die Beziehung zwischen den beiden letztgenannten Ebenen. Sie überprüft aktuelle Erklärungsmodelle und -methoden – Theorien – auf ihren Wahrheitsgehalt hin und fragt nach deren Relevanz für die Erfassung der Lebens- und Erziehungswirklichkeit von Menschen mit geistiger Behinderung. Ihre Aufgabe ist es, das Wissen über Menschen mit geistiger Behinderung und ihre Erziehung zu erfassen und so zu ordnen, dass die Aktualität bestehender Erziehungstheorien und -methoden bestätigt oder verworfen wird. Hieraus ergibt sich die Entwicklung geänderter oder neuer Konzeptionen. Theorien sollen einerseits das Wissen über den Personenkreis erweitern und andererseits die Praxis, d. h. den Erziehungs- und Lebensalltag von Menschen mit geistiger Behinderung, gestalten helfen. Insofern beeinflusst die wissenschaftliche Geistigbehindertenpädagogik auch die erste Ebene von Pädagogik, die Praxis.

Aufgabe der Geistigbehindertenpädagogik als Wissenschaft

Tschamler definiert Wissenschaft als „das methodisch gewonnene, systematisierte, durch die Sprache vermittelte Wissen über die Wirklichkeit" (1996, 23). Als Wissenschaft hinterfragt die Geistigbehindertenpädagogik gebräuchliche Erziehungstheorien und -praktiken und verbindet fachspezifisches Wissen mit aktuellem Denken anderer Disziplinen (Medizin, Psychologie, Soziologie und Philosophie). Ausgehend vom Erziehungsbedürfnis ihrer Klientel entwirft sie im Kanon mit anderen Wissenschaften Erziehungs- und Bildungskonzeptionen, die zur Verbesserung der Lebensqualität von Menschen mit geistiger Behinderung in den unterschiedlichen Lebensbereichen beitragen sollen. Wie bereits einleitend gesagt (vgl. Kapitel 1.4), zeichnet sich die Geistigbehindertenpädagogik dadurch aus, dass sie eine „Wissenschaft vom Menschen aus" ist.

Wissenschaft

Aufgrund der notwendigen Interdisziplinarität bedient sie sich zur Erkenntnisgewinnung unterschiedlicher *Forschungsmethoden,* die sowohl aus den Geistes- als auch aus den Naturwissenschaften stammen. Forschungsmethoden sind Wege zur Erfassung der Wirklichkeit, wobei zwei Richtungen zu unterscheiden sind: der *verstehende* oder interpretative Zugang zur Wirklichkeit und der objektiv *erklärende.* „So wird die Hermeneutik als Methode des *Verstehens* den Geisteswissenschaften, das *Erklären* (Aufweis von Ursache-Wirkungsbeziehungen) den Naturwissenschaften zugeordnet" (Tschamler 1996, 22). Die Geistigbehindertenpädagogik bedient sich zur Erforschung der Erziehungswirklichkeit beider Methoden.

Forschungsmethoden

Um die zu gewinnenden Erkenntnisse einordnen und weiterverarbeiten zu können, müssen sie in einem größeren, d. h. übergeordneten wissenschaftlichen Bezugsystem verortet werden.

Metatheorien

Dieses liefern die Erkenntnis- und Wissenschaftstheorien als Teil-
gebiete der Philosophie. Man bezeichnet sie auch als Metatheorien, als Theorien, die den einzelwissenschaftlichen Theorien
(z. B. pädagogische, soziologische oder medizinische usw.) übergeordnete sind. Die Erkenntnistheorie zeigt, wie Erkenntnisse gewonnen werden können, wie Wissen entsteht und wie es zu er-
forschen ist. Die Wissenschaftstheorie befasst sich mit den Voraussetzungen, Zielen und Auswirkungen von Wissenschaft. Beide
Metatheorien stehen in enger Wechselwirkung zueinander und
prägen das aktuelle Wissenschaftsverständnis. Sie dienen den
geistes- und naturwissenschaftlichen Disziplinen zur Bestimmung
ihres Wissenschaftscharakters.

Die aktuelle Geistigbehindertenpädagogik bedient sich zur Erforschung ihrer spezifischen Phänomene sowie zum Entwurf
ihrer Erziehungskonzeptionen aktueller Erkenntnistheorien,
die derzeit auch in anderen Disziplinen Anwendung finden: das
systemtheoretische und konstruktivistische (in den Naturwissenschaften entstandene) sowie das phänomenologische (aus den
Geisteswissenschaften stammende) Denken. In der Übertragung
dieser drei Erkenntnistheorien in den Bereich der Geistigbehindertenpädagogik geht es letztendlich um die Überwindung des
Defizitdenkens bzw. der Pathologisierung von Menschen mit Behinderung. Für die Leser, die an einer Vertiefung interessiert sind,
werden die drei Denkrichtungen nachfolgend kurz skizziert. Als
Abrundung dieses Kapitels gibt Abschnitt 5.3 einen Überblick über
die Veränderungen in der Geistigbehindertenpädagogik als Wissenschaft.

5.1 Systemtheoretisches und konstruktivistisches Denken

Systemtheorie

Systemtheoretisch fundierte Gedankenkonstrukte nehmen in der
allgemeinen Entwicklung heilpädagogischer Arbeitskonzepte einen hohen Stellenwert ein meint Eckert (1998, 165). „Begrifflich-
keiten wie ‚systemisches Denken‘, ‚Systemtheorie‘, ‚systemischer
Ansatz‘ haben in den letzten Jahren im Sprachgebrauch sowohl
in der praktischen pädagogischen wie therapeutischen Arbeit wie
auch in zahlreichen sozialwissenschaftlichen Veröffentlichungen
immens an Bedeutung gewonnen" (S. 165). Man mag vereinfa-
chend den Begriff des „Systemischen" als Fortführung und Ak-
tualisierung des veralteten Begriffs der „Ganzheitlichkeit" verstehen. Und in der Tat geht es bei ihm um das Erkennen und
Denken in Ganzheiten oder genauer in Kontexten, also Systemen.

Mit Speck lässt sich das systemische Denken, das sich bei ihm unter anderem am sozialökologischen Systemansatz von Bronfenbrenner (1981) orientiert, bezogen auf den Menschen mit Behinderungen folgendermaßen beschreiben:

„So sehr auch beim Reden vom ‚behinderten' Menschen dieser in den Vordergrund der Reflexion tritt, so wird ‚Behinderung' nicht einfach ‚bei ihm' vorgefunden. Die entsprechenden Bedingungsfelder und sozialen Bezüge sind nicht abtrennbar. Erziehung erstreckt sich daher nicht einfach auf die einzelnen zu Erziehenden, sondern auch auf die sozialen Gruppen, denen sie angehören oder zu denen sie in Kontakt treten, insgesamt also auf ein Interaktionsfeld. Dazu gehört auch das Bildungssystem und seine gesellschaftlichen Grundlagen. Erziehung als interaktionale Antwort auf Behinderung ist demnach nicht ausschließlich eine Angelegenheit behinderungsspezifischer Spezialisten, sondern Teil der allgemeinen Probleme und Aufgaben einer Gesellschaft bzw. jedes einzelnen ihrer Glieder" (1998 a, 325).

Systemisches Denken will also den Menschen aus seinen vielschichtigen Bezügen heraus begreifen.

- „Systemisches Denken entspricht dem Versuch, dieser komplexen Lebenswirklichkeit durch ein Denken in Zusammenhängen gerecht zu werden.
- Systemisches Denken bedeutet, Vielfältigkeiten verstehen zu lernen und Wechselwirkungen unterschiedlicher Handlungen in Gedanken einzubeziehen.
- Systemisches Denken meint, mehrperspektivische Sichtweisen einem einseitigen, häufig durch ‚Fachwissen' eng begrenzten Denken gegenüberzustellen.
- Systemisches Denken heißt, in der Begleitung eines behinderten Menschen seine individuellen Bedürfnisse und Möglichkeiten sowie den Kontext seines konkreten Lebensumfeldes, seiner aktuellen Lebenssituation zu berücksichtigen (Eckert 1998, 166 f.).

Was hier mit Eckert zusammengefasst als „systemisches Denken" beschrieben wird, hat auf der erkenntnistheoretischen Ebene unterschiedliche Ursprünge, die häufig verkürzend als die *Systemtheorie* bezeichnet werden.

Um nun globaler in Kontexten oder Systemen denken zu können, werden die Erkenntnisse in den Sozialwissenschaften und mit ihnen in der Geistigbehindertenpädagogik heute nicht länger aus der human- oder geisteswissenschaftlichen Reflexion heraus gewonnen, sondern in der Auseinandersetzung mit der erkenntnistheoretischen Relevanz von Selbstorganisationstheorien oder der evolutionären Erkenntnistheorie, also aus den Naturwissenschaften.

In den letzten Jahren haben Wissenschaftler in den USA und in Europa eine Erkenntnistheorie entwickelt, die sich an der biologischen Kognitionstheorie von Maturana und Varela orientiert

Konstruktivismus

und als *radikaler Konstruktivismus* bezeichnet wird. „Diese Ansätze beziehen sich auf die in Europa in den 30er Jahren konzipierte Systemtheorie (L. V. Bertalanffy), die Kybernetik als Wissenschaft vom Verhalten dynamischer Systeme sowie die Theorie der *Autopoiesis*, die die Grundlage von Wissenschaftskonstruktionen beim Menschen bilden soll (H. v. Foerster, W. N. C. Culloch, E. v. Glaserfeld). Einige Vertreter kommen aus der Wissenschaftstradition Europas, wie z. B. Foerster und Watzlawick" (Tschamler 1996, 73). Als weitere Vertreter sind Piaget und die Genfer Schule zu nennen.

Im Mittelpunkt des erkenntnistheoretischen Interesses steht nach Tschamler das Problem der Wissenskonstruktion, d. h. die Frage, wie Wissen beim Menschen entsteht. Der radikale Konstruktivismus versteht sich somit als Kognitionstheorie, in der das Subjekt als alleiniger Urheber des Wissens, der Wissenskonstitution und damit der Wissenskonstruktion gesehen wird. Maturana und Varela geht es darum zu zeigen, „dass der erkenntnistheoretische Vorgang des Erkennens durch ein in der Welt lebendes, sich wahrnehmendes Subjekt und das erklärende Phänomen selbst nur zusammen denkbar sind. Die beiden Autoren beschreiben", so führt Dederich aus, „zunächst auf biologischer Ebene die umweltbezogene Art und Weise menschlichen Handelns und Erkennens. Dieser Erkenntnisbegriff ist eng mit dem der Strukturkoppelung verbunden" (1996, 174), der meint, dass die Natur ein umfassendes Netzwerk von miteinander verknüpften autopoietischen Systemen ist. „Autopoiese bezeichnet die interne Fähigkeit von Organismen und Systemen zur Selbstorganisation in Wechselwirkung mit ihrer Umwelt, durch die eine interne Struktur und im weiten Sinn eine Identität realisiert wird … Autopoiese bezieht sich weiter auf die Fähigkeit solcher Systeme, sich selbst in einem relativen Gleichgewichtszustand zu halten, der ein gewisses Maß an Strukturveränderung notwendig einschließt. Ein komplex strukturierter Organismus wie der menschliche ist eine solche autopoietische Einheit, die aus verschiedenen Subsystemen besteht" (S. 175). Eine Einheit bedeutet, dass der Mensch und sein Milieu, seine Umgebung, in einem Wechselwirkungsverhältnis zueinander stehen. „Veränderungen in einer Einheit lösen Veränderungen im Milieu aus und umgekehrt. Das bedeutet, dass bestimmte Impulse, Reize, Bewegungen, Stoffwechselprozesse usw. einen Gleichgewichtszustand stören und Bewegung hervorrufen können" (S. 175). Eine Veränderung in der Einheit (von Mensch und Umwelt) erzeugen aber nur solche Reize, für die die Einheit „sensibel ist und die sie aktiv auswählt" (S. 175). Die Reize selbst können zwar Veränderungen auslösen, determinieren sie aber nicht. Maturana und

Varela bezeichnen alle als Verhalten beobachtbaren Struktur-
veränderungen eines Organismus als kognitive Akte. „Alle Wahrnehmungen, Bewegungen und Interaktionen zwischen Mensch
und Umwelt bewirken vermittels des Nervensystems Veränderungen im Organismus" (S. 175).

Der radikale Konstruktivismus sieht die Konstituierung der Lebenswelt allein im Subjekt begründet. „Er geht von der Selbst-
tätigkeit aus und sieht die Konstitution des Wissens über die Welt
als Konstruktion des Ich. Die Grundlage dieses wissenschafts-
theoretischen Konzepts liegt in der biologisch-evolutiven Begründung menschlicher Erkenntnis. Es gibt einen Konsens zwischen den Menschen aufgrund gleicher oder ähnlicher Beein-
flussungen des neuronalen Systems durch die Umwelt und
derselben physiologischen Basis des *Bios*" (Tschamler 1996, 18).

Dieser Gedankengang wird nun in unterschiedlicher Weise in
der Geistigbehindertenpädagogik verarbeitet. Worum es in der
Übertragung letztendlich aber immer geht, ist zu zeigen, dass *der
Mensch mit Behinderung ein sich selbst regulierendes System* ist, das
primär nicht mit Defiziten besetzt ist, sondern auftaucht „als wirk-
lichkeitsschaffendes, interaktiv agierendes Individuum in die Welt
des Pädagogen" (Dreher 1998, 66). Der Mensch mit geistiger Behinderung ist ein aktiver Partner im Erziehungsprozess. Die Wirkung dieses Denkens lässt sich besonders gut im Bereich der Frühförderung verdeutlichen (vgl. Kapitel 4.1.6). Das Kind wird heute als „Akteur seiner Entwicklung" aufgefasst und „ganzheitlich",
d. h. im Kontext seiner verschiedenen Bezüge, gefördert. Die
pädagogisch-therapeutische Vorgehensweise ist eine vernetzte
geworden, die die Eltern als Kooperationspartner mit einschließt.
Die Rolle des Kindes und seiner Eltern hat mit dem systemisch-
konstruktivistischen Denken eine Aufwertung erfahren. Sie werden als „Vertreter in eigener Sache" ernst genommen, was dem
Empowerment-Gedanken entspricht.

Impulse für die Geistigbehinder-tenpädagogik

5.2 Phänomenologisches Denken

In anderer Weise und aus der Tradition geisteswissenschaftlich-
philosophischen Denkens heraus wendet sich die phänomenologische Pädagogik der Erziehung von Menschen mit geistiger Behinderung zu. Es waren vor allem Schwerstbehindertenpädago-
gen und -pädagoginnen, die sich vor dem Hintergrund des
Andersseins dieser Menschen um ein vertieftes (ethisches) Verständnis von Menschsein und Bildung bemühten und damit die
Phänomenologie in die Geistigbehindertenpädagogik einführten.

Edmund Husserl

Die Phänomenologie geht auf den Philosophen Edmund Husserl zurück, der diese Denkrichtung Anfang des 20. Jahrhunderts begründete. Die Phänomenologie will Forschungsmethode und Erkenntnistheorie zugleich sein. „Zurückgehen auf die Sache selbst" war Husserls Maxime und gleichzeitig Charakteristikum der phänomenologischen Methode. Die „Sache selbst" sind die

Phänomen und Wesen

Phänomene. „Phänomen ist zunächst alles, was sich in der Erfahrung zeigt. Dabei kann es sich um *äußere* Erfahrungen handeln, in der uns ‚äußere' Dinge (Häuser, Bäume, Autos) gegeben sind, und um *innere* Erfahrungen, in der wir reflektierend wahrnehmen, was ‚in uns' geschieht (Wünsche, Ängste, Wahrnehmungen, Folgerungen)" (Anzenbacher 1992, 135). „Auf die Sache selbst zurückgehen" bedeutete für Husserl, die Phänomene so zu beschreiben, wie sie sich zeigen. „Unsere Theorien und vorgefassten Meinungen sollen vorübergehend ‚eingeklammert' werden" (Hügli/Lübcke 1992, 76), damit die Phänomene in ihrem *Wesen* erscheinen. In der Wesensschau, in der Beschreibung von Phänomenen und der anschließenden Reflexion hierüber, geht es letztlich um die Erfassung des Menschen und seine Erkenntnistätigkeit. Im Zurückgehen auf die Phänomene, auf die Wirklichkeit, die vor aller Erkenntnis liegt, suchte Husserl die Ordnung von Mensch und Welt zu erkennen. Die entscheidenden Stichworte hierbei sind „Sinn" und „Intention". „Der *Sinn* liegt darin, dass sich uns jeweils etwas als etwas zeigt und *Intention* besagt, dass sich unsere Erkenntnisakte in sich selbst auf wiederholbare Sinngehalte ausrichten. Es steht uns keine fertige Wirklichkeit gegenüber, die sich in unserem Geist lediglich reproduziert und abbildet" (Waldenfels 1980, 12). Welt und Bewusstsein, Mensch und Welt stehen sich nicht polar gegenüber, sondern bilden eine Einheit. Vereinfacht ausgedrückt, bedeutet diese Tatsache, dass es keinen vom Menschen unabhängigen Sinn in der Welt gibt.

Merleau-Ponty: Leiblichkeit

Das menschliche Gerichtetsein auf die Welt und Verbundensein mit ihr findet im Zentralbegriff der *„Leiblichkeit"*, wie er von dem französischen Phänomenologen Maurice Merleau-Ponty geprägt wurde, seinen Ausdruck. Der Leib-Begriff beinhaltet neben der zirkulären Verbundenheit von Mensch und Welt auch die Auflösung der Trennung eines rein physischen (körperlichen) und geistigen Seins des Menschen. Geistiges verwirklicht sich im Körperlichen und umgekehrt, d. h. das eine ist ohne das andere nicht denkbar. Jeder Mensch verleiht der Welt nach Maßgabe seiner Leiblichkeit Sinn. Insofern gibt es eigentlich keinen objektiven Sinn in der Welt, womit Normsetzungen, die die Geistigbehindertenpädagogik bestimmen, kritisch zu hinterfragen sind.

Während sich die Pädagogik zunächst nur der Phänomenologie als Methode, als Beschreibungsmethode bediente, besann man sich in den 50er und 60er Jahren auf ihre philosophisch-anthropologischen Grundannahmen. Hier sind vor allem Bollnow und Langeveld zu nennen, die mit unterschiedlicher Akzentsetzung die Phänomenologie für die Pädagogik fruchtbar gemacht haben. Heute erlebt sie geradezu eine Renaissance, was an der Popularität der Begriffe „Lebenswirklichkeit" oder „Leiblichkeit" deutlich wird. Danner, Lippitz, Meyer-Drawe, Rumpf, um nur einige zu nennen, sind aktuelle Vertreter einer phänomenologischen Pädagogik. In der Geistigbehindertenpädagogik sind Dederich, Dreher, Fischer, Fornefeld, Fragner, Kleinbach, Lindmeier, Pfeffer, Stinkes u. a. zu nennen. Antor betont in seiner Analyse des Lebenswelt-Begriffes, dass die Entdeckung des Leibes in der Sonderpädagogik zu einer neuen, anthropologisch reichhaltigeren Sicht der Lern- und Identitätsprobleme Behinderter geführt habe (1989, 246). „Die Bedeutung der Leiblichkeit für ein ganzheitliches Bild vom Menschen und damit für das gesamte Feld der Erziehung ist kaum zu überschätzen" (S. 247). In ihren ethischen Reflexionen zeigen die genannten Autoren die Unzulänglichkeit bestehender moralischer Werte, vor allen im Kontext von Lebens- und Bildungsrecht (schwerst)behinderter Menschen. Ihre anthropologischen Studien belegen, dass Behinderung eine unter möglichen menschlichen Seinsformen ist. Die erziehungsphilosophischen Überlegungen finden in der leiborientierten Pädagogik ihre Konkretion.

Die phänomenologische Wesensschau, die ja Methode und Erkenntnis zugleich ist, bietet eine Möglichkeit, der Erziehungswirklichkeit von Menschen mit geistiger Behinderung näher zu kommen. Indem die Reflexion immer auf das Wesen, den immanenten Sinn der Erziehungsphänomene zurückgeht, wird es möglich, Gemeinsamkeiten im Weltbezug von behinderten und nichtbehinderten Menschen zu erkennen, die wiederum Grundlage einer individuumbezogenen, weil nicht defizit- und normorientierten Erziehung bilden.

Phänomenologische Pädagogik

5.3 Paradigmenwechsel in der Geistigbehindertenpädagogik

Lange hat die Geistigbehindertenpädagogik ihr Augenmerk auf die Behinderung und Normabweichungen des geschädigten Menschen gerichtet mit dem Ziel der Defizit-Kompensation. Heute wissen wir, dass das einseitige Kausalitätsdenken (im Sinne von Ursache, Folge und Behandlung der Schädigung) allein nicht mehr zur Erfassung des Menschen, seiner Lebens- und Erziehungswirklichkeit ausreicht. Der Mensch kann nur aus seinen Bezügen heraus verstanden werden, d. h. die sozialen, konzeptionellen und institutionellen Rahmenbedingungen, die Umwelt, ist in gleichem Maße mit in die Analyse einzubeziehen, weil erst durch die systemische Betrachtungsweise der Mensch mit geistiger Behinderung in seiner zirkulären Bezogenheit mit der Umwelt erkennbar und die notwendigen Erziehungs-, Bildungs- und Unterstützungsmaßnahmen ableitbar sind.

Die Geistigbehindertenpädagogik hat die Defizit-Orientierung ihrer Anfangszeit überwunden und versucht heute das vermeintlich *Besondere* von Menschen mit geistiger Behinderung im *Allgemeinmenschlichen* zu erkennen, um hierdurch zu *Integrierendem* zu gelangen. Das ist nur möglich, wenn sie den Menschen mit Behinderung an den Anfang ihres Denkens und Handelns stellt, wenn die Geistigbehindertenpädagogik ihre Theorien und Konzepte *vom Menschen aus* entwirft. Sie macht den Menschen mit geistiger Behinderung zum *Subjekt* ihres Denkens und Handelns, wenn sie seine Lebensräume und -ansprüche *normalisiert,* ihm die *Selbstbestimmung* und *Assistenz* gewährt, die er zur Bewältigung seines Lebens benötig.

Die Geistigbehindertenpädagogik hat den Optimismus ihrer Gründerzeit aufgegeben und ist realistischer geworden. Sie argumentiert heute nicht mehr vordringlich von den Erwartungen

Abb. 29:
Die Geistigbehindertenpädagogik im Spannungsfeld gesellschaftlicher Anforderungen und individueller Erfordernisse

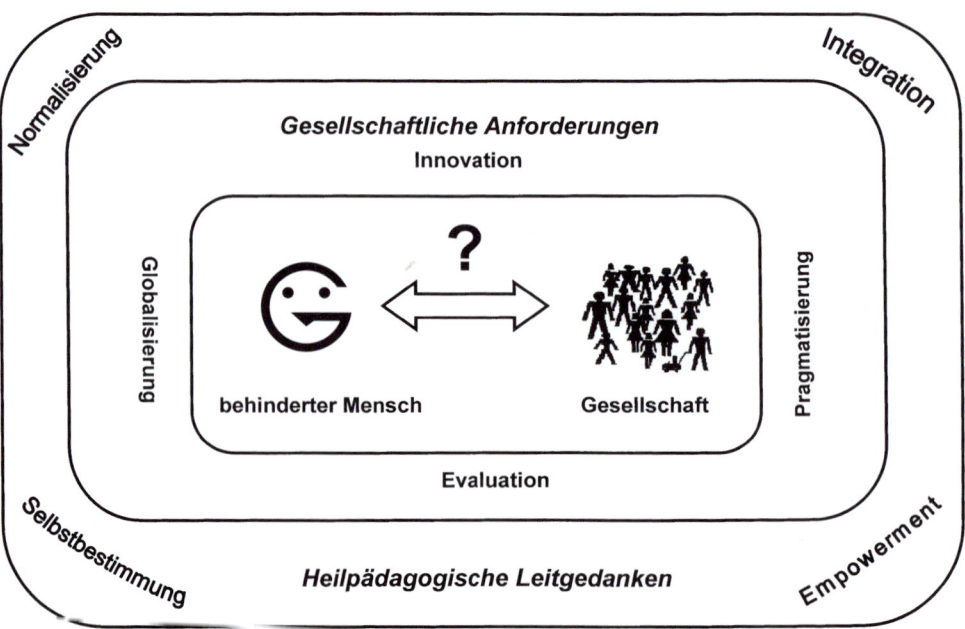

bzw. Erziehungszielen her, sondern von der Individualität des behinderten Menschen und seinem Anspruch auf Bildung und Unterstützung. Die Heterogenität der individuellen Ansprüche des Personenkreises, die Unbestimmbarkeit (nicht vollkommene Planbarkeit) pädagogischer sowie sozialer Prozesse sind stärker ins Bewusstsein gerückt. Vordringliches Ziel ist die Erfassung der Lebenswirklichkeit des behinderten Anderen, von der aus alles pädagogische Handeln seinen Ursprung nehmen muss. Es geht nicht mehr um Gewöhnung und Anpassung des behinderten Menschen an normierte Erwartungen, sondern um ein Hineinführen in unser kulturell-gesellschaftliches Leben auf der Grundlage subjektiver Weltdeutung und -erfassung. Es hat sich also in der Geistigbehindertenpädagogik ein umfänglicher Paradigmenwechsel (eine Änderung der Lehrmeinungen und -sätze) vollzogen, der in den aktuellen Leitgedanken *Normalisierung, Integration, Selbstbestimmung* und *Empowerment* seinen Ausdruck findet. Diese Leitgedanken sieht die Geistigbehindertenpädagogik in Relation zu gesellschaftlichen Veränderungen, wie sie heute festzumachen sind an Schlagworten wie Pragmatisierung, Globalisierung, Innovation und Evaluation (Abb. 29).

Der Prozess des Verbindens individueller Ansprüche behinderter Menschen mit gesellschaftlichen Erwartungen bleibt ständige Aufgabe und Herausforderung für die Geistigbehindertenpädagogik und für die in ihr tätigen Pädagogen und Pädagoginnen.

Dederich, M. (1997): Leiblichkeit und Lernen. Behinderte. 20. Jg., 2, 29–44
Eckert, A. (1998): Perspektivenerweiterung in der Heilpädagogik – Zur Praxisrelevanz systemtheoretischer Gedanken in heilpädagogischen Arbeitsfeldern. VHN. 67. Jg., 2, 165–177
Fornefeld, B. (1998a): Das schwerstbehinderte Kind und seine Erziehung. 2. Aufl. Heidelberg 1998
– (1999): Vom Besonderen zum Allgemeinmenschlichen – Anthropologischer Perspektivenwechsel als Anregung für die Integrationspädagogik. Behinderte. 22. Jg., 1, 29–38

5.4 Übungsaufgaben zu Kapitel 5

Auf welche Ebenen bezieht sich die Geistigbehindertenpädagogik als Wissenschaft?

Aufgabe 58

Welche Aufgabe verfolgt die wissenschaftliche Geistigbehindertenpädagogik?

Aufgabe 59

Anhang

Glossar

Andragogik: Erwachsenenbildung
Ätiologie: Lehre von den Krankheitsursachen
Allgemeine Pädagogik (oder Regelpädagogik): Theorie und Praxis der Erziehung von Menschen ohne Behinderung, z. B. im Regelschulbereich
Anamnese: vom Arzt erhobene Vorgeschichte einer Krankheit
Assistenz: Bereitstellen der vom Menschen mit Behinderung gewünschten Hilfen

Chromosomen: Fadenförmige Bestandteile der Zellkerne, die das Erbmaterial, die Gene tragen
Chromosomenanomalie: Abweichung von der normalen Chromosomenzahl;

Demenz: Verlust erworbener intellektueller Fähigkeiten, vor allem des Gedächtnisses (z. B. im Alter)
Deprivation: Vorenthalten grundlegender menschlicher Bedürfnisse (z. B. Sinneseindrücke oder sozialer Kontakt)

Elementarisierung: Ermittlung von Grundstrukturen von Vorgängen, z. B. von Lernvorgängen, als Voraussetzung zur Planung von Erziehung und Unterricht; Elementarisierung ist nicht gleichbedeutend mit Vereinfachung der Inhalte oder Vorgehensweisen, sondern meint die genaue Analyse von Strukturzusammenhängen
Epidemiologie: Lehre von der Häufigkeit und Verteilung von Krankheiten sowie deren Ursachen und Risikofaktoren
Epikanthus: angeborene sichelförmige Hautfalte am inneren Rand des oberen Augenlides
Empowerment: (engl.) Selbstermächtigung, die Fähigkeit, die eigenen Interessen zu vertreten
Erkenntnistheorie: Disziplin der Philosophie, die nach dem Wesen und den Bedingungen von Erkenntnis fragt

Eugenik: (griech.) Erbhygiene, Erbgesundheitslehre; Teilgebiet der Humangenetik, der es darum geht, die Ausbreitung von Genen mit ungünstigen Auswirkungen für den Menschen einzuschränken und andererseits erwünschte Genkonstellationen zu erhalten oder zu vermehren
Evaluation: Beurteilung, Bewertung

Facilitated Communikation (FC): Gestützte Kommunikation für Menschen ohne Verbalsprache, z. B. für Menschen mit autistischem Syndrom
Funktionsstörungen (Dysfunktion): durch äußere oder innere Faktoren bedingte Störung der regelhaften Funktion von Zellen, Geweben und Organen

Genese: (griech.) Entstehung, Entwicklung
Genmutation: diskontinuierliche Veränderung am Erbmaterial (an den Genen)

Heterogenität: Andersartigkeit, Verschiedenartigkeit, Ungleichartigkeit
Hospitalisierung: Entwicklungs- und Verhaltensstörungen infolge mangelnder persönlicher Zuwendung, z. B. bei Heim- und Klinikunterbringung
Hydrozephalus: Wasserkopf
Hypotonie: Tonusherabsetzung der Muskulatur, als Folge von Erkrankung des peripheren und zentralen Nervensystems

Infantilierung: Gleichsetzung eines Erwachsenen mit einem Kind und Behandlung als solches

Klassifikation: systematische Einteilung oder Einordnung von Begriffen oder Erscheinungen (wie z. B. Schädigungen oder Behinderungen) in Klassen oder Gruppen, die jeweils durch bestimmte Merkmale charakterisiert sind
kognitiv: die Erkenntnis betreffend
Kognition: Ordnungsbegriff, der sowohl den Vorgang des Erkennens als auch dessen Ergebnis meint
Kommunikationswissenschaften: Sammelbezeichnung für Wissenschaften, die sich mit menschlicher Kommunikation befassen, z. B. Physiologie, Psychologie, Philosophie, Soziologie, Pädagogik, Linguistik, Nachrichten- und Computertechnik u. a.
Kulturtechniken: Lesen, Schreiben, Rechnen

Liquor: Hirnflüssigkeit

Mutismus: beharrliches Schweigen als Folge psychischer Störungen

Neurologie: Fachgebiet der Humanmedizin, das sich mit der Diagnose und Therapie von Erkrankungen des Nervensystems befasst
Neurophysiologie: mit den Funktionsweisen des Nervensystems befasstes Teilgebiet der Physiologie

Orthopädie: Lehre von der Entstehung, Prophylaxe und Therapie angeborener oder erworbener Form- und Funktionsfehler des Bewegungsapparates

Pädiatrie: Teilgebiet der Humanmedizin Kinderheilkunde
Paradigma: Lehrsatz; Theorie, die allg. anerkannt ist oder deren Anerkennung erwartet wird
Pathogenese: Krankheitsentstehung
Pathologie: Lehre von den Krankheiten
Philanthrop: (griech.) Menschenfreund; im 18. Jahrhundert gemeinnützig handelnder Anhänger des Philanthropismus, einer pädagogischen Reformbewegung
Prävalenz: Häufigkeit
Pragmatisierung: Hinwendung zur Anwendungsbezogenheit; manchmal auch mit negativem Beiklang benutzt: Gefahr, dass die Reflexion zugunsten einer schnellen Realisierung zu kurz kommt
Psychiatrie: Fachgebiet der Humanmedizin, das sich mit der Diagnose und Therapie von psychischen Krankheiten und Störungen befasst
Psychometrie: möglichst objektive Erfassung psychischer Funktionen mit Hilfe von Tests

Segregation: Absonderung, Trennung, Abschiebung
Stigma, Stigmatisierung: Mal, Kennzeichen, zugeschriebenes Merkmal, durch das ein Mensch als abweichend von der Norm definiert wird; Stigmatisierung ist der Prozess der Zuschreibung bestimmter Stigmata wie z. B. „abweichend", „verhaltensgestört" etc.
subsidiär: zur Aushilfe dienend
Symptomatologie: Lehre von den Krankheitszeichen (Symptomen)

Trauma: den Organismus stark und nachhaltig schädigende Einwirkung

Wissenschaftstheorie: Teilgebiet der Philosophie, deren Gegenstand Untersuchungen über die Voraussetzungen, Methoden, Strukturen, Ziele und Auswirkung von Wissenschaft sind

Lösungshinweise zu den Übungsaufgaben

Kapitel 1

Heilpädagogik war zunächst ein Sammelbegriff unterschiedlicher **Aufgabe 1**
Bedeutungen. Heute wird Heilpädagogik als „System", als ein komplexes Zusammenwirken aller Institutionen und Maßnahmen zur Bildung, Erziehung, Förderung und Betreuung von Menschen mit Behinderung verstanden. Die *Sonderpädagogik* nimmt Bezug auf das Sonderschulwesen. Die *Behindertenpädagogik* denkt von den Behinderungen aus. Die *Rehabilitationspädagogik* hat schwerpunktmäßig die soziale Eingliederung zum Ziel.

Die Heilpädagogik befasst sich in Theorie und Praxis mit den Aus- **Aufgabe 2**
wirkungen von Behinderung. Sie verbindet verschiedenartige erzieherische, unterrichtliche, therapeutische und rehabilitative Maßnahmen.

Die Geistigbehindertenpädagogik ist eine von neun Fachrich- **Aufgabe 3**
tungen der Heilpädagogik.

Individuelle Beantwortung **Aufgabe 4**

Ursprung: vom Menschen mit geistiger Behinderung aus; **Aufgabe 5**

Aufgabenfelder: Humangenetische Beratung, Frühförderung, medizinische Therapien und Versorgung, juristische Hilfen (Behindertenrecht), Psychologische Hilfen, Soziale Hilfen, Schulische Erziehung und Bildung, Berufsvorbereitung und Arbeit, Hilfen zur Freizeitgestaltung, Weiter- und Erwachsenenbildung, Wohnen in unterschiedlichen Institutionen, Assistenz im Alter und Sterbebegleitung;

Nachbardisziplinen: Medizin, Psychologie, Soziologie, Philosophie, Rechtswissenschaften, Allgemeine Pädagogik/Erziehungswissenschaft

Kapitel 2

Individuelle Beantwortung **Aufgabe 6**

Aufgabe 7   Denken der Aufklärung; das „pädagogische Zeitalter"; Interesse an Wissenschaft; Interesse an der Erforschung des Schwachsinns

Aufgabe 8   Medizinische, religiös-karitative und pädagogisch-soziale Motive

Aufgabe 9   Auf der einen Seite wuchs das pädagogische Interesse, rückten die Rechte der Kinder auf Eigenentwicklung und sozialerzieherische Zielsetzungen stärker ins Bewusstsein. Es entstand die Reformpädagogik. Auf der anderen Seite verstärkte sich zusammen mit den Fortschritten der Genetik das sozialdarwinistische Denken. Die Eugenik, die Erbgesundheitslehre, bereitete während des Nationalsozialismus den Boden für die Vernichtung von Menschen mit geistiger Behinderung. Da man diese Menschen für bildungsunfähig hielt, sprach man ihnen ihr Lebensrecht ab. Obwohl die Heilpädagogik in den Anstalten erfolgreich war, konnte sie der „Euthanasie" im Dritten Reich nicht Einhalt gebieten. Nach dem Zweiten Weltkrieg waren die Anstalten leer und das Hilfsschulwesen existierte nicht mehr.

Aufgabe 10   Individuelle Beantwortung

Kapitel 3

Aufgabe 11   Von der Defizit-Beschreibung zum sozialaktiven Verständnis von Behinderung

Aufgabe 12   Der Begriff der „geistigen Behinderung" geht auf die Elternvereinigung „Lebenshilfe für das geistig behinderte Kind" (Marburg 1958) zurück. Er bezieht sich auf die intellektuellen Beeinträchtigungen eines Menschen. Die geistige Behinderung ist ein komplexes Phänomen, das von vielfältigen individuellen und umweltbezogenen (exogenen) Faktoren bestimmt wird und i. d. R. auf eine Hirnschädigung zurückgeht.

Aufgabe 13   Klärung der Ursachen (Ätiologie) und der Entstehungsgeschichte (Pathogenese) von geistiger Behinderung; Diagnose und Therapie; Anregungen zur Förderung

Entstehungszeitpunkt (prä-, peri- und postnatale Schädigungen)   **Aufgabe 14**

Pränatale Schädigungen: Genmutationen; Fehlbildungs-Retardie-   **Aufgabe 15**
rungs-Syndrom; Fehlbildung des Zentralnervensystems; Chromosomenanomalien; exogene Entwicklungsstörungen; idiopathische geistige Behinderung

Perinatale Schädigungen: Geburtstraumen; Hypoxische-ischämische
Enzephalophatie; Frühgeburt; Erkrankung des Neugeborenen

Postnatale Schädigungen: Entzündliche Erkrankungen des Zentralnervensystems; Schädel-Hirn-Traumen; Hirntumoren

2 Standardabweichungen von der Normalintelligenz nach unten   **Aufgabe 16**
bzw. ein IQ < 70.

Erforschung von Störungen im Kontext von geistiger Behinde-   **Aufgabe 17**
rung, Diagnose von Störungen in verschiedenen Persönlich-
keitsbereichen, Entwicklung von Therapiekonzepten und Anregungen für die Förderung.

In der pädagogischen Betrachtungsweise stehen die *Auswirkun-*   **Aufgabe 18**
gen der hirnorganischen Schädigungen auf das *Lernen* und die
Entwicklung im Vordergrund.

Erziehung als „Lebenshilfe" meint nicht Anpassung, sondern   **Aufgabe 19**
Hilfe zur Führung eines weitgehend selbstbestimmten Lebens,
Hilfe zur Durchsetzung eigener Bedürfnisse und Vorstellungen
in der Gemeinschaft mit anderen. (Literatur von Otto Speck siehe
S. 184)

Die geistige Behinderung wird zwar durch die Schädigung be-   **Aufgabe 20**
stimmt, aber nicht nur: Sie steht in Wechselwirkung zu den anderen Bedingungsfaktoren, zu sozialen Einflüssen und Persön-
lichkeitsmerkmalen.

Behinderung als System bedeutet, die individuellen Beeinträch-   **Aufgabe 21**
tigungen des Menschen in Wechselwirkung zu seinen familiä-
ren, institutionellen, kulturellen und gesellschaftlichen Umwelt-

einflüssen zu sehen. Da sich die geistige Behinderung in jeder Lebensphase des Menschen anders zeigt und darum anderer pädagogischer Zugänge bedarf, ist sie auch als Prozess aufzufassen.

Aufgabe 22   Individuelle Beantwortung

Kapitel 4

Kapitel 4.1

Aufgabe 23   Frühförderung ist ein komplexes System diagnostischer, therapeutischer, pädagogischer und sozialrehabilitativer Maßnahmen für Säuglinge, Kleinkinder und Kinder bis zum Schulalter sowie deren Familien.

Aufgabe 24   Die Fachkräfte stammen aus dem medizinischen, pädagogisch-sozialen und psychologischen Bereich.

Aufgabe 25   Früherfassung, Früherkennung, Frühdiagnose, Frühtherapie, Früherziehung, Soziale Integration, Beratung der Eltern, Psychosoziale Hilfen für die Familie

Aufgabe 26   Beeinträchtigungen des Sehens, Hörens und der Motorik

Aufgabe 27   Vergleichen Sie Ihre Antworten mit der Liste der Einzelzielsetzungen in Kapitel 4.1.4.

Aufgabe 28   Frühe Hilfen sind wirksame Hilfen, weil das kindliche Gehirn noch plastisch ist und es durch gezielte Förderung zu einer stärkeren Aktivierung und Differenzierung der Entwicklung kommt.

Aufgabe 29   Förderung von Wahrnehmung, Bewegung, Interaktion, Kommunikation und Sprache; Entwicklung lebenspraktischer Fähigkeiten; Anregungen zum Spiel; Anregungen zur sozialen Entwicklung und zur Integration

Die Frühförderung versteht sich als „ganzheitlich", weil sie nicht nur einzelne Funktionsbereiche, sondern das Kind in seiner Gesamtpersönlichkeit anspricht. Ein ganzheitliches Angebot ermöglicht überdies dem Kind das Erkennen von Sinnzusammenhängen.

Aufgabe 30

Kapitel 4.2

Schule für Geistigbehinderte, Heimsonderschulen, andere Sonderschulformen, Integrative Schulen, Kooperationsschulen, Förderzentren.

Aufgabe 31

Zwischen Lebensrecht und Bildungsrecht besteht ein wechselseitiger Zusammenhang. Lebensrecht und Bildungsrecht sind zwei Aspekte der Anerkennung des Menschen als einem Wesen, dessen Leben auf Weiterentwicklung und Selbstentfaltung in körperlicher, seelischer und geistiger Hinsicht angelegt ist.

Aufgabe 32

Bildung ist ein lebenslanger Prozess der Selbstfindung und Lebensgestaltung des Menschen. Dieses Bildungsverständnis schließt alle Menschen unabhängig vom Grad ihrer Behinderung mit ein. Bildung verbindet die individuellen Möglichkeiten eines Menschen mit den Ansprüchen der Gesellschaft und Kultur.

Aufgabe 33

Die Schule für Geistigbehinderte realisiert einen eigenständigen Bildungsgang und integriert die Berufsschule in dem Konzept der Werkstufe.

Aufgabe 34

Vor- und Unterstufe, Mittelstufe, Oberstufe, Werkstufe

Aufgabe 35

Ziel der Schule für Geistigbehinderte ist es, die Schüler zu „Selbstverwirklichung in sozialer Integration" zu führen.

Aufgabe 36

Vergleichen Sie Ihre Antworten mit der Auflistung von Erziehungsbereichen in Kapitel 4.2.3.

Aufgabe 37

Entwicklungsorientiertes, handlungsorientiertes und fachorientiertes Vorgehen.

Aufgabe 38

Kapitel 4.3

Aufgabe 39

Erwachsenenbildung gibt Menschen mit geistiger Behinderung Hilfestellungen zur Selbstbestimmung und zur Lebensgestaltung. Überdies hat jeder Mensch ein Recht auf lebenslange Bildung.

Aufgabe 40

Arbeit und berufliche Bildung, Freizeit, Ablösung vom Elternhaus, Wohnen, Partnerschaft und Geselligkeit, individuelle Interessen und Vorlieben, Bewältigung von Lebenskrisen.

Aufgabe 41

Unterstützung bei der Verwirklichung des eigenen Lebenssinns und bei der Gestaltung der eigenen Lebenswelt; Hilfen zur Identitätsentwicklung; Hilfen zur Partizipation und Integration.

Kapitel 4.4

Aufgabe 42

Arbeit ist ein Grundbedürfnis des Menschen. Sie ermöglicht nicht nur finanzielle Unabhängigkeit, sondern dient vor allem auch der Selbstbestätigung, schafft Selbstsicherheit und Selbstvertauen. Bei Menschen mit geistiger Behinderung wirkt sie ebenso persönlichkeitsprägend. Sie ermöglicht hier vor allem auch Sozialkontakte und Teilhabe an der Gemeinschaft.

Aufgabe 43

Die Werkstatt hat die Eingliederung von Menschen mit Behinderung in das Arbeitsleben zur Aufgabe. Diese Eingliederung kann innerhalb der Werkstatt oder auf dem freien Arbeitsmarkt erfolgen.

Aufgabe 44

Die Werkstatt für Behinderte gliedert sich in die Eingangsstufe, den Arbeitstrainingsbereich und den Arbeitsbereich.

Aufgabe 45

Erwachsene mit schwersten Behinderungen, die nicht in Arbeitsprozesse der Werkstatt für Behinderte eingegliedert werden können, werden in Tagesförderstätten mit Konzepten der Schwerstbehindertenpädagogik gefördert. Wobei neben der Entwicklung größtmöglicher Selbständigkeit auch immer arbeitstherapeutische Maßnahmen Berücksichtigung finden.

Kapitel 4.5

Wohnen ist ein Grundbedürfnis des Menschen. Die Wohnung bietet Rückzugsmöglichkeiten von Alltagsbelastungen, vermittelt emotionale Sicherheit, Zufriedenheit und Wohlbefinden. **Aufgabe 46**

Für Menschen mit geistiger Behinderung hat das Wohnen grundsätzlich dieselbe Bedeutung wie Menschen ohne Behinderung. Ihnen wurde ein menschenwürdiges Zuhause jahrhundertelang vorenthalten. Sie wurden untergebracht und versorgt. **Aufgabe 47**

Das Normalisierungsprinzip geht auf sozialpolitische und -rechtliche Entwicklungen in Skandinavien und den USA zurück. Ziel ist die Normalisierung des Lebens für Menschen mit geistiger Behinderung: normaler Tagesablauf, normaler Wochenablauf, normaler Jahresablauf, normale Erfahrungen eines Lebenszyklus, normaler Respekt, Leben in einer zweigeschlechtlichen Welt, normaler Lebensstandard, normale Umweltbedingungen. Menschen mit geistiger Behinderung sollen in ihrer sozialen Rolle aufgewertet (Wolfensberger) werden. **Aufgabe 48**

Normalisierung bedeutet Realisierung derselben Lebensbedingun-gen, wie sie für Menschen ohne Behinderung selbstverständlich sind. Normalisierung meint nicht einseitige Anpassung behinderter Menschen an gesellschaftliche Normen oder Erwartungen. **Aufgabe 49**

Es gibt zu wenig Wohnheimplätze und die Ablöseprobleme von Eltern und behinderten Kindern sind groß. **Aufgabe 50**

Komplexeinrichtungen (Anstalten), Dorfgemeinschaften, gemeindeintegrierte oder -nahe Wohnheime (Gruppen- oder Einzelwohnungen) **Aufgabe 51**

In Großeinrichtungen findet i. d. R. keine Trennung zwischen Wohnen, Arbeiten und Freizeit statt. Sie haben ein überregionales Einzugsgebiet und wenig Anbindung an die Gemeinde. In Wohnheimen steht zudem die bedürfnisorientierte Alltagsgestaltung der Bewohner im Vordergrund. **Aufgabe 52**

Aufgabe 53   Fehlplatzierung = Unterbringung von Menschen mit geistiger Behinderung in Psychiatrischen Landeskrankenhäusern

Enthospitalisierung = Prozess der Überführung von behinderten Menschen aus Psychiatrischen Kliniken oder Anstalten in kleinere Wohneinrichtungen

Aufgabe 54   Selbstbestimmung ist das Gleichgewicht, die oszillierende Balance zwischen größtmöglicher verantwortbarer Unabhängigkeit und bedürfnisbezogener Abhängigkeit.

Aufgabe 55   Das Prinzip der Selbstbestimmung richtet sich gegen entmündigende und bevormundende Lebensbedingungen z. B. in Großeinrichtungen.

Aufgabe 56   Menschen mit (schwerer) geistiger Behinderung stehen in einem besonderen Abhängigkeitsverhältnis zu ihren Betreuern und bedürfen der lebenslangen Unterstützung.

Aufgabe 57   Selbstbestimmung ist erreichbar, wenn die Einstellungen, die Haltung der Betreuer den behinderten Menschen gegenüber durch Respekt gekennzeichnet sind, wenn Bedürfnisse aufgespürt und geachtet werden, wenn Handlungs- und Entscheidungsalternativen angeboten werden, wenn Verantwortlichkeiten ausgelotet werden und wenn Entscheidungsfreiräume gewährt werden.

Kapitel 5

Aufgabe 58   Praxis, Theorie, Metatheorie

Aufgabe 59   Die Geistigbehindertenpädagogik als Wissenschaft erforscht die Lebens- und Erziehungswirklichkeit ihrer Klientel. Sie hinterfragt gebräuchliche Erziehungstheorien und -praktiken. Sie verbindet fachspezifisches Wissen mit aktuellem Denken anderer Disziplinen (Medizin, Psychologie, Soziologie und Philosophie).

Syndrome bei geistiger Behinderung

Zusammengestellt von Gerhard Neuhäuser
(aus: Zeitschrift „Geistige Behinderung" 1985 – 1999)

Syndrom	Ursache	Heft	Seite
Aarsskog-Syndrom	Entwicklungsstörung	Feb 94	S. 147
Aicardi-Syndrom	Genetischer Defekt	Mrz 90	S. 237
Angelmann-Syndrom	unklar	Mrz 89	S. 218
Aspert-Syndrom	Entwicklungsstörung	Apr 91	S. 344
Block-Sulzberger-Syndrom	Genetischer Defekt	Feb 93	S. 167
Brachmann-de-Lange-Syndrom	unklar	Feb 85	S. 143
CDG-Syndrom	Stoffwechselstörung	Apr 94	S. 350
Charge-Assoziation	unklar	Apr 97	S. 414
Coffin-Lawry-Syndrom	Genetischer Defekt	Apr 93	S. 352
Coffin-Siris-Syndrom	unklar	Feb 95	S. 154
Cohen-Syndrom	Genetischer Defekt	Apr 95	S. 338
Cokayne-Syndrom	Entwicklungsstörung	Mrz 93	S. 254
De Morsier-Syndrom	Entwicklungsstörung	Feb 96	S. 185
Dubowitz-Syndrom	Genetischer Defekt	Jan 90	S. 62
Fryns-Syndrom	Genetischer Defekt	Mrz 97	S. 321
Hallermann-Streiff-Syndrom	Genetischer Defekt	Apr 96	S. 365
Kabuki-Syndrom	unklar	Feb 97	S. 212
Katzenschrei-Syndrom	Genetischer Defekt	Feb 88	S. 136
Laurence-Moon-Bardet-Biedl-Syndrom	unklar	Jan 87	S. 51
Lesch-Nyhan-Syndrom	Stoffwechselstörung	Apr 86	S. 289
Lowe-Syndrom	Stoffwechselstörung	Apr 89	S. 336
L-Trigonocephalie-Syndrom	Entwicklungsstörung	Feb 99	S. 196
Marchen-Walker-Syndrom	Entwicklungsstörung	Mrz 95	S. 255
Marker-X-Syndrom	Genetischer Defekt	Jan 86	S. 60
Millert-Dieker-Syndrom	Genetischer Defekt	Jan 91	S. 173
Möbius-Syndrom	unklar	Jan 88	S. 61
Neurofibromatose	Genetischer Defekt	Apr 92	S. 326
Noonan-Syndrom	unklar	Mrz 87	S. 202
Pallister-Killian-Syndrom	Genetischer Defekt	Mrz 94	S. 239

→

→

Prader-Willi-Syndrom	Genetischer Defekt	Jan 85	S. 63
Proteus-Syndrom	Genetischer Defekt	Mrz 96	S. 270
Rett-Syndrom	unklar	Mrz 86	S. 216
Rubinstein-Taybi-Syndrom	unklar	Apr 85	S. 290
Sanfilippo-Syndrom	Stoffwechselstörung	Feb 86	S. 141
Schimmelpfennig-Feuerstein-Mines-Syndrom	Entwicklungsstörung	Apr 88	S. 288
Silver-Russel-Syndrom	unklar	Feb 98	S. 181
Sjögren-Larsson-Syndrom	Genetischer Defekt	Feb 87	S. 131
Smith-Lemli-Opitz-Syndrom	Genetischer Defekt	Apr 87	S. 281
Smith-Magenis-Syndrom	Genetischer Defekt	Jan 97	S. 73
Sotos-Syndrom (Zerebraler Gigantismus)	unklar	Jan 89	S. 55
Sturge-Weber-Syndrom	Entwicklungsstörung	Jan 93	S. 74
Syndrome des Chromosom Nr. 22	Genetische Defekte	Apr 98	S. 378
Syndrome des Chromosom Nr. 9	Genetische Defekte	Mrz 98	S. 289
Syndrome mit Arthrogryposis	Entwicklungsstörung	Jan 94	S. 63
Tuberöse-Sklerose-Syndrom (das Bourneville-Syndrom)	Genetischer Defekt	Feb 92	S. 153
Vater- oder Vacterl-Assoziation	Entwicklungsstörung	Jan 98	S. 85
Wiedemann-Beckwith-Syndrom	Genetischer Defekt	Jan 99	S. 91
Wolf-Hirschdorn-Syndrom	Genetischer Defekt	Mrz 88	S. 211
Zellweger-Syndrom	Stoffwechselstörung	Feb 89	S. 143

Literatur

Antor, G. (1989): Lebenswelt – ein neuer Begriff und seine Bedeutung in der Sonderpädagogik. Vierteljahresschrift für Heilpädagogik und ihre Nachbargebiete. 58. Jg. 3, 243–254
–, Bleidick, U. (Hrsg.) (1995): Recht auf Leben – Recht auf Bildung. Aktuelle Fragen zur Behindertenpädagogik. Heidelberg
Anzenbacher, A. (1992): Einführung in die Philosophie. Wien

Bach, H. (1999): Grundlagen der Sonderpädagogik. Stuttgart
Bachmann, W. (1985): Das unselige Erbe des Christentums: Die Wechselbälge – Zur Geschichte der Heilpädagogik. Giessen
Bächthold, A. (1992): Normalisierungsprinzip. In: Dupuis/Kerkhoff, 452–453
Becker, K.-P. u. Autorenkollektiv (1979): Rehabilitationspädagogik. Berlin
Bleidick, U. (1992 a): Zur Theoriebildung der Behindertenpädagogik. In: ders: Einführung in die Behindertenpädagogik I. 4. Aufl. Stuttgart. 64–75
– (1992 b): Behindertenpädagogik. In: Dupuis/Kerkhoff, 69
– (1996): Pädagogik der Behinderten: Ein Ausblick. In: Opp, G., Peterander, F. (Hrsg.): Focus Heilpädagogik – Projekt Zukunft. München. 28–35
– (1999): Behinderung als pädagogische Aufgabe – Behinderungsbegriff und behindertenpädagogische Theorie. Stuttgart
Borchert, J. (1992): Förderdiagnostik. In: Dupuis/Kerkhoff, 212
–, Dupuis, G. (1992): Intelligenzquotient. In: Dupuis/Kerkhoff, 322–323
–, Knopf-Jerchow, H., Dahbashi, A. (1991): Testdiagnostische Verfahren in Vor-, Sonder- und Regelschulen. Heidelberg
Bradl, Ch., Steinhardt, I. (Hrsg.) (1996): Mehr Selbstbestimmung durch Enthospitalisierung: Kritische Analysen und neue Orientierungen für die Arbeit mit geistig behinderten Menschen. Bonn
Brezinka, W. (1978): Metatheorie der Erziehung. 4. Aufl. München/Basel
Bronfenbrenner, U. (1981): Die Ökologie der menschlichen Entwicklung. Stuttgart
Bürli, A. (1997): Sonderpädagogik international: Vergleiche, Tendenzen, Perspektiven. Luzern
Bundesministerium für Arbeit und Sozialordnung (Hrsg.) (1997): Frühförderung. Einrichtungen und Stellen in der BRD – Ein Wegweiser. 4. Aufl. Bonn

Bundesvereinigung Lebenshilfe (Hrsg.) (1992): Frühförderung aus Sicht der Lebenshilfe. Marburg

Bundesverband für Körper- und Mehrfachbehinderte (Hrsg.) (1999): Epilepsie. Heft 5 der Zeitschrift „Das Band". 29. Jg. Düsseldorf

Bundschuh, K. (1999): Einführung in die sonderpädagogische Diagnostik. 5. Aufl. München/Basel

Dederich, M. (1996): In den Ordnungen des Leibes – Zur Anthropologie und Pädagogik von Hugo Kükelhaus. Münster

– (1997): Leiblichkeit und Lernen. In: Behinderte in Familie und Gesellschaft. 20. Jg. 2, 29–44

Demir, E. (2000): „man hat mich mein leben lang für einen idioten gehalten". In: Fornefeld, B., Dederich, M. (Hrsg.): Bildung – Integration – Kommunikation. Düsseldorf (in Druck)

Dieterich, M. (1999): Berufliche Rehabilitation. In: Neuhäuser/ Steinhausen, 282–296

Dittmann, W. (Hrsg.) (1992): Kinder und Jugendliche mit Down-Syndrom. Aspekte ihres Lebens. Bad Heilbrunn

Dreher, W. (1998): Vom Menschen mit geistiger Behinderung zum Menschen mit besonderen Erziehungsbedürfnissen. In: Dörr, G. (Hrsg.): Neue Perspektiven in der Sonderpädagogik, Düsseldorf. 57–75

Dupont, A. (1981): Medical results from registration of Danish mentally retarded persons. In: Mittler, P. et al.: Frontiers of Knowledge in Mentally Retardation. Vol. II. Baltimore. 63–70

Dupuis, G., Kerkhoff, W. (Hrsg.) (1992): Enzyklopädie der Sonderpädagogik, der Heilpädagogik und ihrer Nachbargebiete. Berlin

Dzikowski, S. (1993): Ursachen des Autismus. Eine Dokumentation. Weinheim

–, Arens, Ch. (Hrsg.) (1990): Autismus heute. Band 2. Neue Aspekte der Förderung autistischer Kinder. Dortmund

Eberwein, H. (Hrsg.) (1997): Behinderte und Nichtbehinderte lernen gemeinsam. Handbuch der Integrationspädagogik. 4. Aufl. Weinheim/Basel

–, Knauer, S. (Hrsg.) (1998): Handbuch Lernprozesse verstehen. Wege einer neuen (sonder-)pädagogischen Diagnostik. Weinheim/Basel

Eckert, A. (1998): Perspektivenerweiterung in der Heilpädagogik – Zur Praxisrelevanz systemtheoretischer Gedanken in heilpädagogischen Arbeitsfeldern. Vierteljahresschrift für Heilpädagogik und ihre Nachbargebiete. 67. Jg., 2, 165–177

Eggert, D. (1972): Zur Diagnose der Minderbegabung. Weinheim

– (1997): Von den Stärken ausgehen … Individuelle Entwicklungspläne (IEP) in der Lernförderungsdiagnostik. Dortmund

Eisenberger, J., Hahn, M., Hall, C., Koepp, A., Krüger, C. (Hrsg.) (1999): Das Normalisierungsprinzip – vier Jahrzehnte danach. Veränderungsprozesse stationärer Einrichtungen für Menschen mit geistiger Behinderung. Reutlingen

Fornefeld, B. (1997): „Elementare Beziehung" und Selbstverwirklichung geistig Schwerstbehinderter in sozialer Integration: Reflexionen im Vorfeld einer leiborientierten Pädagogik. 4. Aufl. Aachen
– (1998 a): Das schwerstbehinderte Kind und seine Erziehung. Beiträge zu einer Theorie der Erziehung. 2. Aufl. Heidelberg
– (1998 b): Mut zum Querdenken – Menschen mit Behinderungen im Spannungsfeld neuen heilpädagogischen Denkens. In: Bundesverband der Heilpädagogen (Hrsg.) (1998): Mut zum Querdenken – Heilpädagogik im Spannungsfeld neuen Denkens. Kiel, 6–20
– (1999): Vom Besonderen zum Allgemeinmenschlichen – Anthropologischer Perspektivenwechsel als Anregung für die Integrationspädagogik. Behinderte in Familie und Gesellschaft. 22. Jg. 1, 29–38
– (2000): Selbstbestimmung und Erziehung von Menschen mit Behinderung – ein Widerspruch. Behinderte. 23. Jg. 1, 27–34
Fröhlich, A. (1998): Basale Stimulation – Das Konzept. Düsseldorf
Frühauf, T. (1994): „Wir entscheiden!" – Menschen mit geistiger Behinderung auf dem Weg zu mehr Selbstbestimmung. In: Hofmann, Th., Klingmüller, B. (Hrsg.): Abhängigkeit und Autonomie. Berlin. 51–63

Görres, S., Hansen, G. (Hrsg.) (1992): Psychotherapien bei Menschen mit geistiger Behinderung. 2. Aufl. Bad Heilbrunn
Gröschke, D. (1989): Heilpädagogik? – Heilpädagogik! Plädoyer für einen Begriff. In: ders: Praxiskonzepte der Heilpädagogik. München. 15–32
Gontard, v. A. (1999): Genetische und biologische Faktoren. In: Neuhäuser/Steinhausen. 26–41
Gudjons, H. (1993): Erziehungswissenschaft kompakt. Hamburg

Haeberlin, U. (1996): Heilpädagogik als parteinehmende Pädagogik. In: ders: Heilpädagogik als wertgeleitete Wissenschaft. Bern. 13–68
Hagberg, B., Hagberg, G., Lewerth, A., Lindberg, U. (1981): Mild mental retardation in Swedish school children. 2. Etiologic and pathogenetic aspects. Acta Paediatrica Scandinavica, 70. Jg., 445–452

Hahn, M. (1981): Behinderung als soziale Abhängigkeit. München

- (1994): Selbstbestimmung im Leben, auch für Menschen mit geistiger Behinderung. Geistige Behinderung. 33. Jg. 2, 81 –94
- (1999): Einführung. In: Eisenberger, J., Hahn, M., Hall, C., Koepp, A., Krüger, C. (Hrsg.) (1999): Das Normalisierungsprinzip – vier Jahrzehnte danach. Veränderungsprozesse stationärer Einrichtungen für Menschen mit geistiger Behinderung. Reutlingen

Harnack, M. (1996): Lebenslang fremdbestimmt – (k)eine Zukunftsperspektive für Menschen mit geistiger Behinderung. In: Bundesvereinigung Lebenshilfe für geistig Behinderte e.V. (Hrsg.): Selbstbestimmung. Kongressbeiträge. Marburg 1996. 49–54

Höhn, E. (1982): Die geschichtliche Entwicklung der Einstellung der Gesellschaft zu geistig Behinderten. Geistige Behinderung. 21. Jg. 4, 214–223

Holtz, L., Nassal, A. (1999): Epidemiologische Analysen zur Zusammensetzung der Schülerschaft an Schulen für Geistigbehinderte. Zeitschrift für Heilpädagogik. 50. Jg. 3, 90–98

Hügli, A., Lübcke, P. (Hrsg.) (1992): Philosophie im 20. Jahrhundert. Bd. 1. – Phänomenologie, Hermeneutik, Existenzphilosophie und Kritische Theorie. Hamburg

Hunt, N. (2000): Die Welt des Nigel Hunt. Tagebuch eines Jungen mit Down-Syndrom. Aus dem Englischen von Ute Hüffner. Mit einem Geleitwort von Otto Speck. 5. Aufl. München/Basel

Jantzen, W. (1998): Menschen mit geistiger Behinderung – veränderte Sichtweise. Zeitschrift für Heilpädagogik. 49. Jg. 12, 526–532

Kaiser, A., Kaiser, R. (1991): Studienbuch Pädagogik. Grund- und Prüfungswissen. 6. Aufl. Frankfurt/M.

Kane, G., Kane J.F. (1999): Psychologische Maßnahmen. In: Neuhäuser/Steinhausen. 236–251

Kautter, H., Klein, G., Laupheimer, W., Wiegand, H.-S. (1988): Das Kind als Akteur seiner Entwicklung. Idee und Praxis der Selbstgestaltung in der Frühförderung entwicklungsverzögerter und entwicklungsgefährdeter Kinder. Heidelberg

Kerkhoff, W. (1980): Behinderte in Sonderschulen. Ein statistischer Überblick. Sonderpädagogik. 10. Jg., 1, 20–33

Klevinghaus, J. (1970): Hilfen zum Leben. Zur Geschichte der Sorge für Behinderte. Bielefeld (unveröff. Manuskript)

Klicpera, Chr., Innerhofer, P. (1999): Die Welt des frühkindlichen Autismus. Befunde, Anstöße, Analysen. Unter Mitarbeit von B. Gasteiger-Klicpera. 2. Aufl. München/Basel

Kobi, E. E. (1993): Heilpädagogik – Wortbedeutung und -geschichte. In: ders: Grundfragen der Heilpädagogik. 5. Aufl. Bern. 121–147

Kommission der Europäischen Gemeinschaft (1992): Bericht der Kommission über die Durchführung und die Ergebnisse des Programms der schulischen Eingliederung von Behinderten in den Mitgliedsstaaten (1988–1991). Brüssel 5. Nov. 1992

Leyendecker, Ch., Horstmann, T. (Hrsg.) (1997): Frühförderung und Frühbehandlung. Heidelberg

Liepmann, M. J. (1979): Geistig behinderte Kinder und Jugendliche. Eine epidemiologische, klinische und sozialpsychologische Studie. Bern, Stuttgart, Wien

Lindmeier, Ch. (1997): Heilpädagogik als konstitutives Moment jeglicher Pädagogik. Pädagogische Rundschau. 51. Jg., 3, 289–306

McQueen, P. C., Spence, M. W., Garner, J. B., Pereira, L., Winsor, E. J. (1987): Prevalence of major mental retardation and associated disabilities in the Canadian Maritime Provinces. American Journal of Mental Deficiency. 91. Jg., 460–466

Merkens, L. (1988): Einführung in die historische Entwicklung der Behindertenpädagogik in Deutschland unter integrativen Aspekten. München/Basel

Meyer, D. (1973): Die Erforschung und Therapie der Oligophrenie in der ersten Hälfte des 19. Jahrhunderts. Berlin

Meyer, H., Jank., W. (1994): Didaktische Modelle. Frankfurt/M.

Ministerium für Schule und Weiterbildung des Landes Nordrhein-Westfalen (1980): Richtlinien und Lehrpläne für die Schule für Geistigbehinderte (Sonderschule) in Nordrhein-Westfalen. Düsseldorf

Möckel, A. (1984): Historische und gesellschaftliche Aspekte der pädagogischen Förderung geistig Behinderter. Geistige Behinderung. 23. Jg. 1, 3–19

– (1988): Geschichte der Heilpädagogik. Stuttgart

–, Adam, H., Adam, G. (Hrsg.) (1997): Quellen zur Erziehung von Kindern mit geistiger Behinderung. Bd. 1: 19. Jahrhundert. Würzburg

–, –, – (Hrsg.) (1999): Quellen zur Erziehung von Kindern mit geistiger Behinderung. Bd. 2: 20. Jahrhundert. Würzburg

Mühl, H. (1991): Zur Geschichte der Versorgung und Förderung von Menschen mit geistiger Behinderung. In: ders.: Einführung in die Geistigbehindertenpädagogik. 2. Aufl. Stuttgart. 9–18
– (1994): Geistige Behinderung. Zeitschrift für Heilpädagogik. 45. Jg. 10, 684–687
– (1997): Einführung in die Schulpädagogik bei geistiger Behinderung. Oldenburg
– (1999): Sonderpädagogische Maßnahmen. In: Neuhäuser/ Steinhausen, 252–263
Müller, M. (1996): Neuropädiatrie. Ursachen und Formen der Behinderung. Stuttgart

Neuhäuser, G. (1999): Klinische Syndrome. In: Neuhäuser/Stein- hausen, 110–217
–, Steinhausen, H.-Ch. (Hrsg.) (1999): Geistige Behinderung – Grundlagen, Klinische Syndrome, Behandlung und Rehabilitation. 2. Aufl. Stuttgart
Niermann, D. (1999): Erwachsenenbildung bei Behinderung. Unveröffentl. Grundsatzprogramm der Evangelischen Heimvolkshochschule Lindenhof, v. Bodelschwinghsche Anstalten Bethel. Bielefeld
Nirje, B. (1974): Das Normalisierungsprinzip und seine Auswirkungen in der fürsorgerischen Betreuung. In: Kugel, B. R., Wolfensberger, W. (Hrsg.): Geistige Behinderung – Eingliederung oder Bewahrung? Stuttgart 1974. 33–46
– (1994): Das Normalisierungsprinzip – 25 Jahre danach. Vierteljahresschrift für Heilpädagogik und ihre Nachbargebiete. 63. Jg. 1, 12–32
Nowicki, A. (1999): Kommunikation mit schwerstbehinderten Kindern – Kompetenzen der Mitarbeiter in der Frühförderung. Unveröffentl. Diplomarbeit. Köln

Peterander, F., Speck, O. (Hrsg.) (1996): Frühförderung in Europa. München/Basel
Pitsch, H.-J. (1998): Zur Didaktik und Methodik des Unterrichtes mit Geistigbehinderten. Oberhausen
Pollmächer, A. u. T. (1995): Mein Baby ist behindert – Was tun? München
Puckhaber, H. (1994): Epilepsie im Kindesalter. Eine interdisziplinäre Aufgabe. 2. Aufl. Eschborn
Pueschel, S. (Hrsg.) (1995): Down-Syndrom. Für eine bessere Zukunft. Stuttgart

Radtke, P. (1998): Humangenetik – Was bringt sie für Behinderte. In: Bundesverband der Heilpädagogen (Hrsg.) (1998): Mut zum Querdenken – Heilpädagogik im Spannungsfeld neuen Denkens. Kiel. 37–46

Remschmidt, H., Schmidt, M. (1994): Multiaxiales Klassifikationsschema für psychiatrische Störungen des Kindes- und Jugendalters nach ICD-10 der WHO. 3. Aufl. Bern

Rudnick, M. (1985): Behinderte im Nationalsozialismus. Weinheim/Basel

Saal, F. (1994): Leben kann man nur sich selbst. Texte 1960–1994. Düsseldorf

Sarimski, K. (1993): Interaktive Frühförderung: Behinderte Kinder: Diagnostik und Beratung. Weinheim

– (1997): Entwicklungspsychologie genetischer Syndrome. Göttingen

Scheuing, H.-W. (1997): „… als Menschenleben gegen Sachwerte gewogen wurde" – Die Geschichte der Erziehungs- und Pflegeanstalt für Geistesschwache Mosbach, Schwarzacher Hof und ihrer Bewohner 1933–1945. Heidelberg

Schlack, H.-G. (1997): Neue Konzepte in der Frühbehandlung und Frühförderung. In: Leyendecker/Horstmann, 15–22

Schmitt, P. (1998): „Hallo, du Drecksau". Stern. 10, 174–177

Schöler, J. (1993): Integrative Schule – Integrativer Unterricht. Ratgeber für Eltern und Lehrer. Hamburg

–, Schaudwet, A. (Hrsg.) (1999): Epilepsie bei Kindern und Jugendlichen in der Schule. Ein Handbuch für Pädagoginnen, Pädagogen und Eltern. Neuwied/Berlin

Schor, B.J., Schweiggert, A. (Hrsg.) (1999): Autismus – ein häufig verkanntes Problem. Kinder und Jugendliche mit autistischen Verhaltensweisen in allen Schularten. Donauwörth

Schröder, S. (1983): Historische Skizzen zur Betreuung schwerst- und mehrfachgeschädigter geistigbehinderter Menschen. In: Hartmann, N. (Hrsg.): Beiträge zur Pädagogik der Schwerstbehinderten. Heidelberg. 17–61

– (1989): Schüler, die uns immer wieder in Frage stellen. Behinderte in Familie und Gesellschaft. 12. Jg. 6, 11–27

Schulte-Peschel, D., Tödter, R. (1996): Einladung zum Lernen. Geistig behinderte Schüler entwickeln Handlungsfähigkeit in einem offenen Unterrichtskonzept. Dortmund

Schwarte, N. (1991): Erwachsenenbildung für Menschen mit geistiger Behinderung. Marburg

Seifert, M. (1997a): Wohnalltag von Erwachsenen mit schwerer geistiger Behinderung. Eine Studie zur Lebensqualität. Reutlingen

- (1997 b): Lebensqualität und Wohnen bei schwerer geistiger Behinderung. Theorie und Praxis. Reutlingen
Selbmann, F. (1983): Erste Ansätze einer Pädagogik für geistig Behinderte – Die Vorstellungen Jan Daniel Georgens. Geistige Behinderung, 22. Jg. 4, 292–301
Speck, O. (1979): Geschichte. in: Handbuch der Sonderpädagogik. Bd. 5. Pädagogik der Geistigbehinderten. Berlin. 57–72
- (1990): Standortbestimmung und Perspektiven der Erwachsenenbildung bei Menschen mit geistiger Behinderung. Erwachsenenbildung und Behinderung. 1, 3–7
- (1996): Frühförderung entwicklungsauffälliger Kinder unter ökologisch-integrativem Aspekt. In: Peterander/Speck 15–23
- (1998 a): System Heilpädagogik. Eine ökologisch reflexive Grundlegung. 4. Aufl. München/Basel
- (1998 b): Wohnen als Wert für ein menschenwürdiges Dasein. In: Hahn, M. (Hrsg.): Wohlbefinden und Wohnen von Menschen mit schwerer geistiger Behinderung. Reutlingen. 19–42
- (1999): Menschen mit geistiger Behinderung und ihre Erziehung. Ein heilpädagogisches Lehrbuch. 9. Aufl. München/Basel
Stadler, H. (1998): Rehabilitation bei Körperbehinderung – Eine Einführung in die schul-, sozial- und berufspädagogischen Aufgaben. Stuttgart
Ständige Konferenz der Kultusminister der Länder in der Bundesrepublik Deutschland (1998): Empfehlungen zum Förderschwerpunkt geistige Entwicklung. Beschluß der Kultusministerkonferenz vom 26. 06. 1998
Statistische Veröffentlichungen der Kultusministerkonferenz (1997): Die Sonderschulen in der bundeseinheitlichen Schulstatistik 1986–1995. 140, Januar 1997. Bonn
Steinhausen, H.-Ch. (1999): Allgemeine und Spezielle Psychopathologie. In: Neuhäuser/Steinhausen, 72–81
Stenger, G. (1999): Phänomenologie diesseits von Identität und Differenz. Behinderte in Familie und Gesellschaft. 22. Jg. 3, 21–31
Stinkes, U. (1993): Spuren eines Fremden in der Nähe. Das „geistig behinderte" Kind aus phänomenologischer Sicht. Würzburg
Stracke-Mertes, A. (1995): Die Situation alter Menschen und die Aufgabe der Bildung. In: Antor/Bleidick (Hrsg.) 311–330
Straßmeier, W. (1994): Frühförderung. In: Hansen, G., Stein, R. (Hrsg.): Sonderpädagogik konkret. Ein praxisorientiertes Handbuch in Schlüsselbegriffen. Bad Heilbrunn. 77–81
- (2000): Didaktik für den Unterricht mit geistig behinderten Schülern. 2. Aufl. München/Basel

Tamm, C. (1994): Diagnose Down-Syndrom. München/Basel

Thimm, W. (1999): Epidemiologie und soziokulturelle Faktoren. In: Neuhäuser/Steinhausen. 9–25

Tietze-Fritz, P. (1994): Handbuch der heilpädagogischen Diagnostik. 2. Aufl. Dortmund

Tschamler, H. (1996): Wissenschaftstheorie. Eine Einführung für Pädagogen. 3. Aufl. Bad Heilbrunn

Uebelacker, F. (1998): Ich lasse mich durch wilde Fantasien tragen. Berlin

UNESCO (1994): The Salamanca Statement and Framework for Action on Special Needs Education. Adopted by the World Conference on Special Needs Education: Access and Quality. Salamanca. Spain. 7–10 June 1994. Paris

– (1995): Final Report: World Conference on Special Needs Education. Access and Quality. Salamanca. Spain. 7–10 June 1994

Waldenfels, B. (1980): Der Spielraum des Verhaltens. Frankfurt/M.

Wallner, T. (1984): Veränderungen in der Altersstruktur geistig Behinderter in Schweden 1973–1982. Rehabilitation. 23. Jg., 3, 106–109

Warnke, A. (1999): Frühförderung und Zusammenarbeit mit der Familie. In: Neuhäuser/Steinhausen. 297–308

Wendeler, J. (1993): Geistige Behinderung: pädagogische und psychologische Aufgabe. Weinheim/Basel

Wenzel, H. (1997): Zur Frage der Bildung und Identität Behinderter. In: Klöpfer, S. (Hrsg.) (1997): Sonderpädagogik praktisch. Beiträge zur Erziehung und zum Unterricht von Schülerinnen und Schülern mit Behinderungen. Reutlingen

Wesemann, A. (1995): Wie Mütter schwerstbehinderter Kinder Frühförderung und Selbsthilfe erleben. Unveröffentl. Examensarbeit. Heidelberg

– (Hrsg.) (1998): Internationale Klassifikation der Schäden, Aktivitäten und Partizipation. Ein Handbuch der Dimensionen von gesundheitlicher Integrität und Behinderung, Beta-1 Entwurf zur Erprobung. Deutschsprachiger Entwurf. Michael F. Schuntermann. VDR. Darmstadt

Wildner, K. (1990): Die Werkstatt, von der ich träume. In: Zusammen. 10. Jg., 7, 10–11

World Health Organization (1980): International classification of impairment, disabilities and handicaps. Genf

Zerbin-Rüdin, E. (1990): Genetische und biologische Faktoren. In: Neuhäuser/Steinhausen. 24–34

Fachzeitschriften

Geistige Behinderung

Geistige Behinderung:
Vierteljahresschrift der Bundesvereinigung Lebenshilfe für Menschen mit geistiger Behinderung e.V. Die Zeitschrift enthält neueste Forschungsarbeiten und Praxisberichte aus unterschiedlichen Bereichen der Erziehung, Förderung und Betreuung von Menschen mit geistiger Behinderung. Sie informiert zudem über aktuelle Fachtagungen und Kongresse sowie über neue Publikationen zur geistigen Behinderung. Lebenshilfe-Verlag Marburg

Lernen Konkret
Unterricht mit Geistigbehinderten: Die in der Vierteljahresschrift veröffentlichten Aufsätze beziehen sich auf Unterricht und Schule, thematisieren theoretisch-didaktische Fragen oder geben Beispiele für den Unterricht. Es werden neue Arbeitsmaterialien für den Unterricht mit geistig behinderten Schülern sowie neue didaktische Fachbücher vorgestellt. Verlag Dürr u. Kessler Regensburg

Praxis-Info-G
Fachzeitschrift für den Unterricht an Schulen für Geistigbehinderte: Die von Lehrern, Fritz Riedel und Ellen Lenz für Lehrer herausgegebene Zeitschrift erscheint jährlich dreimal und enthält Unterrichtsbeispiele zu verschiedenen Themenbereichen. Vertrieb: Barbara Schwarz, Hindenburgstr. 8, 89171 Ditzingen

Heilpädagogik

Die nachfolgend beispielhaft aufgeführten heilpädagogischen Fachzeitschriften veröffentlichen Aufsätze und Forschungsergebnisse verschiedener Fachrichtungen, u.a. auch aus dem Bereich der Geistigbehindertenpädagogik. Sie wollen Praktiker wie Wissenschaftler aus unterschiedlichen heilpädagogischen Handlungsfeldern ansprechen, geben Informationen über neue Publikationen, über aktuelle Kongresse und Weiterbildungsangebote.

Zeitschrift für Heilpädagogik; herausgegeben vom Verband deutscher Sonderschulen; erscheint monatlich; vds-Versandstelle Würzburg

Behindertenpädagogik – Vierteljahresschrift für Behindertenpädagogik in Praxis, Forschung und Lehre und Integration Behinderter; Psychosozial-Verlag Gießen

Frühförderung interdisziplinär – Zeitschrift für Praxis und Theorie der frühen Hilfe für behinderte und entwicklungsauffällige Kinder; Vierteljahresschrift; Ernst Reinhardt Verlag München Basel

Sonderpädagogik – Vierteljahresschrift über aktuelle Probleme der Behinderten in Schule und Gesellschaft; Edition Marhold Berlin

Vierteljahresschrift für Heilpädagogik und ihre Nachbargebiete (VHN); Ernst Reinhardt Verlag München Basel

Behinderte in Familie, Schule und Gesellschaft, herausgegeben vom Verein „1 % für behinderte Kinder und Jugendliche"; erscheint 6 x jährlich; Reha-Druck Graz/Österreich

Heilpädagogik online – Die Fachzeitschrift im Internet; www. heilpaedagogik-online.com

Diagnostische Verfahren für Menschen mit geistiger Behinderung

Die Auswahl der exemplarisch vorgestellten Testverfahren richtet sich nach der Häufigkeit ihrer Anwendung in der Geistigbehindertenpädagogik. Die meisten Tests sind zu beziehen bei: Testzentrale, Robert-Bosch-Breite 25, D-37079 Göttingen.

K-ABC (Kaufman Assessment Battery for Children); Melchers, P./ Preuß, U. ; Amsterdam 1991.
Die K-ABC wurde 1983 von Alan und Nadeen Kaufman in den USA entwickelt und erschien 1991 in deutscher Fassung von Melchers und Preuß. Die Batterie findet im Sonderschulbereich bei jungen und leistungsschwachen Kindern, aber auch bei Schülern mit geistiger Behinderung Anwendung. Geeignet ist sie ebenso für Kinder mit geringen Sprachkenntnissen und für Erwachsene mit geistiger Behinderung. Die K-ABC geht von einem aus der Neuropsychologie stammenden Konzept von Intelligenz aus, das Intelligenz als Fähigkeit, Information zu verarbeiten, auffasst. Die Batterie besteht aus verschiedenen Untertests, die neben dem ein-

zelheitlichen und ganzheitlichen Denken auch Fertigkeiten wie Lesen und Verstehen oder Rechnen u. a. überprüfen. Der Test hat eine geringe Durchführungsdauer und ist für konzentrationsschwache Kinder motivierend. Die Testauswertung ist relativ aufwändig. Aus den Ergebnissen lassen sich Fördermaßnahmen ableiten.

HKI (Heidelberger-Kompetenz-Inventar für Geistigbehinderte); Holtz et al.; Heidelberg 1987.
Das HKI ist ein Beobachtungsverfahren zur Erfassung individueller Kompetenzen von Menschen mit geistiger Behinderung in den Bereichen praktischer, kognitiver und sozialer Fähigkeiten. Es ist für Kinder und Jugendliche im Alter von 7 bis 16 Jahren konzipiert und wird in einem Beobachtungszeitraum von sechs Wochen durchgeführt. Als Screeningverfahren schafft das HKI einen ersten Überblick über verschiedene Bereiche, die für die Erziehung als relevant angesehen werden. Und ermöglicht so gezielte Schwerpunktsetzungen für die weitere Förderung.

Kramer-Intelligenztest; Kramer, J., Solothurn 1972.
Der Kramer-Test misst die intellektuelle Leistungsfähigkeit von Klein- und Schulkindern im Alter von 3 bis 15 Jahren und dient vor allem der Abklärung von Lernschwierigkeiten und geistiger Behinderung. Bei diesem Verfahren handelt es sich um eine Weiterentwicklung des Binet-Simon-Testsystems. Er wird hauptsächlich zur Bestimmung des Intelligenzniveaus innerhalb psychologischer, erziehungsberaterischer, heilpädagogischer oder logopädischer Fragestellungen angewandt. Weil er zahlreiche kognitive Fähigkeiten anspricht, gibt er einen differenzierten Gesamtüberblick. Die Aufgaben der unteren Altersstufen sind lebensnah gestaltet und deshalb gut für geistig behinderte Kinder geeignet.

P-A-C (Pädagogische Analyse und Curriculum der sozialen und persönlichen Entwicklung des geistig behinderten Menschen); Günzburg, H.C.; Stratford-upon-Avon (England) 3. Aufl. 1977.
Der PAC ist kein Testverfahren im üblichen Sinne, sondern es dient eher der systematischen Beobachtung in verschiedenen Entwicklungsbereichen von Menschen mit geistiger bzw. schwerer geistiger Behinderung: Selbsthilfe, Verständigungsvermögen, Sozialanpassung und Beschäftigung. Zunächst wird der bisherige Lernstand überprüft und anschließend festgestellt, wie Gelerntes in den Alltag integriert wurde. Die anhand eines Fragenkatalogs ermittelten Fähigkeiten werden in ein Kreisdiagramm eingetragen, das dann erkennen lässt, wo die untersuchte Person

Fortschritte gemacht und wo sie noch Förderbedarf hat. Die P-A-C wird in Fördereinrichtungen eingesetzt, um spezielle Fördermaßnahmen einzuleiten oder zu überprüfen. Die P-A-C enthält Beobachtungs- und Fragebögen für unterschiedliche Personengruppen:

– S/P+P-A-C: Modifikation der P=P-A-C für die Untersuchung von schwerst geistig behinderten Menschen
– P-A-C1: Für geistig behinderte Kinder im Schulalter
– M/P-A-C1: Eine Modifikation des P-A-C1 für Kinder mit Down-Syndrom
– P-A-C2: Für geistig behinderte Erwachsene
– S/P-A-C2: Für schwer geistig behinderte Erwachsene

Adressen

a) Organisationen für Menschen mit geistiger Behinderung und ihre Eltern

Aktion Mensch, Pressestelle, Heinemannstr. 36, D-53175 Bonn, Internet: www.aktion-mensch.de

Arbeitsgemeinschaft Behinderung und Medien e.V. (ABM), Bonner Platz 1, D-80803 München, Tel. 0 89-30 79 92-0, www.abm-medien.de

Arbeitskreis Down-Syndrom e.V., Gadderbaumer Straße 28, D-33602 Bielefeld, Tel. 05 21-44 29 98, Internet: http://down-syndrom.org (Hier erhältlich: Informationen über Selbsthilfegruppen in deutschen Städten)

Bundesarbeitsgemeinschaft „Gemeinsam leben – Gemeinsam lernen", Eltern gegen Aussonderung e. V., www.gemeinsam leben-gemeinsamlernen.de/BAG.htm

Bundesarbeitsgemeinschaft Hilfe für Behinderte e.V., Kirchfeldstraße 149, D-40215 Düsseldorf, Tel. 02 11-3 10 06-0, Internet: www.bagh.de (Hier sind auch Adressen von Selbsthilfegruppen gelistet.)

Bundesarbeitsgemeinschaft Werkstätten für behinderte Menschen e. V. (BAG: WfbM), Sonnemannstr. 5, D-60314 Frankfurt/M., Tel. 0 69-94 33 94-0, www.bagwfbm.de

Bundesverband für Körper- und Mehrfachbehinderte e.V., Brehmstr. 5–7, D-40239 Düsseldorf, Tel. 02 11-6 40 04-0, Internet: www.bvkm.de

Bundesverband Hilfe für das autistische Kind – Vereinigung zur Förderung autistischer Menschen e.V., Bebelallee 141, D-22297 Hamburg, Tel. 0 40-5 11 56 04, Internet: www.autismus.de

Bundesvereinigung Lebenshilfe für Menschen mit geistiger Behinderung e.V., Raiffeisenstr. 18, D-35043 Marburg, Tel. 0 64 21-4 91-0, Internet: www.Lebenshilfe.de

Deutsche Epilepsievereinigung gem. e.V., Zillestraße 102, D-10585 Berlin, Tel. 0 30-3 42 44 14, Internet: www.izepilepsie.de/de

Deutsche Interessengemeinschaft Phenylketonurie (PKU) und verwandte angeborene Stoffwechselstörungen e.V., c/o H. Schmidt, Adlerstr. 6, D-91077 Kleinsendelbach, Tel. 0 91 26-44 53, Internet: www.pku.de

Deutscher Behindertenrat p. A. Sozialverband VdK Deutschland e. V., In den Ministergärten 4, D-10117 Berlin, Tel. 030-7 26 29-04 04, Internet: www.behindertenrat.de

Interessengemeinschaft Fragiles-X e.V., Goethering 42, D-24576 Bad Bramstedt, Tel. 0 41 92-40 53, Internet: www.frax.de

LEONA – Verein für Eltern chromosomal geschädigter Kinder e.V., Dortmund, Auf dem Klei 2, D-44263 Dortmund, Tel. 02 31-4 27 17 37, Internet: www.leona-ev.de

NAKOS – Deutsche Arbeitsgemeinschaft Selbsthilfegruppen, Wilmersdorfer Str. 39, 10627 Berlin, Tel. 0 30-8 91 40 19, Internet: www.nakos.de (Hier erhältlich: Adressen von Informationsstellen und Selbsthilfegruppen und Möglichkeiten zur bundesweiten Suche nach Betroffenen.)

People First!, Kölnische Str. 99, D-34119 Kassel, Tel. 05 61-72 88 555, Internet: www.peoplefirst.de

Selbsthilfe, Kontakt- und Informationsstelle (SEKIS), Lotharstr. 95, D-53115 Bonn, Tel. 02 28-9 14 59-17, Internet: www.sekis-bonn.de

SinnFlut e. V., Theatergruppe, c/o Bettina Offermanns, Gustavstr. 9, D-50937 Köln

The European Association of Societies of Persons with Intellectual Disabilities and their Families, Galeries de la Toison d'Or, 29 Chaussée d'Ixelles # 393/32, B-1050 Brüssel/Belgien, Tel. 00 32-2-5 02-28 15, Internet: www.inclusion-europe.org

b) Beratung zur beruflichen Bildung

Bundesinstitut für Berufsbildung (BIBB), Postfach 201264, D-53142 Bonn, Besucheradresse: Robert-Schumann-Platz 3, D-53175 Bonn, Tel. 02 28-1 07-0, Internet: www.bibb.de

Bundesministerium für Wirtschaft und Arbeit (BMWA), Referat Kommunikation und Internet, Scharnhorststr. 34 – 37, D-10115 Berlin, Fax: 01888-615-5208, Internet: www.bmwa.bund.de

Verein Behinderte in Gesellschaft und Beruf e.V., Deutschhausstr. 21, D-35037 Marburg, Tel. 0 64 21-68 65 31 oder -4 62 99, Internet: www.bigub.de

c) Organisationen für Heil- und Sonderpädagogen

Verband Sonderpädagogik e.V., Fachverband für Behinderten-pädagogik, Ohmstr. 7, D-97076 Würzburg, Tel. 09 31-2 40 20, Internet: www.verband-sonderpaedagogik.de
Berufsverband der Heilpädagogen (BHP) e.V., Bundesgeschäfts-stelle, Michaelkirchstr. 17 – 18, D-10179 Berlin, Internet: www.heilpaedagogik.de

d) Internet-Adressen zu ausgewählten Themen

Folgende Seiten beinhalten eine kleine Auswahl an aktuellen In-ternet-Adressen zu ausgewählten Themen dieses Buches. Unter den genannten Schlagworten befinden sich weitere Links im World Wide Web. Da sich das Medium Internet im permanenten Wandel befindet, kann es sein, dass sich mehrere Adressen im Laufe der Zeit verändern. Verlag und Autorin bitten die Leser/User daher um Verständnis, wenn sich die eine oder andere Web-site nicht mehr auffinden lässt oder andere Inhalte bietet als un-tenstehend charakterisiert (Stand: 1. 5. 00). Über die Suchma-schinen lassen sich jedoch alle Themen ausführlich erschließen. Anregungen zur Verbesserung dieses Internet-Anhangs für die nächste Auflage des vorliegenden Buches richten Sie bitte an: lektorat@reinhardt-verlag.de

http://www.down-syndrom-netzwerk.de   **Down-Syndrom**
*   Homepage der Down-Syndrom-Netzwerk e.V., Köln (Interes-senverband von Vereinen und Selbsthilfegruppen); das Netz-werk stellt eine Website als Forum für Vereine, Verbände etc. zur Verfügung
*   umfangreiches Material für Eltern u. Betroffene, gut struktu-riert
*   Weiterleitungsmöglichkeit zu einzelnen Vereinigungen, z. B. zu **http://down-syndrom.org,** der Homepage des Arbeitskreises Down-Syndrom e.V., Bielefeldt

http://www.nas.com/downsyn/
*   Allgemeinüberblick für Eltern/Betroffene
*   aufgezogen von Eltern und Professionellen
*   viele weitere Links
*   mit FAQ (List of Frequently asked Questions)
*   englischsprachig

http://www2.uibk.ac.at
- „Behinderten-Integration und Dokumentation" ist ein Internet-Projekt zum Thema integrative Pädagogik am Institut für Erziehungswissenschaften der Universität Innsbruck
- Präsentation von Texten, Zeitschriften, aktuell diskutierten Themen, Infos, Links.

Autismus

http://www.autismus-online.de
- Homepage des Regionalverbands Linker Niederrhein e.V. "Hilfe für das autistische Kind"
- großes Informationsangebot, gut strukturiert, deutschsprachig

http://www.autismus.de
- Homepage des Regionalverbandes Ostwestfalen-Lippe e.V. „Hilfe für das autistische Kind", in Zusammenarbeit mit dem Bundesverband
- viele Kontaktadressen, Selbsthilfegruppen etc.

http://www.uni-koblenz.de/~proedler/
- „INTEGRATI"-Informationen aus der Behindertenpädagogik
- Links, Fachverbände, Bioethik

http://www.paritaet.org/bvkm/isaac/
- Informationsangebot der ISAAC-Deutschland-Gesellschaft für Unterstützte Kommunikation e.V. (International Society for Augmentative and Alternative Comunication)
- Hinweise zu Fortbildungen, Gebärden- und Symbolsammlungen, Kommunikation/Kontakte.

http://www.fcforum.com/
- gut strukturierte Website des Vereins zur Förderung und Verbreitung von Facilitated Communication (gestützte Kommunikation)

http://www.inlv.demon.nl/internaut/
- Initiative „InternAUT" befasst sich hauptsächlich mit Beiträgen u. Möglichkeiten autistischer Menschen, ein möglichst selbstbestimmtes Leben zu leben (independent living, self-advocacy etc.)
- englischsprachig

http://autfriends.autistics.org/
- Informationen zu autfriends
- englischsprachig
- Chatangebot

http://www.inlv.demon.nl/irc.asperger/
- Chat-Möglichkeit für Menschen mit autistischen Syndromen zum Austausch, zur Selbsthilfe

- Informationen zum Asperger-Autismus
- englischsprachig

http://www.med.uni-marburg.de/d-einrichtungen/neurologie/   **Epilepsie**
- Interdisziplinäres Epilepsie Zentrum Marburg
- Schwerpunkt auf der medizinisch-sozialen Versorgung von Epilepsie-Kranken, wissenschaftliche Perspektive

http://www.epi.ch/
- Schweizerische Liga gegen Epilepsie
- in verschiedenen Sprachen (deutsch, französisch, italienisch)
- Fachorganisation für syndromspezifische Problem- und Fragestellungen
- Links und Adressen

http://www.rett.de   **Rett-Syndrom**
- Elternhilfe Rett-Syndrom

http://www.rettsyndrome.org/
- Homepage der International Rett Syndrome Association

Bildnachweis

Abb. S. 8 aus: Lebenshilfezeitung, Dezember 1999
Abb. S. 32 u. S. 33 aus: Scheerenberger, A History of Mental Retardation, Baltimore, London 1983
Abb. 6, S. 35 aus: Ein Jahrhundert der Sorge um geistig behinderte Menschen, Bd. 2, Freiburg 1980
Abb. 7, S. 45 mit freundlicher Zustimmung von Herrn T., von der Autorin
Abb. 26, S. 121: Autorin

Sachregister

Ingeborg Hedderich
Einführung in die Körperbehindertenpädagogik

Die Körperbehindertenpädagogik ist in Bewegung geraten! Fragen der integrativen Erziehung und der Förderung bei schwerster Behinderung haben in den letzten Jahrzehnten völlig neue Aufgaben gestellt. Ingeborg Hedderich gibt in ihrem Buch einen Überblick über die klassischen Themen der Körperbehindertenpädagogik von der Frühförderung bis zur Arbeitswelt. Dabei zeigt sie aktuelle Entwicklungen in Theorie und Praxis auf. Eine kommentierte Bibliographie und umfangreiche Arbeitsmaterialien geben Anregungen zur tiefergehenden Beschäftigung mit dem Fach.

1999. 143 Seiten.
32 Abb. 4 Tab.
21 Übungsaufgaben
UTB-M
(3-8252-2102-4) kt

Aus dem Inhalt

Ernst Reinhardt Verlag • München Basel
E-Mail: info@reinhardt-verlag.de
http://www.reinhardt-verlag.de

reinhardt

Annette Leonhardt
Einführung in die Hörgeschädigtenpädagogik

2., neu bearb. u. erw.
Auflage 2002.
288 Seiten. zahlr. Abb.
zahlr. Tab. 77 Übungs-
aufgaben. UTB-M
(3-8252-2104-0) kt

Das Buch bietet einen grundlegenden und systematischen Überblick über die Aufgaben und Ziele der Hörgeschädigtenpädagogik, Arten von Hörschäden und deren Auswirkungen sowie diagnostische Aspekte und Fördermöglichkeiten in verschiedenen Altersstufen und Organisationsformen. Die Aufgabenfelder der Hörgeschädigtenpädagogik reichen von der Früherziehung über die vor- und nebenschulische Förderung, den Unterricht in Sonder- und Allgemeinen Schulen bis zur nachschulischen Begleitung. Zusätzliche Einsatzgebiete kristallisieren sich durch neue Erkenntnisse aus der Cochlea Implantat-Versorgung, der Sprachentwicklungsforschung, Linguistik, Hörphysiologie und Gerontologie heraus.

Pressestimme

„Hier wird ein Lehrbuch angeboten, das für Berufs- und Studienanfänger sehr hilfreich ist. Sein Wert besteht mit darin, daß es nicht nur informiert, sondern gleichzeitig zum Nachdenken und zur Diskussion herausfordert. Insofern schadet seine Lektüre auch dem Hörgeschädigtenpädagogen nicht, der bereits längere Zeit im Fachgebiet tätig ist und sich wieder einmal über den aktuellen Entwicklungsstand des Fachgebietes informieren will, und schließlich ist sie auch nützlich für den Personenkreis, dessen berufliche Tätigkeit die Hörgeschädigtenpädagogik tangiert."

Hörpäd

Ernst Reinhardt Verlag • München Basel
E-Mail: info@reinhardt-verlag.de
http://www.reinhardt-verlag.de

reinhardt

Clemens Hillenbrand
Einführung in die Verhaltensgestörtenpädagogik

Aggressive, hyperaktive, ängstliche und selbstmordge-
fährdete Kinder in Erziehung und Unterricht – Verhaltensstörungen sind ein schillerndes Phänomen und für die
Pädagogen eine zunehmend brisante Herausforderung.
Lehrer und Erzieher geraten gerade bei Kindern und Jugendlichen mit auffälligen Verhaltensweisen schnell an ihre
Grenzen. Wie entstehen Verhaltensstörungen? Wie werden
sie diagnostiziert? Welche Modelle und Methoden hat die
Sonderpädagogik entwickelt? Auf diese Fragen gibt Hillenbrand in seinem Buch Antwort. Er vermittelt einen Überblick
über Grundlagen und praxisrelevante Ergebnisse der Ver-
haltensgestörtenpädagogik.

2., aktual. Auflage 2002.
239 Seiten. 24 Abb.
6 Tab. 45 Übungs-
aufgaben. UTB-M
(3-8252-2103-2) kt

Pressestimme

„Hillenbrand gibt in seinem Werk einen einführenden
Überblick über das Fachgebiet der Pädagogik bei
Verhaltenstörungen. Er sichtet die … wichtigsten
wissenschaftlichen Ergebnisse und stellt sie präzise, gut
strukturiert und gegliedert in kritischer Reflexion dar."

Erziehungswissenschaft und Beruf

Ernst Reinhardt Verlag • München Basel
E-Mail: info@reinhardt-verlag.de
http://www.reinhardt-verlag.de

ℛ reinhardt

Rolf Werning / Birgit Lütje-Klose
Einführung in die sonderpädagogische Diagnostik

2003. 231 Seiten. 3 Abb.
Zahlr. Übungsaufgaben
UTB-M
(3-8252-2391-4) kt

Dieses Lehrbuch richtet sich vor allem an Studierende des Faches „Pädagogik bei Lernbeeinträchtigungen", aber auch an Vertreter anderer pädagogischer Fachrichtungen. Die Autoren führen kompakt in die Disziplin ein: Sie definieren, wann Schülerinnen und Schüler als lernbeeinträchtigt gelten, diskutieren die theoretischen Positionen des Faches, stellen didaktische Konzepte des Unterrichtes vor. Und sie eröffnen Perspektiven der Förderung auf organisatorischer und konzeptioneller Ebene. Der didaktische Aufbau mit Marginalienspalte und Glossar erleichtert das Lernen mit dem Buch, Übungsaufgaben regen zur Diskussion und zur Vertiefung des Stoffes an.

Inzwischen liegen sechs Bände unserer Einführungsreihe in die Disziplinen der Sonderpädagogik vor. Die Bände vermitteln Studierenden der Sonder- und Heilpädagogik in den Anfangssemestern ein kompaktes Grundwissen in den einzelnen Themengebieten der Sonder- und Heilpädagogik. Die verständlich geschriebenen Lehrbücher bieten einen Überblick über die wichtigsten Inhalte der jeweiligen Disziplin. Theoretische Grundlagen werden um praxisnahe Fallbeispiele ergänzt. Der didaktische Aufbau mit Marginalienspalte und Glossar erleichtert den Studierenden das Lernen mit dem Buch. Übungsfragen dienen der unmittelbaren Lernzielkontrolle und regen zur weiterführenden Diskussion und zur Vertiefung des Stoffes an.

reinhardt

Ernst Reinhardt Verlag • München Basel
E-Mail: info@reinhardt-verlag.de
http://www.reinhardt-verlag.de

Renate Walthes
Einführung in die Blinden- und Sehbehindertenpädagogik

Die Zahl der Kinder mit zerebralen Wahrnehmungsstörungen ist immens gestiegen, in über 70% der Fälle ist auch das visuelle System betroffen. Zugleich hat sich das Wissen über Wahrnehmungsprozesse und Informationsverarbeitung in den letzten zwanzig Jahren enorm verändert, mit weitreichenden Konsequenzen für das Verständnis von Menschen mit einer Sinnesschädigung.
Das Buch vermittelt Studierenden der Heil- und Sonderpädagogik Basiswissen aus den verschiedenen Theorie- und Praxisfeldern der Blinden- und Sehbehindertenpädagogik. Es gibt einen Überblick über physiologische, neurowissenschaftliche und kognitive Grundlagen des Sehens und schildert Ursachen, Entstehung, Formen und Epidemiologie von Sehbehinderung. Es stellt diagnostische Aspekte und Fördermöglichkeiten für verschiedene Altersstufen und Organisationsformen vor (von der Frühförderung über die Erwachsenenbildung bis hin zu speziellen Angeboten im Alter). Gezeigt wird außerdem, welche Hilfsmittel für den Alltag zur Verfügung stehen und wie man sie einsetzen kann.

Eine sehgeschädigtengerechte Adaption des Werkes in Form einer CD-Rom ist in Vorbereitung beim Dortmunder Zentrum Behinderung und Studium (DoBuS)

2003. 234 Seiten.
46 Abb. 14 Tab.
22 Übungsaufgaben.
UTB-M
(3-8252-2399-X) kt

Ernst Reinhardt Verlag • München Basel
E-Mail: info@reinhardt-verlag.de
http://www.reinhardt-verlag.de

ℛ reinhardt

Alfons Welling
Einführung in die Sprachbehindertenpädagogik

2004. ca. 220 Seiten.
ca. 35 Abb. ca. 10 Tab.
UTB-M
(3-8252-2609-3) kt

Das Buch gibt einen Überblick über die Vielzahl einzelner Sprachstörungen im Kindes-, Jugendlichen- und Erwachsenenalter und erläutert die Aufgabenfelder der Sprachbehindertenpädagogik, die von der Frühförderung über außerschulische, schulische und nachschulische Erziehungs- und Bildungsarbeit reichen, bis hin zu spezifischen Fragen der Sprachtherapie.

Der didaktische Aufbau des Buches mit Marginalienspalte und Glossar erleichtert den Zugang für Studierende und andere Interessierte. Übungsfragen dienen der Lernkontrolle und regen zu weiterführenden Diskussionen in Arbeitsgruppen an. Adressen im Anhang verweisen auf zusätzliche Informationsquellen.

Aus dem Inhalt

Sprachbehindertenpädagogik: Aufgabe, Anspruch und Praxis

Spezielle Grundlagen: Sprachbehindertenpädagogische Konstrukte

Förderschwerpunkt Sprache – Studienschwerpunkt Sprache: Erziehung und Unterricht, Therapie und Beratung

Sprachbehindertenpädagogik und Allgemeine Pädagogik

Geschichte: Historische Wurzeln, historischer Ballast und gegenwärtige Konzeptbildung sprachbehindertenpädagogischen Denkens

Sprachbehindertenpädagogik als Wissenschaft

Ernst Reinhardt Verlag • München Basel
E-Mail: info@reinhardt-verlag.de
http://www.reinhardt-verlag.de

Walter Straßmeier
**Didaktik für den Unterricht
mit geistigbehinderten Schülern**

Dieses Buch schlägt eine Brücke zwischen den Zielen der
allgemeinen Didaktik und den besonderen Ansprüchen
einer Didaktik für geistigbehinderte Schüler. Es ist Ergebnis langjähriger Unterrichtserfahrung des Autors mit behinderten Schülern und eine fundierte Einführung, die in
diesem speziellen Bereich eine Lücke schließt. Anschaulich
wird das Buch durch die zahlreichen Unterrichtsbeispiele,
die klar aufgegliedert sind in Lernschwerpunkte, Lernvoraussetzungen der Schüler, Unterrichtsziele und -feinziele.
Basale Lernprozesse anregen, elementare Beziehungen aufbauen, zu psychischer Stabilität verhelfen, Lebensfertig-
keiten vermitteln, Lebensaufgaben eröffnen – das sind nur
einige Ziele, die im praktischen Teil des Buches vorgestellt
werden. Förderpläne, Arbeitsaufgaben, Lösungsvorschläge
und ein Glossar ergänzen das Lehrbuch, das gleichermaßen
für Studenten und Lehrer eine wertvolle Hilfe ist.

2. Auflage 2000
183 Seiten. 19 Abb.
UTB-L
(3-8252-8132-9) kt

Ernst Reinhardt Verlag • München Basel
E-Mail: info@reinhardt-verlag.de
http://www.reinhardt-verlag.de

 reinhardt

Konrad Bundschuh
Einführung in die sonderpädagogische Diagnostik

5., neu bearb. und erw.
Auflage 1999.
380 Seiten. 7 Abb.
2 Tab. UTB-S
(3-8252-0999-7) kt

Der Klassiker der Sonderpädagogischen Diagnostik greift
die Wende von der Defizit- zur Kompetenzorientierung auf.
Testtheorie und neue diagnostische Verfahren werden vor
diesem Hintergrund kritisch durchleuchtet. Das Buch ist
einem förderorientierten Ansatz verpflichtet. Es stellt das
Verstehen individueller Bedürfnisse, die Orientierung an
Kompetenzen und Stärken sowie deren Förderung in den
Mittelpunkt.

Pressestimme
„Dieses Buch gibt auf vielfältige Probleme und Fragestellungen kompetente Antworten und zeigt neue
förderdiagnostische Sichtweisen und Methoden auf. (…)
Es ist für alle Studierenden der Sonder- und Heilpädagogik,
aber auch für alle erfahrenen Pädagogen in allen Bereichen
ein Standardwerk und zählt deshalb zur Pflichtliteratur,
weil es jeden einzelnen ‚Behinderten' zu optimaler
Förderung führen kann." *Der Sprachheilpädagoge*

Ernst Reinhardt Verlag • München Basel
E-Mail: info@reinhardt-verlag.de
http://www.reinhardt-verlag.de

reinhardt